21世纪电视文艺编导专业系列教材

电视节目编辑 (第2版)

许行明 ◎ 著

中国传媒大学 出版社
·北京·

目 录

前 言 ………………………………………………………………… (1)

第一章　电视编辑基础
第一节　电视节目的特性 ………………………………………… (2)
第二节　电视编导的职业特点 …………………………………… (7)
第三节　电视编导的素养构成 …………………………………… (9)
第四节　电视编导的两种意识 …………………………………… (12)

第二章　电视节目编辑意识的构建
第一节　思维方式的转变 ………………………………………… (18)
第二节　后期编辑意识的前置处理 ……………………………… (24)
第三节　镜头转换的条件 ………………………………………… (29)

第三章　镜头分解
第一节　电视节目不等于真实生活 ……………………………… (37)
第二节　创作者的沟通是镜头分解的前提 ……………………… (40)
第三节　镜头分解是对时间和空间的切分 ……………………… (43)
第四节　电视节目拍摄中的优先原则 …………………………… (45)

第四章 电视采访
- 第一节 熟悉被拍摄对象 …………………………………… (56)
- 第二节 善于倾听 …………………………………………… (58)
- 第三节 控制与反控制 ……………………………………… (63)

第五章 镜头挑选
- 第一节 镜头含义的再理解 ………………………………… (78)
- 第二节 镜头的表现 ………………………………………… (79)
- 第三节 镜头挑选的基本原则 ……………………………… (85)

第六章 镜头组合
- 第一节 熟悉素材 …………………………………………… (96)
- 第二节 寻找画面编辑点 …………………………………… (98)
- 第三节 声音编辑方式 ……………………………………… (108)
- 第四节 转场方式 …………………………………………… (111)
- 第五节 解说词的构成 ……………………………………… (117)

第七章 声音的编辑
- 第一节 声音的呈现方式 …………………………………… (128)
- 第二节 建立良好的声音意识 ……………………………… (130)
- 第三节 记录话语的三种形态 ……………………………… (132)
- 第四节 声音编辑要点 ……………………………………… (135)

第八章 常用的编辑手段
- 第一节 相似性的重要作用 ………………………………… (144)
- 第二节 资料镜头的编辑 …………………………………… (146)
- 第三节 空镜头的处理 ……………………………………… (147)
- 第四节 镜头的隐喻效果 …………………………………… (150)
- 第五节 真实再现的表现 …………………………………… (151)

第九章 电视的时间和空间

- 第一节 生活时间与电视时间的差异 …………………………………（160）
- 第二节 重构生活时间 ………………………………………………（163）
- 第三节 电视空间的构成 ……………………………………………（167）
- 第四节 从真实到真实感 ……………………………………………（168）
- 第五节 建立时空结构 ………………………………………………（169）

第十章 学会讲故事

- 第一节 讲故事是电视节目的基本要求 ……………………………（178）
- 第二节 从生活冲突里寻找戏剧冲突 ………………………………（179）
- 第三节 生活原生态里的故事 ………………………………………（185）

参考书目 ………………………………………………………………（195）

后　记 …………………………………………………………………（196）

前　言

电视媒体无疑是现阶段最有影响的传播媒介之一，能够加入电视媒体，并成为其中的一员，是无数学子孜孜以求的目标。然而电视又是一个发展迅速的媒体，几乎可以用"日新月异"来形容，这种发展不仅表现为电视媒体自身的快速发展，同时也表现为电视语汇的迅速发展变化，随之而来的是电视观念的迅速更新。

不仅如此，电视又是庞杂的。电视容纳了大多数艺术门类，使之成为其表现内容，因而电视自身的表现变得越来越复杂。《电视节目编辑》一书重点探讨电视非剧情类节目的拍摄手法、编辑方式。所谓非剧情类节目，是指以生活原生态内容为表现对象的节目，这类节目目前大量存在于各类电视栏目中。本书选择此类节目为研究对象，以期对创作中的现象、规律做一些归纳、总结。所以本书更强调实用性，只要在创作一线中是有效的，就尽可能将其纳入其中。

非剧情类节目创作与其他电视节目创作一样，呈现出一定的阶段性特点，然而正是这种阶段性特点，往往让人们产生错觉，认为电视编辑只是整个创作活动的一个阶段。所以本书想努力改变这种看法，将电视节目创作看成一个整体，而不是阶段性的后期编辑工作。编辑意识存在于创作的每个环节，这种意识是如何在每个环节中体现出来的呢？那便要依靠编辑意识的前置，而不仅仅是后期编辑中的技术思考。非剧情类节目创作的不确定性，使得创作过程中许多时候难以按照影视表达规律完成镜头的拍摄，无形中增加了视听语言表达的困难。基于此，非剧情类节目的创作不能完全按照阶段性的特点去创作，而需要将每个阶段的创作理解为创作过程中的一个环节，所以本书将重点探讨前期拍摄中的后期编辑意识，将后期编辑意识前置处理，以减少前期创作中的无效劳动。

当然，除了将后期编辑意识的前置处理作为一种理念外，本书对非剧情类节目的编辑手法也做了相应的归纳、整理，将常用的手法分别加以总结，以期对这些手法做一点理论分析，让读者既了解手法，同时更理解这些手法的原理，从而举一反三。我一直觉得电视节目编辑是一个创作活动,而不是一个机械的产品制造活动,所以掌握影视创作规律不应该是机械的记忆,而是理解之后的个性发挥。

除此之外,电视创作中的搭配关系也是我想强调的。阶段性特点只是电视创作的表象特点,所以本书试图强调整体搭配关系是一种电视意识,而这种意识渗透在创作的几乎每一个环节。毕竟电视创作培养的是创作人才,而不是手艺娴熟的匠人。

第一章 电视编辑基础

知识要点

本章主要阐述电视节目中非剧情类节目的特点和特性,重点从镜头分解与镜头拍摄的关系上进行解析;以此为基点,分析电视编导的职业特点及素养构成以及电视编导应该具备的能力,最后重点分析电视编导应该具备的两种意识:"二度创作"意识和"载体"意识。

既然电视编辑是一种创作方式,那我们首先就要弄清楚电视媒体的一些基本特性,只有弄清了自己所从事工作的特性,才有助于我们掌握其特点。观众对电视最直接的感觉是直观、真实、客观,这几个因素中的任何一个都决定了电视创作是困难的。因为,要"直观",电视摄像机就必须"目击"所发生的事情,也就是说摄像机要记录下所发生的事情,摄像机与所发生的事情必须在同一时间出现在同一空间里;要"真实",是由摄像机的"记录"特性所决定的,无论摄像机捕捉到的活动是生活还是表演,都是真实的展示;要"客观",除了摄像机的目击外,还要求摄像机背后的创作者不能闯入现场的环境、氛围中,而要冷静地观察所发生的一切。电视节目的创作是目前现有媒体里比较困难的,因为相对于其他媒体,电视节目在创作手段、创作程序上是最负责的。正是这种负责导致了电视节目创作的难度,毕竟它要借助于一个载体来表达创作者的观点。这个载体一方面是拍摄者的眼睛或者说摄像机所"看到"的;另一方面,仅仅只有这个表意对象还未必足够,创作者还必须将自己的观点附着到拍摄对象上去才能完成表意,否则就无法完成创作表达。当然,电视节目里也有极少数例外,比如电视记者的现场出镜就可以直接表达观点,电视访谈或谈话节目也可以直接面对镜头表达观点。如果说电视记者的现场出镜能够直接表达创作者的观点,那么这一类表达在电视节目中的数量能够占到多少呢?充其量不过是一小部分。谈话节目中,虽然被访者能够直接陈述自己的观点,但他们要表达的内容一般是围绕着某个被事先确定了的观点来讨论的,他们的话语是为了表达创作者的观点而阐发的,所以他们依然只是创作者的一个载体,他们替代创作者个人在屏幕前直接表达自己的观点,只不过这个载体所处的环境有些特殊,表现的形式直接一些,给了人们一个错觉。

平面媒体表达的是讲述者的观点,难以见到讲述者说话时的语境、神态、动作等,而在电视上,除了表达内容的准确以外,表达者说话时的语境、神态、动作等都会直接作为传播内容而呈现在节目里,这些都是电视创作者无法完全控制的。即使有了很好的想法,如果载体对象不是十分理想,最终的结果可能也不一定理想,这也就是为什么电视节目中很多精彩段落可能来自于一些意外或即兴表达。电视创作者虽然能够控制表达手段、表达内容,但却不能控制表达对象,而表达对象的表现又直接影响着"直观"、"真实"、"客观"的程度,所以说电视表达是困难的。由于电视台作为媒体的影响力以及电视创作的某种优势,有时会导致电视从业人员对所从事的工作有某种优越感,从而忽略了这种媒体特性带来的不利影响,这是需要引起电视创作者重视的。

电视节目编辑的手法是比较综合的。在电视节目中,既有力求客观真实的新闻类节目,也有以记录真实为主旨的纪录片,还有以娱乐为目标的文艺晚会和娱乐节目。近几年访谈节目也成为一种重要的节目形式,除此之外,还有以虚构为主的电视剧等等。所以电视与电影虽然都使用视听语言作为表达手段,但从表达内容来看,电视表达相对比电影要广泛许多,由此带来编辑手段的多样化也是必然的。

第一节 电视节目的特性

电视节目是一种产品,同时电视也是一门综合艺术,虽然其表现方式最终都是声音和画面以及字幕这些电影创作的基本元素。也就是说,电影和电视是创作手段上大体一致的声画艺术,但由于电影有比较纯粹的艺术性,而电视的综合性体现得更明显,其创作内容并不像电影那样纯粹,所以很难用一种方式将电视的视听语言完全表述清楚。电视节目不仅综合了新闻节目、文艺节目、纪录片、电视剧、广告等几大门类,而且这几大门类的节目创作无论是在内容表现上还是在对象表现上都有所区别,甚至有些节目的创作手段还是相互排斥的。比如纪录片与电视剧:纪录片追求的是真实性，电视剧追求的是故事性，因此虽然它们在画面编辑手段、技术手段上基本一致，但在创作理念与创作方式上却有较大的差别。

由于传播方式的差异，电影虽然有拷贝，但其毕竟是出于放映需要而对单一影片进行的多份拷贝，因为这样才能使电影在较大范围内进行传播，实现其商业价值。在这个过程中，电影拷贝既复制了该片的形式，同时还复制了它的内容。而电视节目却不是对同一产品的复制。由于传播手段的进步，电视在全国的覆盖率已经达到了95%以上，一个节目在同一时间就能够在所覆盖的范围内传播开去，在一次性传播过程中就实现其传播效果。而且电视节目的呈现形态基本上以电视栏目为主，而电视栏目的一个基本特征就是播放的连续性，这与电影传播方式有着较大的差别。人们对电影完成一次性观影之后，对这部影片的整个消费就结束了，如果说有下一次，那也是完全不同的另外一部影片，表达形式可能完全不同，故事的消费形式完全不同。但电视栏目形态则决定了电视观众在完成对一个节目的观赏之后，可能会在明天或下周的同一时间继续观看这档栏目的另一个节目。这种消费是建立在节目形态基本不变的基础上的，因为同一档电视栏目复制的是栏目自身的表现形式，变换的是表达内容，这就使得电视节目出现了流水线生产但却无法量化的非标准产品特性。

通过以上分析不难看出，电视作为一个复杂的集合体，其媒体特性表现得十分充分，所以观众在电视栏目中不仅能看到以生活实景为主的新闻、新闻专题、纪录片等节目，还可以看到以虚构、表演为主的综艺节目、广告、电视剧等。电视编辑在处理不同节目时会有不同的处理方式，甚至基本理念也会有所差异。虽然镜头的基本形态变化不是很大，但在观念的表达上却存在着较大的不同，从表面上看都是蒙太奇的表现方式，但在实质上其创作观念的差异是需要编辑去体会的，所以一个合格的电视编辑首先要清楚自己创作的到底是哪一类节目。除此之外，由于在拍摄手法、编辑手法上存在着较大差异，因此似乎很难找到一种通用的编辑手法来完成所有类型的节目。

根据创作手法和观念相近的原则，可以将电视节目分为虚构和非虚构两大类，在此基础上，我们可以从以虚构为主的剧情类和以生活原生态为主的非剧情类两大类出发去研究电视节目的编辑手法。

剧情类节目是指节目文本由创作者根据生活积累，通过适当的虚构、想象，进行适当的艺术加工之后而创作出来的节目。其中一个很重要的特点是：镜头前发生的所有事情并不是现实生活的客观呈现，而是为了镜头的表现由创作者组织之后才发生的,如果没有镜头表现的需要,这些内容可能会散落于现实生活的某些角落,不会这么集中地表现出来。在这一点上,电视剧情类节目和电影创作非常接近。这类节目以电视剧、广告等为主。

非剧情类节目是指创作者选取生活中的真人真事作为拍摄对象,镜头更多的只是充当一个旁观者,记录下被拍摄者在生活中的某些片段,然后再根据影视叙事的需要进行适当加工而创作出来的节目。其与剧情类节目的一个显著区别是被拍摄对象在生活中是真实存在的,所表现的内容也是其生活的真实部分,不带有虚构、摆布的成分。创作者不能因为自己表达的需要去改变被拍摄者生活中的规律,而必须严格按照生活真实来完成记录,在此基础上进行适当的提炼加工,从而完成影视创作表达的基本需要。创作者可以自主掌握、使用的是叙事手段,在生活原生态的记录和影视表达的需要之间找到一个恰当的平衡点,最终既保留生活的真实性,又兼顾影视语言表达的需要。非剧情类节目的主体大致有纪录片、专题片以及新闻类节目等。

如果只从技术层面探讨这两类节目的编辑手段,则其创作具有高度的一致性,比如画面的匹配、色调的匹配、画面组接的技术规则等,因为这是影视表达的基本手段。在这个层面上,无论是剧情类节目还是非剧情类节目,两者的差异并不是十分显著。但如果从创作理念来看,其差异则是比较大的。由于是不同类型的节目,除了影视表达手段的技术规则有统一性之外,两者之间的可比性是比较少的,不能简单地将其理解为都是声画手段而混为一谈,因为那样势必会造成创作目标的不清晰,最终导致节目创作的混乱。其实核心问题还是创作观念的不明确。

那如何区分剧情类节目和非剧情类节目呢?剧情类节目和非剧情类节目的最大区别在于镜头分解与拍摄是否同步。

所谓镜头分解,是指电视创作者为了影视表达的需要,在电视创作过程中根据镜头表达的需要,按照一定的规律而对现实生活中客观存在的时间和空间进行适当的切分。这种切分的原则是视听语言的需要。现实生活中的时间和空间是不以人的意志为转移而客观存在的,它按照自己的规律运行,而无论是表现过去时、现在时还是将来时,电影摄影机和电视摄像机的记录特性都决定了镜头中只能完成对正在发生内容的记录。镜头拍摄中的选取实质上就是对现实生活中时间和空间的选择。

显然,电视是依靠若干时间片段和若干局部空间来形成电视屏幕时间和屏幕空间的。也就是说,拍摄者前期拍摄时需要将现实中的线性时间切分成为可记录下来的若干个时间段和若干个局部空间,然后再将这些时间片段和局部空间重新进行拼接，完成一个屏幕里所要表现的内容。如何将这些片段的时间和局部的空间塑造成可表达意义的屏幕时间和屏幕空间，恰恰是每个电视编辑必须要掌握的，因为这个时间已经不再是生活中的线性时间，空间也不完全等同于现实中的立体空间；这个时间和空间是为了叙事而存在的，所以应该是在遵循事实的基础上能够被编导者控制的叙事时间和叙事空间。

编导者除了要了解镜头的记录特性之外，还必须对电视镜头的含义有一个基本的了解。在电视镜头的拍摄过程中，每个镜头都包含两个方面的含义：一是镜头本身的含义，也就是镜头记录下来的客观事实内容所表达的意义。由于镜头有其物理时间长度，所以每一个镜头都必须选取生活中的某个时间段来表达，因此镜头记录了多长时间，生活中就必须有相等时间长度的事实存在，否则这个镜头也就不存在了。由于镜头表现角度的关系，在选择这个表达时间段的同时，拍摄者的意图也决定了这个镜头里表现的空间范围，而这个空间范围的选定又和创作者的个人喜好、兴趣等有着十分重要的关系。生活中同样的客观事实，我们站在不同的主观立场去看，可能会得出不同的结论。镜头的空间选择也一样，拍摄者站在不同的角度只能选择一定的表现空间，观众从中得知的是摄像机在场的时空里有什么、发生了什么，这就是镜头所表现的时空呈现给观众的内容。如果不考虑影像质量，任何一个人拿着摄像机都能完成这样的记录。所以从某种意义上讲，这一部分并不是最重要的，重要的在于拿着摄像机的人为什么要选择这一个时间段、这一个空间。镜头的第二个含义即镜头的延伸含义。每一个镜头除了具有前面所表达的含义外，影视编导者选择的时间和空间本身所包含的内容以及选择的角度也决定了他的表达。从时空的意义上来看，单个镜头本身可能会超越物理意义上被记录下来的时空而成为一种表达的时空，表达本身可能就会突破镜头的时间表达和空间表达。也就是说，镜头的三秒五秒可能会表达出比这个时间宽泛得多的时间。镜头选择对空间的影响虽说没有时间那么明显，但创作者选择的空间也是一个叙事的空间，而不完全等同于现实生活中的那个空间。更直接地说，除了极个别情况，每个观众试图获悉或关心的并不是现实生活中的时间和空间，而是屏幕里塑造的时间和空间。也就是说屏幕时间和屏幕空间才是观众真正关心的，因为观众更多的是从这个时空中获得观影愉悦，生活中相应的时间和空间的内容只是用来做比对的，观众要获得的是"愉悦"而不是"验证"。

除此之外，更为重要的是镜头经过编辑之后，表达意义得到了最大的发挥，镜头与镜头衔接之后获得了蒙太奇 $1+1>2$ 的效果。在"库里肖夫效应"里，无论是莫兹尤辛那张中性的脸还是那一盆汤、那个小女孩、那口棺材,没有任何一个镜头里有"饥饿"、"高兴"、"悲伤"的含义,但这几个没有关联的镜头组接在一起之后便产生了新的含义。这个例子生动地表现了蒙太奇含义中的一种,即镜头与镜头之和大于镜头的本意之和,这也是"库里肖夫效应"之所以到今天依然经典的原因之一。电视创作中的每一次镜头连接,也是试图达到$1+1>2$的效果。这既是电视编辑的一种愿望,同时也是一种追求。因为笼统地说,每一个坐在编辑台前的编辑人员都是在进行蒙太奇的组接。

那么镜头分解与拍摄是否同步、对镜头拍摄有什么影响又体现在什么地方呢?

如果镜头分解与拍摄同步,就意味着拍摄者在拍摄的同时必须确定镜头的景别构成,确定镜头的运动方式等;与此同时,镜头所表现的对象是按照生活中的客观规律在发生发展。在拍摄过程中,拍摄者必须将镜头构成与拍摄同步完成,这无疑会给拍摄者带来压力,即拍摄者必须在生活原生态的事实与电视的表现手法之间找到一个最佳的平衡点,而且这个平衡点往往带有即兴的痕迹,不会给拍摄者充裕的时间去思考清楚,他必须边思考、边拍摄,无法事先做准备。一般情况下,拍摄过程对于观众并不重要,观众只关注屏幕上呈现给他的是什么,至于是用什么方式获得的,除了一些带有揭秘性的内容之外,观众一般是不关心的。无论拍摄难度有多大,作为观众都可以不去关心,而只需关心节目是否好看。如此,节目的后期编辑就会处于一个不利的局面:拍摄不能完全按照镜头表意的构成方式来完成,但观众对节目的心理要求却与经过精心准备的节目差异不大。

所以,作为一个电视编辑,必须要清楚地知道编辑过程不是要去寻找生活真实的绝对感,而是要找到感官里的相对感,或者说是一种"相对的一致"而非一种"绝对的相同"。在电视编辑过程中,"相对"在某些时候往往比"绝对"更重要。比如速度,同一主体在不同景别里的运动速度是不一致的,编辑要寻找镜头与镜头之间速度感的一致,而不是绝对速度的一致。这样的思考也适用于"时间"与"时间感"、"空间"与"空间感"等概念。

这种直观心理感受在电视编辑中是一种比较重要的影像感,因为观众只需觉得节目中的屏幕时空与生活体验感一致就可以了,而作为电视编辑却要清楚地了解生活真实与电视真实之间的关系及区别。编辑首先要能够感受到,然后在节目里把这种感受体现出来,之后才能让观众在观赏中感受到。因为观众只会去寻找那些与生活一致的感受,如果与生活中的体验感不一致,就可能出现观赏心理障碍,严重的甚至会影响到收视效果。电视编辑要设身处地地体会观众的这种感受,并将这种感受准确地运用到节目中,否则,编辑的节目就可能只有编辑自己才能理解。

之所以将电视节目分为剧情类和非剧情类节目,更多的是从节目形态和创作规律来考虑的,而且也容易让编辑找到应有的创作直觉。

第二节　电视编导的职业特点

从概念上说,电视编辑是电视行业的一个基本工种。在现有媒体中,电视节目的表达手段和表达方式是最复杂、最困难的。这主要是因为电视要完成意义的表达,就必须找到表意的载体。创作者在绝大多数情况下是无法在电视节目中直观地表达自己想要表达的内容的,但平面媒体却可以直接将表达者的观点用文字表述出来。也就是说,电视必须要借助第三方——被拍摄的人或事,才能完成自己的意义表达。不仅如此,电视媒体还从形式上颠覆了文字表达的习惯:虽然电视中也有文字表达部分,但画面、声音才是电视表意的主体手段,文字只是电视众多表现方式中的一种。另外,电视节目中除了少数形式不同的字幕(例如同期声唱词、人名以及少数交代性字幕)外,即使是以文字方式呈现的内容,最终传递到观众那里时也已经发生了改变,由过去的文字阅读接受方式变成了听觉接受方式。比如电视解说词的写作,它是最接近传统媒体表述方式的,但在电视节目里,解说词却成了听觉的一部分,而不像传统媒体中的文字创作一样直接用来阅读。基于以上几个因素,电视节目的意义表达是比较复杂同时也是比较困难的,因此电视创作者必须了解电视媒体的这些特性。

之所以说电视节目复杂,是因为电视要完成意义的表达,无论是创作过程还是表达手段,所涉及、牵扯的面都是比较广的。它既涉及画面的拍摄,也涉及声音的拾取,还涉及文字写作以及诸元素的搭配,即使只从前期拍摄来看,制作工序就比其他媒体复杂,这是由电视创作中技术设备的特性所决定的,需要创作者从电视节目的创作环节来理解。在电视节目的后期制作过程中,编辑人员还必须掌握编辑设备。电视节目生产流程相对较长的特点使得其每个环节都需要不同的工种相互配合,每个环节都很难靠一个人独立完成,往往需要一个创作团队的合作才能完成电视节目意义的表达。除此之外,电视节目还涉及创作者与被拍摄对象的合作关系,仅仅只有创作队伍而没有被拍摄对象,电视表意同样是无法完成的。因为在电视节目的创作中,创作者必须要找到一个表意载体才能完成意义的表达,所以如何与被拍摄对象沟通,形成一个良好的拍摄关系,是电视节目创作中十分重要的方面。即使创意再好,如果被拍摄对象不合作,创作者最终也只能放弃,因此电视创作中首先要建立起良好的合作意识。如今,进入电视队伍的年轻人越来越多,他们在成长过程中更多的是强调自己的个性,因此,如何建立良好的合作意识已经成为一门必修课。

媒体正以前所未有的速度发生着变化,电视编导在电视创作中必须具备的基本知识也已不再是简单的文字表达。在电视节目创作中,创作者对设备的了解程度从某种意义上会直接影响电视节目的表意水平,也就是说对设备的掌握能力会影响电视节目创作的水平。此外,良好的文字表达和思维能力是电视从业人员必备的基本素养。但电视的文字表达与其他媒体的文字表达又有很大区别,要体会这种区别。电视是一个声画结合的有机整体,只有在文字表达的基础上将话语、画面等因素综合起来,才有可能完成电视的表达,而不能简单地把报纸、杂志的内容直接搬到电视屏幕上。再者是画面思维能力,这也是最有电视特点的创作能力。从电影语言逐渐演变过来的电视画面表达方式已经形成了电视语言,不同的节目、不同的栏目在电视手段的运用上会有不同的要求,但基本的画面叙事表达却是每一个编导不能忽略的。

以上几个方面归纳起来,主要体现为以下两种能力:一是对技术设备的掌握能力,由于电视需要借助一种手段来表达意义,而其手段又是依靠技术的,因而对设备的掌握能力将直接影响到创作者对电视语言的熟悉程度;二是创作者的创作能力,这种能力综合了电视创作中的方方面面。由于电视节目的非标准化产品特性(后面将有专门论述),创作者是无法复制自己或前人作品的,只能运用自己的经验或学习他人的创作经验,然后在这个基础上发挥自己的特长。技术能力包括对电子设备的熟悉、掌握、使用,以及在不同的场景下灵活运用的能力等;创作能力包括对所拍摄内容的材料分析、判断、决策、掌握,以及对相关人员及相关知识的组织能力等。

电视编辑除了要具备上述各方面的"悟性"外,合作意识、吃苦耐劳精神、良好的职业道德等也是其必备的基本素养。

吃苦耐劳精神是由电视创作的特性所决定的。电视创作是一个在脑力劳动基础上还需要体力劳动的活动,电视创作前期的素材采集是一个相当艰苦的过程,画面是一秒钟一秒钟积累起来的,并不是拍摄到的每个镜头都能够用到节目中去。理想状态下,被用到节目中的素材应该是那些被拍摄对象的状态与拍摄者的拍摄技术达到了完美结合的镜头，然而拍摄中涉及的环节很多，这必然导致出错的可能性增加，所以素材采集就必须达到一定的量，否则表意就难以完成。除此之外，在前期镜头采集过程中，地形、天气等因素是拍摄者无法改变的，而几十公斤重的摄录设备是完成表达的基本工具，如果不具备一定的身体条件，要想完成电视节目的创作恐怕只能是梦想。具备了这些客观条件后，电视创作者还要在这个基础上考虑镜头构成、内容表达等，在有些节目的创作中，创作者甚至需要一边拍摄一边构思，最终才能完成意义的表达。虽然电视编导无需要像摄像人员一样去实际拍摄每个镜头，但除了这一部分体力活动可以避免之外，其他活动均不可以省略。后期创作则需要编导在编辑台上按照表意的需要去组接每一个镜头。就像写文章需要字斟句酌一样，镜头也需要仔细斟酌，每一个镜头的编辑都是需要付出时间的。因此良好的身体素质是电视创作必不可少的条件。

第三节　电视编导的素养构成

综合能力既是电视编辑业务水平的体现，也是其组织能力的表现。电视节目创作虽然是一种专业的创作活动，但由于涉及面广、牵涉的对象多，所以对综合素养的要求更高。这种综合素养体现在哪些方面呢？除了前面谈到的对视听语言的精确理解、运用以及宽广的知识面外，至少还应该包括以下几个方面：

1. 较强的社会活动能力

和其他媒体编辑记者一样，电视编辑记者也需要有较强的社会活动能力、良好的沟通能力，能够清晰地向对方传达自己的想法和愿望，同时能够在短时间内获得对方的好感，使其愿意配合摄制组的工作。作为摄制组的核心人员，能够与被拍摄对象融洽相处是一个编导应该具备的能力。此外，除了与节目内容有关的人和事，有些与节目创作没有直接关系但有间接影响的事也是创作者必须注意的。

2. 良好的表达能力

这种能力体现在两个方面：一是摄制组内部的交流沟通，创作者应该能比较清晰准确地向摄制组所有人员表达自己的意图，并让对方清楚准确地理解。非剧情类节目的拍摄不像电视剧，能够事先为大多数拍摄内容做好准备，由于其拍摄过程与生活原生态同步进行，所以边拍摄边调整是其重要的特征，但这种调整既要尽可能使内容的表达有张力,同时还得使拍摄具有电视化的可能性。二是需要和被拍摄对象及相关人员有良好的沟通,让被拍摄者了解自己的拍摄意图,在拍摄中予以配合,使镜头能够顺利记录下需要拍摄的内容,不至于在镜头的拾取过程中出现某种障碍或受到干扰。当然,这里说的"配合"绝对不是简单的摆拍,一旦节目中出现摆拍,就不属于这里讨论的范畴了。如果说与摄制组不厌其烦地交流是为了尽可能让摄制组人员各司其职,那么与被拍摄对象的交流则要保持一个合理的度。哪些是应该对被拍摄对象完全透明的,哪些是需要半透明的,哪些是需要适当保留的,这些都完全依赖于编导的判断,而这种判断则来自于编导的电视创作经验和人际交往能力。

3. 较强的组织能力

所谓组织,在词典里的一个意思是:"按照一定的目的、任务和形式加以编制;或指安排事物使有系统或构成整体。"电视节目的创作在某种意义上也是一个系统工程,从前期拍摄到完成后期制作,从内容组织到人员组织再到拍摄顺序的安排等,都会体现出编导组织能力的差异,而这种差异又会直接导致节目水平和创作效率的差异。

那么在电视节目创作中,电视编导的组织能力体现在哪些方面呢?

第一是对节目内容的组织。这是电视表达的核心,摄制组的所有工作都是围绕这个核心展开的,编导对内容组织得好坏直接影响着节目的最终质量。第二是对摄制组拍摄活动的组织。由于电视节目创作是一个集体活动,尤其是在电视技术越来越先进、分工越来越明确的前提下,曾经提倡的所谓"编、采、播"合一的方式恐怕已经不再适应如今的电视创作了。既然是一个创作集体,那么作为这个集体核心的电视编导,其在拍摄现场以及后期制作过程中的组织能力就会直接影响节目的质量和创作效率。这种组织行为大到对摄制人员积极性的调动,小到电池由谁负责充电,摄制组应为第二天的天气做哪些准备等待,都需要考虑在内。如果没有细致周到的组织,在拍摄现场一旦出现纰漏就会对拍摄产生重大的影响。比如拍摄过程中电池没电了,拍摄中下雨而摄像机没有雨衣以至于无法拍摄等,都可能影响节目内容或拍摄周期。第三是对被拍摄对象和被拍摄场景的组织。虽然我们强调放弃摆拍,但所有的电视节目无疑都是一种有组织的拍摄行为,而不是对生活的无意识记录。既然是一种有组织的行为,那么创作者的组织能力就一定会体现出来。能够让被拍摄对象感觉到的组织行为是摄制组的拍摄活动,而被拍摄对象觉察不到的组织行为则是节目的主题和表达。只有这样,观众才能在组织周密的行为中感觉到生活原生态的东西。第四是保障工作的组织。目前,在国内电视台绝大多数栏目都实行导演负责制的节目制作模式下,无论是拍摄内容还是拍摄过程都由编导来决定,这就意味着编导要对自己的组织行为负责。这种保障体现为拍摄者、被拍摄对象、被拍摄环境和影响拍摄活动的周边环境(如背景噪音等)的配合。

4. 敏捷的反应能力

随机应变是每个编导在现场拍摄时都需要具备的一种能力。由于生活原生态的不确定性,使得这类节目的拍摄处于随时的变化中,"计划赶不上变化"是对这类节目创作的最好写照。面对这种变化,作为节目核心人物的编导不仅要立刻判断出变化中的内容哪些与节目有关、哪些与节目无关,而且还得做到将有关部分在短时间内电视化;既要考虑内容的精彩,还要考虑可以用哪些镜头来表现这些内容,并在短时间内传递给摄像,让摄像能够吃透自己的意图。

5. 良好的观察能力

观察是指细察事物的现象、动向。作为编导,观察不仅要眼到,还要心到、思维到、判断能力到,而学习观察视觉层面以外的部分则是一个长期积累的过程。这种观察既需要编导对节目内容进行判断,也需要编导对社会现象进行判断,并从中发现问题,发现细节,发现故事,最终完成自己的意义表达。

6. 较好的合作意识

合作意识是由电视工作的特性所决定的。由于电视媒体不同于其他媒体,很难单兵作战,所以每一个电视编导从跨进电视行业的那一刻起,就必须在整个创作过程中保持合作的心态。由于无论是创作过程还是创作方式电视都远比其他媒体复杂,因此也就决定了这种创作无法由一个人单独完成,前期拍摄和后期创作中的每一个环节都会涉及与被拍摄对象、配合单位、摄制组、后期工作人员的配合。一个编导如果能充分调动每个工种创作人员的积极性,发挥他们的主观能动性,让每一个参与创作的人都感受到"这是我的作品",实质上就降低了创作的难度。虽然创作实行的是编导负责制,但这并不意味着编导可以武断和独断。将每个环节创作人员的智慧都挖掘出来,这本身就是一种编导能力。

7. 吃苦耐劳的精神

电视摄像机的记录特性决定了拍摄者和被拍摄者必须在同一时间出现在同一地点,这就使得电视创作者必须让每一个镜头都"身临其境",不能听人转述。有时爬一个小时的山到了山顶,也许最终在节目中使用的镜头只有几个甚至一个;有时为了等待某个时刻,可能要等很久,但最终就只用了几秒钟的镜头,比如登山拍日出,可能上去了也未必能够拍摄到,但编导也必须在场。除了这些特性之外,电视媒体在所有媒体里装备最复杂,表现方式也最复杂。与其他媒体相比起来,电视需要展示给观众的内容,无论是采访还是空镜头抑或纪实拍摄的镜头,都需要一分一秒地去捕捉,而且捕捉的过程还不能被观众觉察到的,捕捉到的内容将直接传递给观众。其他媒体的工作人员更多的时候是一个有自主权的"二传手",比如报刊采访,被采访者所讲述的内容只要采访者能听清楚、听明白就可以了,或者说采访者只需关心从被采访者那里获得的内容是否精彩就可以了,而不必关心讲述本身是否精彩,采访者可以通过自己的加工将这些内容很好地传递出去,但电视却不可以。因为电视不仅要获得讲述者的内容,还要获得讲述者的语言、神态、动作等信息,讲述者的内容即使再精彩,但如果语言不连贯、神态不好,观众也未必会认可。电视由于镜头的真实、客观,拍摄者获得的所有内容都是第一手地呈现给观众,而那些能直接呈现内容的单个镜头又不能提前加工,因此电视创作者在前期拍摄时必须"目击"整个过程。在后期编辑过程中,编导又需要细化到秒或帧去制作节目。加之电视表达的复杂性(涉及画面、声音、字幕等不同手段),其制作过程是繁琐而复杂的。因此电视的表达,无论是前期拍摄还是后期制作,都需要创作者付出较大的体力和脑力。因为电视创作不仅要考虑内容本身,还要考虑表现这个内容的手段,所以吃苦耐劳精神是每个电视创作者必须具备的基本素养。

第四节 电视编导的两种意识

对于每一个非剧情类节目的电视编辑来说,有两条非常重要且无法回避的原则:(1)编辑过程中的"二度创作"意识;(2)电视编辑的"载体"意识——如何解决创作中无米之炊的困境。

这里所说的"二度创作",是指节目编导在前期拍摄完成之后,对所拍摄内容进行整理,然后进行重新构思、整合、最终完成创作的过程。在这个过程中,创作者既有可能沿用最初的创意——因为镜头构成是经过了编辑思考的;也有可能推翻原有的创意,利用原有创意的部分材料结合拍摄内容重新进行整合;还有可能使用一部分原有构思,又在此基础上加入一部分新的构思。无论哪种情形,后期编辑过程都需要有二度创作的意识。

二度创作是由电视节目创作的特性所决定的。电视节目创作是分阶段完成的，大致可以分为前期策划、前期拍摄、后期编辑、后期合成等几个阶段。按照一般的思维逻辑来说，前一个阶段的创作是为后一个阶段做准备的，也就是说前一个阶段的创作完成之后，后一个阶段就直接对前一个阶段的半成品进行再加工，前一个阶段从某种意义上说是后一个阶段的基础。然而，由于电视创作非标准化产品的特性，尤其是电视非剧情类节目，其镜头拍摄特点决定了它的编辑方式。因为非剧情类节目在拍摄时的镜头分解与拍摄是同步完成的，虽然这样的拍摄方式能够抓住生活中更多未知的、突发的情景，但从电视表意来说，这容易导致镜头语言思考不够严密和充分，容易出现表意过程中镜头缺失或不到位的情形，拍摄过程中容易带有一定的盲目性。因此，非剧情类节目的纪实拍摄方式可以说既有利又有弊：有利是指前期拍摄可以捕捉到生活中鲜活的细节，这也是非剧情类节目纪实性的魅力所在；不利则是指镜头不准确，或拍摄过程中没有机会使镜头拍摄得很充分，但观众并不会因为拍摄形态特殊而对节目的期望值有所降低，所以这些不足必须靠后期制作来弥补。因为节目拍摄过程并不是观众所关心的，他们只在乎屏幕上看到的结果，也就是说，最终的节目质量是观众判断节目是否可看的唯一标准，镜头背后的那些困难并不会为观众所知，因此镜头表达也就不能因为这些因素而降低要求。

那么非剧情类节目如何才能扬长避短，克服镜头拍摄技术限制所带来的困难呢？这时二度创作就是解决困难的一个重要手段，也是电视编辑的原则之一。

之所以将其定为原则，是由电视非剧情类节目前期拍摄过程中镜头的即兴、抓取、杂乱特征所决定的。由于这些特征，镜头拍摄是无法完全按照镜头表意方式来完成的，所以拍摄的镜头也就具备了二度创作的空间和余地。

从节目内容上来看，非剧情类节目以生活中的真人真事为节目载体，也就是说节目所表现的"故事"是非虚构的，是从生活中提炼出来的。既然是真人真事，那么电视拍摄如何去表现这些"真实"就值得研究了。既然是生活原生态，就必须用镜头去捕捉生活细节、截取生活的某些段落，即在生活原生态下去记录真人真事的某些片段，达到电视表意的目的，而不是为了拍摄的便利去安排——摆拍生活细节。为了拍摄的便利而进行"摆布""安排"，会使被拍摄对象失去生活原生态的状态，进而失去表现的张力和意义。我们稍加分析就可以发现其中的差异，生活中的人如果按照"演员"与"非演员"的方式来区分，"演员"是指那些以表演为职业的人，他们最擅长的就是对生活中的某些人物的行为、动作、语言、神态等进行有意的重复，这种重复是以观众的观看或者镜头的表现为目的的。但正因为其是有目的的重复，所以从镜头的拾取来看，拍摄者对"未来"要发生的一切是心中有数的。从摄像机的记录特性来讲，这就是一种比较好的拍摄情景，被拍摄对象的活动、语言以及位移范围等处于已知状态，拍摄者可以根据这些已知信息很好地调整摄像机的表现方式。"非演员"则是生活中的真人，这些人最擅长生活原生态的呈现，而不是表演，非剧情类节目的拍摄对象正是他们，于是拍摄者只能在被拍摄对象的生活原生态中去捕捉、抓拍。因为此时被拍摄对象的行为是一次性的、不可重复的，所以拍摄者的所有拍摄行为也要一次性完成。拍摄者不仅要判断内容，而且拍摄过程中不能出现任何技术差错。但由于电视拍摄是一项技术要求很高的工作，要做到内容判断与拍摄技术一次到位、同步完成无疑是困难的，而一旦拍摄者要求"非演员"去做"演员"的工作，也就是对生活中的语言、动作、行为、神态等进行重复，又势必会将他们置于尴尬的境地，也就是用被拍摄对象最不擅长的部分来构成节目内容。所以在非剧情类节目的创作中，采取抓拍、跟踪、纪实等方式，是由被表现对象的特性所决定的，而不是创作者刻意要用这样一种方式去拍摄，被拍摄对象行为语言的不确定性决定了拍摄者只能选择这种方式。在此基础上，虽然被拍摄对象确立了，拍摄的大体内容也确立了，但具体内容的表现方式却是拍摄者事前无法确立的，因为这些"非演员"的生活的最大吸引力莫过于生活本身的真实，这种真实也是非剧情类节目的一大卖点。但这种"真实"的获得却不是靠设计来完成的，而是在生活中捕捉到的，捕捉的过程带有强烈的即兴色彩。正是表现形式的不确定性导致了非剧情类节目镜头拍摄的即兴特征。

至于非剧情类节目镜头杂乱的特征，同样也是由于拍摄时镜头分解与拍摄同步进行造成的。从镜头拍摄的角度来讲，最理想的方式是拍摄者事先根据拍摄内容及表现方式对节目需要的镜头进行明确的构思，然后根据镜头表意的需要去拾取镜头。然而来自生活原生态的拍摄内容在拍摄前和拍摄中都具有某种模糊性和不确定性，这使得前期往往只能有一个拍摄大纲，而无法像电视剧、电影那样完成分镜头剧本的创作，拍摄者也无法在拍摄之前对镜头有清晰的了解，甚至大多数时候拍摄者都不知道被拍摄者的下一个活动空间在何处，只能一边拍摄一边即兴分解镜头。这种困局主要是由于镜头拾取与被拍摄对象活动的同时性造成的，这些即兴抓取的镜头自然无法像剧情类节目那样可以事先设计表现方式。正是由于无法在拍摄之前对需要的镜头进行思考、分解，才导致了当需要表现拍摄内容时，镜头却不一定能达到编辑要求的结果。而二度创作却要求先将被拍摄者的活动拍摄下来，然后再来讨论镜头能否完成表意。所谓镜头能否完成表意，实际在很大程度上取决于拍摄者的经验和机遇，如果拍摄者经验丰富，拍摄时运气又好，即使镜头不一定按照某种逻辑顺序拍摄，在后期编辑中也是能够完成表意的，甚至可以发现很多意想不到的镜头，这也正是非剧情类节目吸引人的原因所在。

由于非剧情类节目镜头在前期拍摄时具备上述即兴、抓取、杂乱的特征，因此给创作者后期编辑留下了较大的创作空间。如何将这些带有很强即兴创作特点的镜头变成符合需要的影视语言，是每一个电视编辑都必须要考虑清楚的问题。一个编辑是否有二度创作意识是很重要的，因为它直接影响到节目的结构、编辑手段等。编辑工作不仅仅是对前期拍摄的镜头做一些修修补补，在非剧情类节目中，如果没有二度创作的意识，恐怕连节目的编辑都不一定能完成。

二度创作之所以重要，首先是由于非剧情类节目在前期创作中的不确定性造成的。不确定性是这类节目的一个特征，有了这种不确定性，才可能出现意外；有了意外，才可能出现未知，同时带来悬念。而这种未知、悬念也给编导的后期创作提供了另一种可能性。编辑在理解这种不确定性时，不能只片面地看到其给二度创作带来的空间，还要看到不确定性要求相当丰富的经验和足够的控制能力才能掌控。不确定性绝不意味着编导可以信马由缰地随意处理，如果那样，即使二度创作意识再强，也会于事无补，让节目呈现出一盘散沙的局面。所以这里的不确定性是在编导可控制范围之内的，是与拍摄题材相关的某些细节的不确定性。要先理解了这个因素，再来考虑不确定性给二度创作带来的有利一面。其次，编导在后期创作过程中对素材会有不同的理解，这体现在对节目素材加工整理直至最后编辑完成的过程中。前期的不确定性使后期创作时可以从不同角度去理解同样的素材，而不同的理解则可能表达不同的主题，这也给后期二度创作提供了可能性。相反，如果前期拍摄的镜头就是经过缜密思考拍摄出来的，那么大多数编辑就很难再做调整了，因为镜头构成定型了，已经失去了再创作的可能性，当然就谈不上二度创作了。所以二度创作有赖于前期拍摄中留下的空间，当然这个空间的大小是相对而言的，重要的是编辑在处理非剧情类节目时要有二度创作的意识。如此，同样的素材就可能做出不同的处理。因此，二度创作意识的强弱也是一个编导编辑能力的体现。

第二个意识是杜绝电视节目创作（尤其是后期编辑时）陷入"无米之炊"的境地。这里所说的"无米之炊"只是一种形容，其实是要强调电视"载体"的重要性。载体是什么以及用哪个载体来表意很重要。俗话说："巧妇难为无米之炊。"电视编辑也是一样。由于前面所分析的原因,电视节目如果没有基本载体,那么其表意必定是困难的。但在寻找这个载体也就是节目的前期拍摄过程中,一些需要的内容或镜头往往因为某种原因而失去了拍摄时机,于是创作者便常常有一种"拖一拖"的心态,对于没有拍摄到的内容,不是去寻找可替代的内容,而是寄希望于节目的后期编辑,把后期编辑当成万能的手段,忽视前期拍摄过程中的补救措施,结果贻误了补救的机会,等到后期编辑时才发现许多内容并不是后期编辑所能解决的。电视节目的前后期创作虽然是两个阶段,但这两个阶段却是密不可分的,虽然前期创作可以给后期创作留下一定的创作空间,后期创作也能够弥补前期创作中的一些不足,但毕竟这种相互的补充只是在一定范围之内的修正,并不是一种万能的手段,这是一个成熟导演必须认识到的。在电视节目的前期拍摄过程中,大多数情况下,无论是镜头拍摄还是内容设计,与最终的结果相比较一般都是在做"减法",而这种"减法"往往又是创作者在创作中无法控制的。因此,最终节目和创作者初期的想法就很有可能产生较大的距离。如果在前期拍摄中还将一些重要的内容问题寄希望于后期编辑来解决,那么后期编辑就会失去表达的载体,再加上其他地方做"减法",可以想象,在基本内容表达上显然就会出现"无米之饮"的情景。所以对于电视创作来说,侥幸心理是在前期拍摄中一定要克服的。

纪实是电视表现的一种重要手段,电视纪实类节目的镜头到底有什么特征?这是需要弄清楚的。纪实作为电视记录的一种手段,由于其真实感强、有表现力,一直是电视节目尤其是许多反映生活原生态的电视栏目的一种重要表现手段,所以掌握纪实手段也是电视编辑的一个重要的基本功。

案例分析

片例:《冰冻星球》第一集(节选片段:00:2:11—00:10:17)

(http://www.dytt8.net/html/gndy/dyzz/20120206/36315.html)

冰冻星球

镜头拍摄基本要求:精致

电视创作由于其技术含量高的特点,创作者首先要对自己手中的设备性能有清晰的了解,只有了解了设备的基本特性,才可能在创作中充分发挥设备的特性。电视节目和其他产品一样,有工艺上的基本要求,拍摄者必须达到一定的技术基本要求,才能够完成

节目的创作。这个基本要求就是拍摄时的"稳、准、匀"：所谓"稳"，是指镜头拍摄的稳定；"准"，是指拍摄内容到位、曝光准确等；"匀"，是指镜头运动过程中速度均匀，没有顿挫感。这些是镜头拍摄中的基本要求。简单地讲，这些因素关系到工艺的精致与否。如果工艺粗制滥造，显然无法成为一个精品。电视的整个拍摄过程复杂，每一个环节基本都是在"做减法"，做减法的意思是每一个环节的结果一般都会比预想的差，只有在极个别的情况下，拍摄才是出彩的，出彩的部分则

《冰冻星球》

超出了预想，是在做加法。创作者只有把起点设置得相对高一些，才有可能在各个环节做了减法之后，节目仍然能够抓住人。但在拍摄技术上显然不能做减法，此时只有一个选择：精致。在BBC拍摄的《冰冻星球》系列里，我们能够感受到整个节目由于技术上的精致所带来的视觉美感。在第一集的这个段落里，既有对北极恶劣天气的环境描写镜头，也有主持人在极地的现场出镜镜头，还有北极熊为争夺配偶而进行的残酷打斗。无论哪种内容，无论哪个镜头，呈现出来的都是作者的严谨和一丝不苟。作为初学者，在进入电视这个领域时就应养成良好的工作习惯，这无疑对未来的电视创作有极其重要的作用。一些同学习惯肩扛拍摄，我们应该清楚那只是一种不得已的手段，是在无法使用三脚架但又必须拍摄的特殊情况下才采用的拍摄方式，不是常态，拍摄者不能将非正常情况下的手段当作常态的手段使用并形成一种工作习惯。

思考题

1. 剧情类节目与非剧情类节目的区别在哪里？
2. 电视节目创作中编导能够决定一切吗？
3. 二度创作有哪些重要性？

第二章　电视节目编辑意识的构建

知识要点

本章第一节主要讨论电视编导如何从文字思维方式向影像思维方式的转变过程，试图通过思维方式的转变建立起编导强烈的画面处理能力；第二节阐述前期拍摄中后期编辑意识的重要性，以期让初学者能够将节目创作中对所拍摄内容的连续思考与拍摄的阶段性结合起来；第三节重点阐述生活逻辑、观众的欣赏心理及编辑规律之间的关系。

电视创作的一个特殊之处就在于其创作过程繁琐、复杂，涉及的环节多，参与的人员也多，而这其中的任何一个环节出现问题，都有可能影响最终呈现在观众眼前的电视节目的质量。与文字创作不同的是，电视编辑的每个环节之间都呈现出叠加的关系，即最终的节目质量与最初的策划创意有相当直接的关系。只有每个环节都基本到位，最终的节目才有可能达到创作者预期的目的；一旦中间的某个环节丢失了某些内容，就只能通过其他途径找到解决办法，而无法在已有的素材基础上直接修改。正是这种叠加效果，使得电视编辑的每个环节都成为创作中不可或缺的环节。

第一节　思维方式的转变

电影出现之后的一百多年时间里，视听语言从无到有，从简单到复杂，如今表现手段已经越来越丰富，手法也日臻完善。能否尽快掌握视听语言，是一个电视编辑能否完成工作的重要条件之一。视听语言作为一种创作手法，具有双重属性：一是具像操作特点,因为画面组接、语言组接,最终都需要体现到一个个镜头上去;二是思考特点,蒙太奇作为一种语言,不是简单的镜头叠加,而是一种思考方式和表达方式。所以电视语言不仅是一种对前后期拍摄以及编辑设备基本性能的掌握,更是一种思考方式,它从传统的平面思维进入到了一种视听的立体思维,在表达方式和手段上均与传统文字思维有较大的差异。这种思考方式要求创作者在学习、创作过程中不断实践、不断改进,最终才能娴熟地使用。所以我们首先要理解视听语言是一种思考方式。

一、文字思维与形象思维的差异

电视的表达是一个相对复杂的过程,电视的表现手段主要是具有直观性特征的画面,这也是电视与其他媒体的最大差异之处。除此之外,电视的表达方式还有声音,其中包括现场同期声、环境同期声、后期解说以及音乐、动效等。文字也是电视的一种表达方式,它包括同期声唱词、人名字幕以及在屏幕上出现的其他各类文字。当电视表意的时候,它只是选择其中最恰当的手段来完成表达,但正是这种选择,使得电视从思维和表达上都与文字媒体有了区别。正是由于电视增加了画面与声音的表达方式,才使文字的间接描述变为了直接的视听语言,表意的方式也从以文字叙述为主变成了以屏幕造型为主。相应地,观众的解读方式也产生了变化:文字表达需要受众有一定的文化知识积累,如果受众不识字或识字量有限,文字信息往往就无法传递;而电视节目中虽然有部分文字,但文字主体却是通过声音来传递的,文字的视觉接受变为了听觉接受。电视节目中由文字直接表达的内容主要是唱词字幕、人名字幕条、地名、时间等,真正的文字创作部分由于表达方式的需要转换成了声音语言,因此电视对于受众的要求因其直观性而变得简单了,它不需要受众具有很高的文化水平,从目不识丁的文盲到受过高等教育的人,都可以成为电视观众。

这对观众的要求确实是简单了,但对电视创作者来说却并不简单。由于载体和传播方式的改变,与传统的文字媒体相比,电视在表达上有了重大的变化,只不过这个变化不是针对受众的,而是针对创作者的,这就是从文字思维向形象思维的转变。

电视编导首先要学会的是形象思维而不是文字思维。所谓形象思维,是指创作者在拍摄和编辑过程中能够将其表现的对象用形象而非文字的抽象方式呈现出来。这对于创作者来说恰恰是困难的。因为电视的表意由过去文字的直接表达变为了间接表达。所谓间接表达，是指电视的表意必须附载到一个对象上去，如果找不到这个载体，电视就无法完成意义的表达。那么这个载体是什么？简单地说就是画面。几乎每一个意义的表达都需要画面来支撑，这就使得电视创作者的文字—画面"转化"能力变得尤其重要。

这种转化是电视编辑能力的一种体现，因为如果创作者有很好的想法，但在实践中无法将其想法恰当地转化为可表现的镜头，就可能难以以电视的方式完成表意。这种"转化"首先表现在镜头的建构过程中，那些形象、直观的对象往往是容易用镜头表达的部分，只需要创作者在实际拍摄中根据需要将可视部分的内容选择性地收入镜头中，后期编辑中利用这些镜头将创作者的意义体现出来即可。但现实中很多内容是无法直接找到表达载体的，因为无论是文字思维还是画面思维，都是一种抽象的智力活动，创作者必须将这种抽象的思维活动具体落实到一个个现实对象上去，才能完成镜头的表达。那些看不见摸不着的抽象部分的转化往往最困难，也就是将不可视内容转化为可视内容，用有形的画面去表达无形的思维。这里所说的不可视的内容，是指人的心情、感受以及某些表达氛围等，一个人的内心活动是无法用镜头像文字那样去直接描述的，可行的办法是去寻找这些内心活动的"外化"部分，比如一个人激动时的非语言符号是什么？一个人悲伤时的行为表现是什么？应该通过镜头捕捉这一部分内容。

转化的意义包含两部分：一部分是叙事内容如何转化为镜头画面，这是一个编导的基本表达能力；另外一部分是表意，即如何把不可视的内容变为可视的镜头，这更是一个编导功力的体现。

二、电视特性改变了思维方式

仅仅掌握了视听语言未必就能创作出好的电视节目，毕竟电视节目制作不是一个纯粹的技术性工作，仅靠掌握一些技巧就能够完成表意。如果说在电视起步时期，人们可以凭借对技术的了解成为电视人，那么在今天的竞争环境下，这种情形已经不大可能出现了。电视创作的竞争已经经过了技术竞争的初级阶段，进入了思维竞争的阶段。今天，掌握电视技术表达手段只是一项基本功，而不再是看家本领。

自上世纪90年代电视节目栏目化以来，电视节目基本就成了一种精神产品，且明显带有现代化大生产流水线的特征。但与一般标准化的工业产品不同，电视节目带有极强的非标准特性，具体体现在两个方面：一是创作人员可以按照流水线的方式生产，但却无法像工业产品那样按照固定的标准去衡量；二是节目的检验无法量化。我们都知道，在节目创作过程中，无论是创作人员还是审查人员都有一个标准，但这个标准却会因每个人的理解不同而有所不同。所以即使是同一个栏目、同一种题材，最终的节目效果也会因人而异。

1.无法量化的标准

所谓标准，指的是衡量事物的准则。电视节目的创作也有标准，不同的节目和栏目，标准不同。但它们有一个共同的特征：标准无法量化，这是由电视节目的创作特性决定的。

从节目创作的角度看，一个电视栏目的生产过程似乎是一条完整的产品流水线，从最初的选题策划、拍摄制作，直至最后送到播出线，整个过程与工业产品的生产过程极其相似，最终生产出来的是一个个节目产品。不同的是，工业产品是看得见摸得着的物质产品，而电视节目则是用来愉悦观众的精神产品。不仅如此，在节目生产过程中，创作者也需要付出相当的体力，但与生产工业产品不同，电视节目生产过程中付出的体力劳动只是一个基本保障，付出的多少与节目的最终质量不一定成正比。

一个栏目的编导往往难以复制此前在同一栏目中创作过的节目，电视节目的创作要求创作者出新，而不是重复此前的内容，重复的电视节目恐怕很难有观众市场。创作者唯一能够重复使用的是不断增长的制作经验，并且需要从中找到新的灵感，而不能用经验去重复一个以前已经做过的节目。所以，在整个节目制作过程中，创作者无法"量化"制作的标准，这个标准只能在心中体会。即使是同一个栏目，制作者不同，对标准的判断就可能不完全一致，这和创作者自身的素养、理解有关。所以电视节目制作的标准应该是一个靠创作者去感受、理解的"软性标准"，而不是一个可以度量的硬性标准。在不违反大原则的前提下，电视节目的表达只有合适与不合适之分，不存在对与不对之分。因为每个人心目中都有一个制作标准，但又都无法将其量化成他人可以感受的具体标准。所以我们在很多电视制作单位看到的标准要求、手册等，其实都是一些描述性的内容，而不是像工业产品那样具体量化到数据的标准。

而对于"把关人"——节目审查者来说，标准也是无法量化的，只能根据自己的理解将感受表述出来让别人对比。由于电视节目的审查标准无法量化，这就要求审查者具备各个方面的素养。

由此我们不难看出，电视节目的标准是一个存在于节目创作人员心目中、具有一定弹性的标准，它会因为一些很细微的东西而发生变化。不同的制作者和审查者往往会对相同的产品(即节目)提出不一样的看法和意见。正所谓仁者见仁、智者见智,标准的无法量化是让电视节目创作者感到困难的地方之一。

2. 消费方式的差异

工业产品的批量生产是为了适应多次消费,也就是说,不同的消费者可能需要同样规格的产品;而电视产品却由于其传播的特殊性和广泛性,使得不同的消费者可以同时消费一个产品(节目),所以其消费是一次性的(这里暂不考虑光盘之类的产品)。同一个节目,虽然消费者千差万别,但消费的过程却是同时同样的。工业产品对于消费者来讲是个体消费行为,而电视节目对于消费者来讲却是集体消费行为,它需要的是后续的新内容。电视的播出方式决定了受众的消费必须在一种集体行为中完成,因为电视节目的播出决定权在电视播放机构而不在受众手中,所以消费必须在栏目播出的时间内完成。一般的工业产品对于消费者来说因为是物质消费品,所以可以重复使用;而电视节目是一种精神消费品,看过节目的人除个体原因之外,很难有重复消费的可能性。所以后续节目里需要创新的内容,哪怕节目形式一样,表现形式一样,包装形式一样,但节目内容却必须是新的。也就是说,当观众看完了今天的节目后,他们并不希望明天看到的还是这个节目,而是希望在栏目特性不变的前提下,看到新的题材、新的内容、新的对象。因此创作者必须在栏目特性整体不变的前提下,制作出新的节目。这就需要编导、摄像等创作人员发挥自己的个性,否则就无法得到观众的认同。这里,不变的是栏目形态、栏目包装、栏目风格等,变化的是节目内容、表现方式、拍摄方式等,创作人员必须在栏目圈定的特性内发挥自己的个性。

三、技术进步对思考方式的影响

电视节目创作是建立在一定的高科技基础上的活动,每一次技术进步又会直接带来创作者思维方式的进步。以摄像机的发展为例,分体机时代的节目形态与摄录一体机时代的节目是不一样的,而这种变化往往会相应地带来创作观念的变化。如今,栏目化已成为电视节目的一个很重要的特点,如何适应这种变化以及随之而来的思维方式的变化,是需要创作者去思索的。电视的栏目化带来的一个变化就是电视节目创作呈现流水线生产的特性。一个电视栏目一旦确立,就必然要考虑该栏目的播出是日播还是周播,抑或其他特殊情形,因为播出方式就是电视节目的消费方式。同一个栏目,其内容、题材、节目形态甚至包装形式,在一定的时间段内必须是一致的。从这个意义上讲,电视栏目的制作最好能够标准化。然而通过分析我们会发现,电视节目根本就无法完全做到标准化,尽管其外在形态有标准化的成分。

电视节目制作过程虽然非常接近工业产品流水线,但恰恰是这个貌似流水线的过程给了人们一种错觉,以为电视节目也可以像工业产品一样复制。仔细体会我们就会发现,两者之间其实存在着的巨大差别。电视节目创作人员无需过多地关注流水线本身,只需更多地注重自己创作的作品,付出更多的脑力劳动而不是体力劳动。虽然电视节目也带有一定的重复性,但这种重复只是制作环节的重复,而不是节目内容的重复。在不同节目的制作之间,除了流程可以借鉴以外,其他的可能都没有关联。更为重要的是,创作者还要在同一个栏目的制作标准内尽可能地去创新,所以一个电视栏目除了包装形式等在一段时间内保持不变外,其他的每天都在发生变化,表现对象变了,其他元素也就随之发生了变化。更准确地说,创作人员要学会带着镣铐跳舞。这个"镣铐"是栏目的要求,"跳舞"是个性的发挥,创作者要在划定的范围之内尽可能地发挥自己的个性。

作为创作者,只有了解了电视节目制作的特性,才可能充分发挥自己的特点。所谓知己知彼,百战不殆。无法标准化的节目创作,对创作者的知识结构提出了更高的要求:他们必须具备宽广的知识面以及较强的逻辑分析能力等电视节目创作的必要素质。

从文字思维到画面思维,不仅仅是表达方式的改变,更重要的是思维方式的转变。电视创作者对视听语言的熟练掌握是其创作的基本功,在习惯了用抽象的文字思维方式表达意义后,运用景别和光影、造型、色彩等拍摄技巧来叙事,就必然会带来思考方式上的转变。过去可以直接找到表意所需的文字语言,现在得首先去寻找能够替代这些文字语言的形象。这是一个思考过程,而不是一个翻译或替代的过程,所以电视创作不能先找到文字表达,然后将其逐一翻译成画面。如果采用这样的方式,最终完成的节目不是声画两张皮,就是画面和语言内容重复。因为电视节目创作的思维方式已由过去的平面思维变为了立体的声画形象思维。

视听语言是电视语言的基础,是电视创作者的手段。因此,如果对其表达方式不熟悉,即使有再好的想法,最终也难以实现;即使知道要说什么,也不知道如何表达。

对新技术的掌握以及在新技术条件下对思维方式的调整,直接关系到节目创作本身的许多细节,电视创作者如果没有适应新技术的能力以及与之相适应的思维方式,是很难完成高科技条件下的电视节目创作的。

第二节　后期编辑意识的前置处理

　　许多刚开始从事电视编辑的人似乎觉得电视节目的创作始于坐在编辑台前的那一刻,但有了一定电视创作经历的人都知道这是一种错觉。如果把编辑的过程理解为从编辑台前开始,无疑会出现较大的观念偏差。编辑人员心中首先要有二度创作的观念。对于电视这种依靠视觉表现的媒体来说,后期编辑更多的只能是修正,或者说弥补一些东西,因为后期编辑一定要在前期拍摄完成之后才能进行,不可能在前期拍摄尚未完成的情况下就对镜头进行创作。无米之炊的工作对于电视编辑来说是没有办法实现的,所以一个好的电视编辑人员必须建立这样的编辑意识:电视编辑贯穿于电视创作的全过程,而不是创作过程中的某一个阶段性工作。

　　电视编辑是一个复杂的过程,从大的环节来说,大致分为以下几步:一是前期策划,二是前期拍摄,三是后期编辑,四是节目合成。但这种划分绝不意味着编辑意识只存在于后期编辑阶段,而应贯穿于所有阶段。尤其是那些非剧情类节目,编辑意识直接影响着前期拍摄的效率、镜头的选取等,所以编辑人员在节目创作中建立一个完整的电视编辑意识是至关重要的。

　　我们可以将电视节目创作环节大体划分为策划阶段、前期拍摄阶段、后期制作阶段等,而这几个环节在创作的过程中是有先后顺序的。策划阶段一般是一个节目创作的最初阶段,前期拍摄是中间环节,后期编辑似乎是最后一个阶段。但从节目真正的创作过程来看,这三个创作环节应该是三个关系密切、互为补充又互相作用的阶段。前期策划阶段重在获得创作的思路,有了这个方向,前期拍摄中就有了目标,但这个目标还不是十分具象的,需要在拍摄中不断得到完善。而在前期,编辑人员不仅要对前期策划的方案进行完善,还需要有后期编辑意识,这样才能够捕捉到所需的镜头,为后期编辑拍摄到更多有意义的画面。真正到了后期编辑阶段,编辑人员又不能简单地将前期拍摄的镜头连接在一起就可以了,而需要重新根据镜头来构思、结构,把前期策划的思想贯穿进去,把前期拍摄的镜头用进去,用镜头来重新勾画一个屏幕世界。所以只有将编辑意识贯穿于节目创作的整个过程,才可能一个阶段一个阶段地解决创作中存在的问题,才可能使创作中的问题变得具体,使解决的方式变得有效,否则就可能胡乱地拍一通,最终给自己的后期创作造成困难。

一、前期策划：编辑的开始

如果接受"电视编辑是从策划阶段开始"这个理念的话，那么编导从此时就需要进入前期编辑状态，而不只将其视为一个准备过程，以可有可无的心态来对待。前期策划虽然没有进入摄像机拍摄的实操阶段，但其无异于打仗时沙盘上的推演，可以对实拍阶段的细节问题做各种设想，即使出现了问题，也有补救的余地，所以推演和假想的过程对拍摄来说十分重要。

虽然非剧情类节目的镜头分解与镜头拍摄是同步完成的，但这绝不意味着拍摄之前不需要做相应的准备。相反，正因为是同步完成的，所以前期拍摄中可补救的机会相对减少了，这就更需要在拍摄之前对拍摄中可能出现的情况做出设想，使拍摄时真正做到有备而来。如果拍摄者对被拍摄对象处于懵懂无知的状态，那么他所看到的、拍到的也只能是被拍摄对象的一些皮毛，无法为观众提供有效的信息。

在选题策划过程中，到底该做哪些拍摄前的准备？这其中重要的是对材料的"分析"与"发现"。

首先是熟悉被拍摄对象——准备材料。电视表现内容的包容性决定了电视创作者必须是杂家，了解甚至掌握多种知识。且不说不同栏目间存在知识差异，就是同一个栏目，随着被拍摄对象的变化，相应的知识领域也千差万别。所以拍摄者的知识面不能太单薄，否则就无法应对被拍摄对象的变化。有的知识可能是事先已经掌握的，有的则需要做准备。无论哪种情形，都不能因为对相关知识的不了解而放弃对该节目的拍摄或对选题的执行。事前做好材料准备，不仅包括对未知领域的学习，也包括对已掌握知识的重新整合和梳理，以使知识在拍摄过程中能够得到有效的调用。

现在的电视人似乎已经不十分注重"看书学习"这种传统的学习方式了，而更习惯于到网络中"搜寻"自己需要的内容。虽然网络提供了快捷的信息渠道，但它所提供的材料在准确性和权威性上还存在着问题，如果把希望完全寄托在网络上，电视创作就可能走入一条死胡同。所以，相关材料既包括与拍摄内容有关的文章、书籍、影像等资料，还包括从知情人或当事人甚至被拍摄者自身那里获得的第一手材料，这些都是拍摄者获得信息的重要渠道。

在这个阶段，初出茅庐的创作者似乎倾向于把能拿来的全部拿来，但实际上，拿到手的材料并不意味着就能胡子眉毛一把抓。如果创作者被材料淹没了，他就很难从这种材料堆里走出来。内容是无穷尽的,现代信息社会,即使同一个事物也会有无数的信息。因此,创作者必须学会在大量的材料里快速选择出对自己有用的内容。这个过程要求读懂材料,即材料里包含了哪些信息,哪些是对节目有直接帮助的,哪些是无关紧要需要淘汰的。

其次是搜集到材料之后的分析加工——分析材料。这个分析既包括对被拍摄对象本体的分析,也包括对节目创作要求的分析,还包括对被拍摄对象的背景、生活环境等相关材料的分析。哪些作为节目的背景材料,哪些作为了解性材料,哪些毫无关系,这些都需要创作者一一斟酌。分析材料的过程是一个细致的过程,这里不仅需要比较,还需要编导发挥个人的思考能力、分析能力、逻辑推理能力等,在材料中寻找蛛丝马迹,找出与创作有直接关联的内容,找出对分析人物性格有帮助、对叙事有直接或间接帮助的内容。

同时,材料分析又是一个艰苦的过程,因为所谓的材料,是别人事先提供的,有它当初的特定目标,这个目标可能与所做节目的目标相差非常大。材料只是背景,创作者必须清楚自己的目标是什么。我们知道,对同一个事实、同一个现象,如果站在不同的立场、不同的角度,便会得出不同的结论。比如美国总统的儿子失业这个事实,站在不同的角度就会得出完全不同甚至相反的结论:在美国,这被媒体标榜为民主的象征,即总统的儿子都是可能失业的;但别国的人可能会觉得美国的失业率是如此的高,连总统的儿子都会失业。其实事实是同一个,就是总统的儿子没了工作,但由于看问题的角度发生了变化,结论就发生了变化。类似这样的事情,在我们的生活中比比皆是。电视人如何去分辨是非,找到自己所需的内容,是需要进行艰苦分析的,而分析则可能要调动全部的知识和能力。分析完材料后,才可能进入到一个比较理想的创作状态,才会有游刃有余的感觉。

分析完材料,便进入拍摄方案、拍摄思路的确定阶段,这个过程相对于材料分析来说要简单一些,因为其中更多的是要把材料分析过程中的思考落实到实际操作中,考验的是编导的影像实现能力。

完成了以上工作才谈得上对选题的确定。

策划阶段只是为电视节目的创作建立平台,而不是电视创作本身。现在有一种倾向,就是常常将电视人批评为缺乏思考的创作者。为何会有这样的说法?主要就是因为在电视创作中出现了一种创作者懒得动脑子的现象:少数电视创作者成了平面媒体的"译员",直接将别人的文章、别人的观点图解成适合电视表现的方式,在节目中既没有自己的发现,也没有自己的观点,只是完成了从平面媒体到电视媒体的转换,而没有完成"创作"的过程。类似的创作曾经引发过较大的争议。比如,电视创作者引用的观点在专业领域尚未获得权威的认可,只是一种探讨性的观点,而电视创作人员自身又没有这个判断能力,便直接采用。由于电视媒体的影响力,这个观点一经电视台播出,便引起了众人的关注,最终引发争议。

所以,选题阶段对表现对象和材料的分析是很重要的。

二、镜头拍摄:电视化过程

完成了前面所述的思维层面的"转化"之后,就要具体落实到镜头的拍摄和编辑上了。这里需要讨论的问题是:电视创作中,"镜头分解"的本质含义是什么?电视节目无论长短,都是由一个个不同景别、不同拍摄技巧、不同长度的镜头构成的,而具备这几个要素的镜头都需要在现实生活中一秒钟一秒钟地拍摄,然后一个个地组接,最终完成表意。

镜头分解是指拍摄者在节目创作过程中,将拍摄到的镜头按照一定的创作要求分解成不同景别的镜头,以满足将来叙事或编辑的需要。它只是一种技术手法,但这种手法经过一定的艺术化之后,是能够表意的。它最直观的作用是将镜头切分为全景、中景、近景、特写等不同景别,当然在这个过程中还可以加入推、拉、摇、移等拍摄技巧,使镜头的表现更准确到位。而景别的差异只在于每个镜头表现范围的大小,即使加入了推、拉、摇、移等技巧,也只是在改变表现面积大小的同时加入了一些运动因素。

镜头分解与拍摄是否同步是非剧情类节目与剧情类节目的主要区别。剧情类节目的镜头拍摄与镜头分解是分步的,而非剧情类节目的镜头拍摄与镜头分解则是同步的。

如果创作者仅仅能够区分镜头分解与拍摄是否同步,那也只是了解了创作中的某一个特性。镜头分解是对景别和拍摄技巧的理解,因为这些是电视节目的基本呈现方式,但这往往会给新入门的创作者一个错觉,以为镜头拍摄就是将影像划分为一个个可编辑的不同景别的镜头,加入各种拍摄技巧就可以了。为什么会出现这样的错觉?这里需要将一个问题分解为两个层面来理解:一是电视编辑对手段的掌握会直接影响到意义的表达。所谓手段,是指编辑技术,这是电视编辑为完成创作而储备的基础能力,但这个能力对于电视观众并不重要。二是观众看电视看的是故事,以及如何表现这些故事,至于镜头拍摄是如何实现这些技巧的,他们并不关心,也不需要了解电视创作的过程。理解了这两点,电视编辑就可以重新认识镜头分解的意义,理解镜头分解的本质含义。

电视节目中的时间和空间是呈现在镜头的表象特征里的,但这种特征又不被观众完全感知,因为好的画面只是内容表达的一部分,观众更认可的是镜头里的矛盾、悬念、故事等,因此电视创作者要重新认识电视镜头分解的含义。

生活中的若干个时间片段和若干个局部空间构成了电视屏幕上的时间和空间,所以电视里的时间和空间与电影中的一样,也来自于生活但又区别于生活。

首先它来自于生活,其次它是把生活中的时间和空间进行了重构。电视的时间表现无非有以下三种形式:放映时间、事件发生的时间、观众观赏的心理时间。但这三类时间都是建立在不确定的"时间感"基础上的。

电视可测定的最小时间单位是 1/25 秒,这就意味着,电视的时间是有时值的;而在传统艺术形式中,只有音乐有时值,文学、绘画等都是没有的。

当电视节目以镜头的方式表现出来时,就是由若干个具体的时间段来完成表意,而这一个个时间段是能够被观众实实在在感受到的,这也正是创作者之所以要调整对镜头的认识的原因。电视空间也是基于同样的分析。电视的表现手法是一个个不同景别的镜头,但这些不同的景别仅仅只是电视创作者自己的技术手段,对电视观众来说,它是不重要的,重要的是这一个个镜头里所展示的空间范围。电视的空间是由一个个局部空间构成的,观众在电视节目里获得的是电视编导提供给他们的一个屏幕空间。

如果仅仅将镜头分解的含义理解为把现实生活中的被拍摄对象用不同景别、不同拍摄技巧表现出来,那就把镜头分解的真正含义简单化了,这将不利于建立拍摄过程中的叙事感。电视叙事都是建立在不同时空背景下的,利用不同的景别和拍摄技巧,编导可以建立起自己的屏幕时空。如果只按照景别和拍摄技巧来理解镜头,显然无法完成叙事,因为这只是表现了不同范围里的不同对象,而没有关注时间和空间的因素,这样,在后期编辑过程中试图靠技术手段去建立时空概念就会有一定的难度。编导如果在前期拍摄时就从时空的角度去思考镜头的拍摄,那么后期编辑时就容易建立起时空的概念,然后再从景别的角度和拍摄技巧的角度进行技术上的处理,就更有助于编导叙事感的建立。

如果说电视节目镜头分解的表象是镜头的景别和拍摄技巧,那么其本质则是对时间和空间的切分。在前期拍摄过程中,更重要的是拍摄者能否将现场的时间和空间切分为可视的镜头。意识到了这一点,那么无论是前期拍摄还是后期编辑,创作者看到的就不再是技术意义上不同景别的镜头,而是一个个带有时空关系的镜头,这样在拍摄和编辑中就能够有机地将生活中的场景切分为可以叙事的镜头,并按照表意的需要将其连接起来。

三、后期编辑:镜头的文章

镜头的组接比较容易让人想到镜头画面之间的衔接,这也是一般电视编辑谈论得最多的内容,因为电视编辑往往被狭义地理解为画面与画面之间的衔接,但电视编辑要完成的显然不仅如此。即使是画面之间的连接,也有两个方面的内容需要考虑:一是技术连接,就是按照一般的视觉传播规律、观赏习惯,使前后两个镜头组接之后不产生视觉上的跳动。如果仅仅从技术的要求上讲,这是唯一的判断标准。二是内容连接,即镜头连接符合表意逻辑,能够连贯、流畅地传递所要表达的意义。

技术连接上,由于镜头的景别本身是相对的,因而镜头编辑过程中一个很重要的原则是景别的级差不能太大,也不能太小。不能太大,意味着在编辑过程中上一个镜头和下一个镜头的景别之间的级差一般不超过二级,比如全景不太适合直接接特写。这样才能将镜头与镜头的空间关系交代清楚,否则就会失去空间关系,那样就得靠语言来完成交代,电视也就失去了视觉表达的意义,而变成了听觉系统,而这个的结果显然不是电视媒体的本意。景别的级差又不能太小,主要是因为两个镜头的景别级差如果太小,观众就会以为可能是拍摄或者编辑过程中出现了技术问题。因为景别对人们来说是相对的,如果一个镜头的构图下边缘是胸部下方,而下一个镜头的构图下边缘是胸部的上方,景别级差没有超过一定的幅度,这两个镜头很可能会被观众误以为是由于摄像机抖动或编辑失误而造成的。

第三节 镜头转换的条件

镜头是指一次开机到一次停机之间的连续画面。镜头里除了画面之外,还有同期声,所以从技术编辑上来说,镜头与镜头之间的连接除了画面连接外,还包括以下几个方面:一是镜头画面与背景声之间的衔接,二是镜头画面与同期声之间的衔接,三是镜头画面与解说词之间的衔接。因此,一个成熟的编辑不仅要从技术上考虑镜头画面之间的连接,因为画面只是镜头的一个构成要素,还要考虑音乐、动效、字幕等的衔接。原则上讲，这些都是编辑进行镜头组接时要考虑的问题。虽然两个镜头之间的衔接可能不会涉及所有内容，但往往会涉及其中的两个或三个，比如考虑了画面与画面之间衔接之后，可能还需要考虑与同期声或解说的搭配问题等。电视是一个综合复杂的表现形式，在表意过程中不能以单一的方式想问题。

在电视表意的元素中，如画面、声音、字幕，如何选择最佳的手段呢？

此时进行镜头与镜头之间的连接，不能单纯从技术因素来考虑，还要考虑叙事，考虑现有镜头的构成元素，利用所有元素进行搭配。在镜头处理上，搭配也应该是编辑的最佳原则或首选原则。在电视的所有表意手段里，应当选择那些在此时此地最合适的表现方式，从这一点上来说，编辑要摒弃那种以画面为主的创作观念。编辑之所以会产生以画面为主的观念，一个最重要的原因是画面比较直观，容易给观众留下比较深刻的印象。但我们不能因此就得出画面比其他手段都重要的结论。比如在纪录片《平衡》中表现扎巴多杰死亡这个内容的段落（见左图），作者就放弃了画面和声音这两个最具有电视特征的手段，而选用了在某些时候并不被人们看好的字幕，而且是黑底白字的简单处理方式。恰恰是这种简单的处理，完成了信息的最精确的表达，这是画面和声音这种相对直观的搭配无法做到的。

仅仅了解这些技术手段，只是具备了比较好的技术基础。但从表意的角度来看，只考虑视觉上的连续显然是不够的，因为时空未必连续，即使时空连续，叙事的情节也未必连贯，因此叙事连接的难度要远远大于技术连接的难度。

那么内容上要考虑的问题有哪些呢？从镜头转换的条件来说，原则上应该考虑这样三个问题：

一是镜头与镜头的组接是否符合生活逻辑。

所谓符合生活逻辑，是指节目的表现内容与观众的体验感一致。什么是体验感？就是指观众在现实生活中通过长期的生活积累而形成的一种个人经验，这种经验又具有一定的共性。

为什么编辑首先考虑的是是否符合生活逻辑，而不是镜头组接的规律？镜头组接规律是在长期的创作实践活动中总结出来的，符合人们的观赏要求和心理需求,但它未必放之四海而皆准。再加上电视内容的复杂性,所以一些规律即使适合某个题材的表现,也未必适合其他题材的表现,不能一概而论。因此,编辑首先要考虑镜头组接是否与观众的生活逻辑相符合,如果符合,即使不太合乎一般的组接规律,也往往能够被观众所接受;但如果与观众的生活逻辑不符,即使镜头处理得十分到位,其表意是否得当也值得商榷。比如在现在的一些电视剧里,时常会出现道具与所表现的时代不符合的现象,但由于前期拍摄已完成,这些镜头在后期处理上又比较困难,所以只能勉强使用了。比如将现代生产的汽车放入上世纪三四十年代的故事中,虽然三四十年代已经有汽车了,但由于其造型、品牌等因素都有时间指向,观众很难将时间差异忽略掉。如果电视创作者不注意这种指向性带来的差异,就必然会给观众带来认知上的障碍。

二是符合观众的欣赏心理。

观众欣赏的内容有三个方面:一是拍摄的景别,二是每个镜头的长度,三是拍摄的角度。即使是同一被拍摄对象,不同的景别和拍摄角度也会给观众带来不同的感受。基于此,景别和拍摄角度的变化是编辑在前期拍摄或镜头转换过程中都要考虑到的。要实现观众注意力的转移,要求景别的变化必须达到一定的频次,也就是说同一景别的镜头不可太长也不可太短。观众的注意力在镜头转换的过程中不断转移,其视觉和思维受到不断的刺激,从而使节目的张力在转换过程中得到充分的发挥。

拍摄角度的变化是观众视点转移的要求,编辑为了保持观众视觉上的新鲜感,在不影响叙事的前提下,应该尽可能选用那些非常规视角拍摄的镜头,以满足观众对视点变化的要求。

镜头的长度是编辑处理每个镜头时都要考虑的问题,而且这也是仁者见仁、智者见智的,即使是对同一个镜头,每个编辑也会有不同的感受和处理。那么应该从哪些因素入手去考虑呢?

从整体来说,要考虑的是叙事还是表意?镜头用来叙事与用来表意是有差异的。所谓叙事,是指用镜头将所要表达的内容呈现出来而不管其是镜头本身的含义还是延伸的含义。观众需要从镜头里获得其希望知道的内容,所以镜头长度应该以观众能看清楚明白为宜。所谓表意,是指镜头本身传递的意义只是一个表象,更多的需要靠这些镜头来勾起观众的某种情绪,让他们在这些镜头里体验编者所传达的情绪。由于这里更重要的是观众观看镜头之后的反应,所以一般情况下表意的镜头要长于叙事的镜头,因为观众情绪的积累显然要比获得信息本身更困难。

所以,决定镜头长度需要考虑的问题有:这个镜头叙事是简单还是繁杂,是用单个镜头还是用一组镜头来表达,是否有特殊的节奏需要等。

从单个镜头的长度来说,可以从画面构图中主体所处的位置以及明暗、动静、快慢、前后景和景别的大小等来考虑。如果被拍摄对象分别处于以上不同情况中,即使是同一个主体,其镜头的长度也应该是有差异的。如果只考虑单个镜头的含义表达,有一个可参照的标准,即用口头语言去描述镜头主体内容的时间长度应该大体等于镜头的长度。

三是考虑编辑的基本规律。

影视视听语言经过一百多年的发展,已经形成了一套独有的影视表达方式,从电影语言演变而来的电视语言也逐渐形成了自己的一套表达语汇,每个电视编辑对于这套语汇的掌握程度,直接反映了其编辑水平。这里之所以将编辑的基本规律放在第三的位置上,并不是忽视编辑规律的重要性,而是从问题的前后顺序关系来考虑的。电视编辑首先要掌握编辑中的基本规律,这是完成编辑的基本条件;但同时又不能被这些编辑规律所束缚,创作过程中不能一味去套用规律,否则就失去了创作本身的活跃性。创作本来就是一个个性化的工作,也正是由于其个性化的存在,一个栏目才能保持延续性,才有存在的可能性。从创作的意义来说,编辑的确需要掌握编辑规律,比如蒙太奇的基本含义、镜头的组接规律、镜头的隐喻功能、镜头的节奏等,但重点在于不能被这些规律限制住,而是能够将影视创作规律拿来为己所用。请记住一点:规律是死的,但人是活的。

案例分析

片例一:《舌尖上的中国》第二集黄馍馍段落

(http://www.zei8.net/txt/17/20120913/31463.html)

舌尖上的中国

如何用不同的表达形式合理地分散观众的注意力?

一般意义,上一个节目或一个段落要让观众的注意力集中在所表达的内容上,但这里有一个整体和局部的关系问题:整体上让观众关注内容的同时,如何在局部用不同的表现形式分散观众的注意力。应避免过于依赖某种表现形式而使观众感觉冗长,从而影响表达。《舌尖上的中国》第二集绥德汉子老黄做黄馍馍的段落,表面上似乎主要以老黄做馍馍卖馍馍的过程为叙事线索,在将近8分钟的段落里,虽然从镜头上看到的都是老黄做馍馍、卖馍馍、磨糜子、吃饭等生活常态,但由于解说词将大量的背景信息融入了老黄的生活中,镜头的内容便成了一个载体,而不是信息的全部,这些背景信息包括糜子的加工、陕北人吃面食的习惯、糜子的特性、老黄做馍馍的秘方、黄土高原的居住形式、老黄儿女的情况等,这些材料的加入,将镜头里老黄的生活流程极大地丰富了,也使得一个8分钟的段落在观众心理感受上并不觉得长。如果在一个表意段落里过多使用某种表现形态,编辑时提供的有效信息过少,内容本身缺乏张力,就容易造成连续段落乏力,从而给观众造成段落冗长的感觉。

片例二:《壁画后面的故事》

(http://v.iqilu.com/2011/10/13/3682824.shtml)

在电视片《壁画后面的故事》里,刘玉安老师带记者到学生陶先勇家的段落,同样是记录过程,但观众从心理感受上就觉得这个段落很

壁画后面的故事

长,甚至长到了难以忍受的地步。在一个将近1分钟的段落里,观众只获得了进门的信息,而且只有画面在给观众提供信息,没有其他的辅助信息,结果造成了信息传递的单一。老师和学生进家门,就是它所传递的全部信息,没有更多可以让观众调动思维加以补充的内容,信息容量太少。观众将所有的注意力都集中在几个人进门这个画面本身上,而进门的过程中又没有什么冲突,画外音也仅仅是在描述一些观众从画面里上已经看到的内容。况且对于大小、快慢等内容,每个人的直观感受都不一样,语言的描述未必能和观众的感觉一致,甚至可能带来矛盾。这些信息已经被观众获得了,还占用节目的篇幅来表述,无形中更使得不精彩的部分再次凸显出来,以至于让观众觉得内容有些可笑。

编辑在任何时候都要考虑在有效的单元里如何将观众的注意力分散到不同的表达形式上。编辑的一个基本原则是:拍摄的准备阶段一般不宜编辑到节目中,除非是一些比较特殊的情形。

片例三：《中华之剑》第三集

电视片《中华之剑》第三集将拍摄者与公安人员潜伏的过程拍摄了下来，而且用了将近3分钟的时长来记录摄像人员及摄制组其他人员的准备内容。在这种特殊情形下，由于拍摄者直接进入了与叙事内容有关的场景，摄制组自身的活动与缉毒人员的潜伏行动是一个整体，拍摄的准备过程同时也是整个潜伏行动的一部分，所以对摄制组自身的记录反而会衬托出抓捕现场的紧张感。

节目中的每一个镜头、每一个段落，都包含着信息。如果在节目中能够加入更多方面的内容，一个镜头就不只有镜头本身所表现的内容了；一旦调动了画面、语言、字幕等所有方式，观众的注意力就不会仅仅局限在某一个方面了。

片例四：《舌尖上的中国》第五集顺德村宴段落

现场把握

"现场把握"是电视节目创作者在拍摄现场的控制能力和应变能力。无论是编导还是摄像，在非剧情类节目的拍摄中都涉及"现场把握"能力的运用，这种能力的

多少个喜庆的场合

人们更愿意聚合在一起

强弱直接影响到拍摄的效果。虽然是非剧情类节目，但这并不意味着仅仅记录下生活流程就能够完成意义的表达。拍摄者在拍摄现场对内容的判断、对现场的组织、对拍摄行为的组织等都是其综合素质的体现，也是对拍摄者应变能力的一个综合考验。由于非剧情类节目无法事先按照叙事的要求去结构故事、做镜头分解，拍摄者要根据事实的发生即时完成镜头的拍摄，所以现场把握和应变能力至关重要。《舌尖上的中国》第五集《厨房的秘密》的导演刘艺乐认为，一集50多分钟的纪录片并非不分轻重地平铺直叙，镜头要捕捉那些说起来抽象却又实实在在的爱食之心。《厨房的秘密》在拍摄村宴厨师欧阳广业烹制蒸猪时，对人物手部动作的拍摄是关键，蒸猪的上锅、切、炸等等操作环节，都能体现主人公的专注。编导刘艺乐当时之所以跟人吵了一架，就是因为觉得这个环节非常重要，却又因忙于捕捉其他镜头而差点错过，但被拍摄者又不肯重

来,毕竟只有一头猪。"作为村宴厨师,做好菜是首位,被拍是其次。"刘艺乐最终认识到了这一点。正是由于这种理解和认识,使得编导者在现场把握中意识到了重点在哪里,最终给观众呈现了精美的村宴段落。

片例五:《壁画后面的故事》刘玉安与记者去学生家途中段落

在电视片《壁画后面的故事》刘玉安老师带记者去学生陶先勇家的段落里,刘玉安老师在汽车上回答问题的过程中突然发出了"哎哟"的惊叫声,电视节目编导此时显然应该感受到他发现了什么意外情况。虽然前一天已经通知了陶家,但看到陶先勇站在家门口的胡同里,刘玉安老师还是感到有些意外。然而此时采访者并没有立即中止采访,而是继续讨论孩子的病情,应急处理显得不是十分妥当。不仅如此,此时他们乘坐的汽车也依然继续向前开,直开到孩子跟前才停住,无论在车上采访这个地点是否妥当,此时立即停车才是最好的选择。而在汽车停稳的瞬间,反应最快的也应该是摄像人员,但镜头里呈现的却是拍摄者在车里慢条斯理地拍摄,老师不知何时已经下车与学生打招呼了。当摄像机再次开机时,学生与老师见面的瞬间已经消失,节目前面铺垫了很久的期待瞬间未能在镜头里出现。这更多的是由于拍摄者的失误造成的,而这种失误则是由于拍摄者的现场把握能力不够而导致的。如果对于所拍摄内容多一些预见,反应更迅速、敏捷,捕捉到细节的可能性便会更大。这个节目里见面瞬间的拍摄方式一方面反映了作者在纪实类电视节目拍摄观念上还不够成熟,一方面也反映出拍摄者对于关键点的出现没有做好足够的心理准备,结果使得拍摄变得比较被动,有点像流水账。

思考题

1. 文字思维与形象思维有哪些差别?
2. 如何理解前期拍摄中的后期编辑意识?
3. 电视编导应该具备哪些方面的能力?
4. 镜头转换有哪些条件?

第三章　镜头分解

知识要点

本章重点讨论电视节目编导如何看待镜头分解的问题。电视节目最终的呈现方式都要体现到具体的镜头上，所以镜头分解能力就成为体现编导水平的重要环节。本章从电视节目与真实生活的关系入手，让初学者理解电视节目不是对生活的有闻必录，而是提炼加工后的艺术呈现，并从镜头分解是对生活的时间和空间有效切分来展开论述。生活原生态类电视节目由于存在很多不确定性，所以在实际拍摄中，每个编导人员都会遇到哪些内容需要优先拍摄的问题，本章最后一节将对此问题进行讨论。

经过一百多年的发展，视听语言目前已经发展到相对成熟的阶段。对于每一个初学者来说，要想驾驭好视听语言则需要完成两个阶段的工作：第一是熟悉视听语言的基本表意方式，第二是在掌握前人总结的经验、规律的基础上形成自己的视听语言表达方式。电视视听语言表达是比较困难的，一方面，电视具有直观真实性；另一个方面，电视需要借助第三方来表达意义，而这往往容易被创作者忽略。电视节目创作者的观点大多数需要借助被拍摄对象才能表达出来，或者说电视的表意是需要载体的，而这个载体直观地体现在了镜头上，镜头里的既是表现内容，又是载体。这个载体能否完成拍摄者的意图，往往不是拍摄者个人所能决定的，而需要若干条件，这就在无形中增加了电视表达的困难。在实际拍摄过程中，一些创作者往往为了镜头而拍摄，以至于最终镜头在技术要求上很合乎规范，但在表意上却有一定的问题。电视的直观、客观都是针对电视观众来说的，但对于电视创作者来说，表达是困难的，它的困难就在于意义表达的间接性上。

如何理解这段话的含义？首先要区分观众和拍摄者在观察角度上的差异。这里所说的直观其实是从观众的角度来看的。观众的第一兴趣是接受传播者所传递的信息，所以他们感受到的是画面、声音（包括同期声和解说）、字幕等直接作用于视觉和听觉的内容，但观众却不会去考虑这些内容产生的过程以及在此过程中的困难。传播者必须借助被拍摄者的声音（解说除外）、画面来陈述自己的观点。在几个基本元素里，电视创作者能够直接创作的只有解说词和字幕，对画面和同期声的掌握只是技术上的掌握，而不是对被拍摄对象活动的控制。只有拍摄者比较敏锐地捕捉到了被拍摄者与表达内容有关的行为、动作，这些画面和声音才能成为有效的表现内容，从而在编辑中成为有用的镜头。

既然如此，就有必要探讨电视表达的基本元素在非剧情类节目创作中的一些基本特征。

第一节 电视节目不等于真实生活

非剧情类节目题材大多数是来自生活的真实题材，往往给人一种错觉，使人认为电视里表现的这些内容就是生活本身，生活真实等于电视真实，殊不知电视节目其实是经过拍摄和编辑而来的，生活冲突必须上升为戏剧冲突才能成为电视节目的表现内容，仅凭直接的生活记录是无法完成电视创作的，当然也就无法完成电视节目的表达。

电视镜头从表现上来说，必须具备一个条件才能完成拍摄：被拍摄对象与摄像机在同一时间出现在同一空间里，这样才有被记录下来的可能性，这也是电视摄像机的一个最基本、最根本的特性。但在日常生活中，电视拍摄者不可能对生活中的每时每刻、每件事情都做"记录"。摄像机的记录行为是主观的，所有被记录下来的内容显然是被创作者提前意识到了。因此，无论是从可能性还是从可行性来说，生活中能够被记录下来的部分毕竟是少数。虽然随着家用摄像机的不断普及，现代生活中突发事件被记录下来的概率大了许多，但与生活的纷繁复杂相比，依然还是太小。而且从电视的表达来说，想仅仅依靠这种简单记录来表现生活的全部，显然是不可能的。毕竟电视的表现需要许多的手段和方法，不是简单的个人记录行为就能成为电视节目的。

现实生活中，人们可以感知的时间一般分为三种情况：过去时，是指从此时此刻开始往前的那个时间段；现在时，是指此时此刻；将来时，是指从此时此刻往后的那个即将要经历的时间段。

摄像机的记录特性决定了若要完成记录,摄像机就必须"在现场",也就决定了摄像机只能记录到前面所说的"现在时"这一个时间段的内容。而影视作品中所表现的时间却是什么时间状态都可能有,无论是现在时还是过去时抑或将来时,都可能出现。从理论上说,现在时和将来时被摄像机记录下来的可能性是存在的,但过去时却是不可能记录下来的,所以屏幕里所展现的那些过去时的内容从某种意义上说是编导脱离了现实生活的时间,根据屏幕时空的需要重新营造了的彼时彼地。为了叙事或表现的需要,或者说为了记录下"当时",电视编导们重新创造了一个摄像机能够记录的"过去",从而解决了摄像机的记录特性与生活真实无法重复之间的矛盾。虽然摄像机表现的是过去,但它的记录过程依然需要"此时此刻",所以影视剧需要演员来表演剧情中设定的那个时空里的人物。而对于非剧情类节目,由于它失去了重新展示"过去"的可能性,无疑也就失去了一个可以表现的时空。那么这种情形该如何处理呢?

在非剧情类节目中,除去摄像机在场的纪实段落外,"再现"生活中的某些部分也是一种重要表现手段。这种"再现"分为两类:一类是有意识地去设定一个过去的情景,创作者通过一定的技术手段完整地将过去的事件在电视摄像机前"表演"出来,以使"过去"能够被记录下来。而这里所谓的"过去",其实更多是指再次营造出来的时空,这一类一般用于电视剧、文艺晚会等可以通过事先排练来完成的节目。另一类是反映现实生活中某个真实的过去,将摄像机不在场的段落再现出来,这便是纪实类节目中的"真实再现"手法。很显然,这其实是借用了电视剧的表现方式。从手法上来说,这并不是一种全新的技术处理方式,但从创作观念上来说却是全新的。同一种表现手段运用在不同类型的节目中,由于表现对象和表现时空的变化,处理手法也产生了某些差异,因为这种手段将两种不同时空的内容融合到了一个表现时空里。

虽然近十多年来,"真实再现"已经逐渐为人们所接受,甚至成为一种"灵丹妙药",但它毕竟只是用来辅助非剧情类节目表现的一种不得已而为之的手段,依然无法避免时间本身的流失。因此它在创作上只是一种权宜之计,而不是一种万能的手段。目前各种再现手法可以说层出不穷,而一种手段一旦泛滥,问题就出现了。许多非剧情类节目打着"真实再现"的旗号,实质上却歪曲了"真实再现"的本质含义,成了"伪再现",不仅迷惑了观众,同时也为纪录片"记录历史"的功能打上了一个极大的问号。试想,50年或100年以后,当后人通过这些"真实再现"来研究历史的时候,他们会得出什么结论呢?

电视中的时间和空间带给观众的是一种真实感，而不等同于生活的真实，即使是来自于生活真实的非剧情类节目也一样。"艺术来源于生活但又高于生活"在这里得到了很好的体现。若干个生活时间片段形成了电视节目中的时间，若干个局部生活空间形成了电视屏幕空间。创作人员的加工使这个时空具有了一种来源于生活的真实感。

电视节目中的时间，一部分是生活时间，一部分是电视所表现的时间，那么电视创作者是如何从生活时间中截取电视所表现的时间的呢？每个电视节目都是由若干个镜头构成的，而每一个镜头都具有一个物理时间，比如在节目中使用的镜头长度是 5 秒钟，那么它也就等同于现实生活中的 5 秒钟。如果一个 10 分钟的节目由 150 个镜头构成，那么这个节目可能就是截取了生活中的若干个 5 秒钟或 8 秒钟来表现的。但节目中的 10 分钟也可以表现现实生活中的一天、一个星期、一个月甚至一年。这一百多个时间片段经过编辑的加工和观众想象力的弥合，形成了一个完整的叙事时间线，编辑在节目中营造的这种时间感觉与观众在生活中的经历十分吻合，观众接受了其中的时间省略部分，或者说被省略的部分经过某种思维上的弥补而得到了观众的认可。

空间虽然没有时间那么复杂，但从概念上讲，它与时间的结构方式也很接近。每个画面都是截取的生活中的一个局部空间，一个节目的屏幕空间则是由若干个局部空间来塑造的。

在此情况下，一个矛盾就产生了。由于电视具有视听兼备的特性，所以电视节目给观众的心理感觉是最直观、最真实的。然而创作人员也能像观众一样认为电视节目是真实、直观、客观的么？如果电视创作者也这样理解电视传播的特点，可能就会给拍摄、编辑带来一定的困难。因为电视的表达技术是目前所有媒体中相对较复杂的，而正是这种复杂给电视创作带来了困难。这种困难既体现在技术制作环节上，也体现在内容表达环节上。从技术环节来说，电视节目创作的环节比较多，既有前期镜头拍摄，也有后期制作，每个环节的工序都比较复杂，无论是从时间上还是制作上都不可能很快完成。其次，电视内容表达往往都是间接的，电视要完成一个观点、意义的表达，必须首先将这个意义赋予一个被拍摄对象上，让这个对象的行为、动作、语言等来表达自己的想法，而不可以直接将创作者的意图在镜头里表现出来。通过载体来表达创作者个人的意愿，无疑加大了表现难度，所以在观众看来最直观、最真实的电视节目，对于电视创作者来说，可能反而是一个相对困难的媒体表达过程。

第二节　创作者的沟通是镜头分解的前提

电视节目的创作流程大体可以分为前期创作和后期创作两个阶段。前期创作一般是指节目的策划阶段和拍摄阶段，在这个过程中，创作者需要对节目做整体构思，其中最重要的是获取节目里需要的镜头和信息。这些是创作者根据节目内容一点点积累起来的。创作者要根据创作内容、拍摄地的天气条件、人文条件等来决定自己的拍摄方式、拍摄手法，为后期创作做必要的准备。这个阶段又可以划分为若干个更小的步骤，比如策划阶段主要是完成选题的确定、拍摄思路的确立、拍摄对象的落实等，这些工作虽然不是实际的镜头拍摄，但却与之后的拍摄息息相关，很多镜头拍摄的信息积累实际上在这个阶段就已经开始了。所以电视创作绝对不是拿着摄像机到了拍摄场地才开始的，创作者对拍摄对象、拍摄内容的熟悉和了解将直接影响拍摄的最终效果，并直接影响编导在拍摄现场的组织，影响摄像在现场捕捉镜头时的判断。以为摄像机开机拍摄才进入镜头积累阶段的想法是错误的，也是必须克服的一个创作误区。策划过程中所涉及的人员应该是所有与节目相关的工作人员，比如策划、编导、摄像等，认为节目策划只是编导和策划人员的工作的观点也是错误的。参与策划的意义不仅在于参加者能为节目出谋划策，更重要的是其能够加深对节目的理解，这一点很重要但却容易被忽视。摄像人员对节目策划的参与尤其重要。摄像如果不能理解编导对节目创作的要求，而是仅仅按照已有的拍摄经验来对待一个新的节目，就可能失去创作本身所具有的创造性。大多数电视节目的策划过程比较短，很多节目的策划往往与前期踩点同时进行，这就使得摄像人员以为这个过程与自己无关，于是参与程度不深、热情不高，甚至即使到了现场也总觉得事不关己，而这往往会损害节目的创作。

因此，节目创作应建立规范。一是编导、摄像及其他与节目有关的创作人员应该把参与节目前期策划作为一种常规工作，无论何时，凡与节目相关的创作活动，本节目的创作人员都应该参与其中，而不应仅限于节目的编导、摄影人员。如此要求的意义在于：摄影人员介入节目越早，就越有可能更加准确地理解编导的意图。二是摄像及其他创作人员应自觉建立起节目前期创作意识，而不能等到真正开机了才开始了解被拍摄对象、理解拍摄内容、与编导沟通节目构思等。做好了上述准备，在拍摄现场才可能捕捉到那些与节目意图更接近、更符合要求的镜头，才可能进入创作状态，而这种状态正是保证前期拍摄成功的基础。因为有了这种合作状态，编导对拍摄内容才把握得比较准确，摄像才能准确地理解编导的意图，从而更好地去将其电视化。电视创作既不能成为编导对摄像的"指手画脚"，让摄像成为一个"听话"的下属，当然更不能成为摄像自以为是的常规作业。这些做法都会给节目的后期创作带来许多不必要的麻烦，同时也会增加前期创作的盲目性。沟通和理解上的不对位容易造成拍摄中的无效劳动，甚至出现驴唇不对马嘴的尴尬局面。而在新编导与老摄像、老编导与新摄像的合作中，除了前面所说的问题外，电视创作的"经验"也可能会造成麻烦。对于电视这种操作性比较强的创作来说，经验能够帮助人们解决一些问题，这就使得有一定从业经历的人往往产生一种心理上的优越感，而电视新人则恰恰会出现某种心理上的胆怯。优越感一方面来自"老人"多年的创作经验，一方面来自与合作者相比的心理"优势"，有时人们会下意识地将这种优势放大，结果最终损害了节目的质量。所以编导与摄像在前期的充分沟通对于电视拍摄十分重要。要强调的是，前面所说的沟通是一个持续过程，而不是阶段性的。

　　由于非剧情类节目的拍摄内容不确定，这种沟通就更有其必要性，所以在前期拍摄过程中，编导在拍摄现场要做好三件事：一是把握拍摄内容；二是帮助摄像捕捉随时可能发生的与拍摄内容有关的事情，因为此时摄像的眼睛正盯住寻像器，不可能照顾到正常人视力范围内的全部内容，或者由于摄像与编导对拍摄内容理解得不完全一致，某些编导认为重要但对摄像来说却无关紧要的内容就有可能遗漏；三是注意编导和摄像在拍摄现场的安全，由于摄像此时一般都在专心致志地拍摄，可能对眼前的危险浑然不知，此时编导可以帮助摄像观察他看不到的地方。这些做法对于摄像与编导的合作关系甚至个人关系都大有裨益，尤其有利于之后的拍摄和沟通等。

　　所谓后期创作，是指前期镜头拍摄、信息积累完成以后的节目结构构思、镜头技术连接阶段。也就是说，有了节目的整体构思之后，根据它把前期拍摄中完成的镜头按照内容和表达的需要进行挑选，并根据节目要求进行适当的剪切，按照合理的顺序排列、组合，从而完成最终的意义表达。在这个阶段，编导除了要完成镜头表意之外，还要完成解说词的写作。

　　由于电视是声画结合的产物，解说词的话语表达与一般意义上的语言表达是有区别的。一般意义上的语言表达是用书面语言去表达所有要表达的意思。而电视由于有了画面和画面里的同期声以及字幕等其他手段，解说词仅仅是整个表达的一部分，最重要的不是书面语言本身的表述，而是书面语言如何与其他元素相配合，最终完成意义的表达。这对于编导来说更需要的是搭配能力而不是简单的书面语言表达能力。一个书面语言非常好但不懂得使解说词与画面、字幕等合理搭配的编导是无法完成电视节目编导工作的。从语言的表述特征来说，电视解说词是用来给观众听的，所以解说词的写作肯定不能是文绉绉的。书面语言适合阅读但不适合收听，电视节目一直提倡口语化，但什么是口语化？这个问题值得我们去研究。电视里的口语化是指电视解说词既要有口语的朗朗上口，又要有书面语言的凝练、简洁，因为电视解说词是一种用书面语言写作但却作用于听觉系统的表达。这是电视解说词写作的一个基本要求。除此之外，现阶段一些电视创作者在写作解说词时，往往是脱离电视编辑机的，然而从最佳的解说词创作方式来说，再加上前面提到的搭配问题，电视解说词应该是在编辑机前完成的。因为电视解说词的表达是片段式的，而不是一般书面表达的连贯创作，只有在电视编辑机前写作才能考虑解说词与其前后话语（更多的是同期声）的搭配，这种搭配包括内容的连贯、语气的连贯、节奏的连贯等。只有把这些元素都考虑进去了，才可能使电视解说词与其他话语共同构成一个整体。电视节目的解说词如果直接连接在一起，是缺少逻辑关系的，甚至是不能表达意义的。如果一个节目的解说词能够直接完成表意，那么这个节目可能更像是一个图解式的节目，这与电视的视听表达方式并不完全吻合。

　　后期创作阶段除了节目内容的创作，还包括节目的后期合成。编导粗编完成的节目，只具备了影像表意的基本元素，还不能达到一个节目成品的要求，或者说此时的节目仅仅是一个完整节目的雏形，还需要进一步加工打磨。编导完成的是节目结构的建立、表意镜头的基本连接、语言意义的组合生成，也就是解说词的创作、音乐的选择等工作。完成了这些基础工作之后，才进入到节目合成阶段。合成阶段主要是对节目做外在形式上的修饰，这种修饰不是可有可无的，而是一个必需的过程和手法，它既要符合节目播出的技术要求，更重要的是要符合观众的审美要求，使节目由"毛坯"变成一个完成品，片头、片尾、字幕、音乐等有效形式都被纳入到了此时的创作中。

　　直到此时，编导或导演才算基本完成了一个节目创作的基础工作，进入节目创作的下一个准备阶段。电视编辑的基本流程就是在这种周而复始的循环中完成的，而这种循环的过程也让节目的编导或导演成长起来，最终成为一名成熟的电视工作者。

第三节 镜头分解是对时间和空间的切分

电视画面是由若干个镜头构成的,每个镜头从景别表现上来看,可以分为全景、中景、近景、特写等景别,从拍摄技巧上可以分为推、拉、摇、移、甩、跟等手法。每个镜头又包含两个方面的含义:一是镜头本身的含义,一是镜头的延伸含义。无论是镜头本身的含义还是延伸含义,表意的基础都是镜头本身所表现的时间和空间,即创作者选取的生活中的某个时间段或某个局部空间来作为承载对象。那么创作者是如何选择这个承载对象的呢?一般来说是根据叙事、表达的要求来选择的,但我们仔细分析就会发现,镜头分解时每个镜头都对应于现实生活中某个时间段和某个局部空间,所以镜头分解实质上就是拍摄者对现实生活中时间和空间的切分。

既然镜头选取了生活中的某些时间段作为承载对象,那么创作者就需要对现实生活中的线性时间进行分割,将其切分为电视表达的有效时间段。这里,一方面要对生活过程进行捕捉;另一方面,所截取的这些生活片段又要具有一定的代表性,甚至可以反映其所表现的生活的全貌。

同理,每个镜头所呈现出来的空间也是用来反映事物的承载对象的。因此对镜头的理解就不能只停留在镜头的呈现方式,即景别和拍摄技巧上,而要认真地理解镜头分解的真正含义。如果能从时间和空间的意义上来理解镜头分解,那么创作者就能对创作过程中出现的一些问题作出正确的分析和判断。而如果在镜头分解的过程中就已经建立起时间和空间的概念,那么拍摄的镜头就不仅能够满足镜头表意的基本技术要求,而且还有镜头叙事的时空关系,编辑处理时就不需要再为如何连接镜头而发愁了。所以,应当把每一个镜头的处理都当作时间和空间的切分来看待,这种理解的变化会直接影响创作的最终效果。

非剧情类节目如果没有建立起完整的时间和空间概念,那么在后期编辑中就很难处理,也很难将现场的一个个场景转换为有效的镜头。如果跟拍了被拍摄对象很长时间,但却无法实现完整的叙事,那就很可能是因为在这个过程中拍摄者没有将生活的时间提炼为屏幕时间,没有将生活的空间重构为屏幕空间,而是更多地将镜头分解作为一项技术来理解的。单个镜头的拍摄技术可能很完美,但作为叙事的一部分,精湛的技术并不能弥补叙事上的缺憾。如果创作者能够从时间和空间的切分来理解镜头,从而发掘出更多意义,无疑便能为创作打开一个更为广阔的空间。

在视点转换的过程中，拍摄者需要解决两个比较棘手的问题：一是要分割线性的流动时间，二是要在这个线性流动时间中判断哪些时间段是有效的，哪些时间段是无效的，并且将有用的时间段记录下来，为节目增添表现力。但在解决这两个问题的同时，拍摄者还要注意所有这些都是生活中的一次性行为，不是可以重来和表演的行为。

在弄清楚这些问题之前，必须清楚剧情类节目和非剧情类节目的区别。剧情类节目的所有被拍摄对象都是经过拍摄者组织的，而非剧情类节目的被拍摄对象是不能组织的。准确地说，对于非剧情类节目的组织，仅限于对拍摄行为本身的组织，而剧情类节目则既对拍摄行为本身进行组织，同时也对被拍摄者进行组织。非剧情类节目一旦组织被拍摄者，就会陷入"摆拍"的境地，这是非剧情类节目拍摄的大忌。

创作者在这个过程中必须清楚两点：一是在镜头拍摄过程中，每一个镜头记录的时间与现实生活中的时间是相等的；二是拍摄完成之后必须用若干个时间片段来完成一个完整的叙事时间段。那么如何用片段的时间完成现实生活中线性的连续时间？要让观众在心目中形成一个与真实生活对等的时间，更准确地说是真实的时间感。因为观众在观赏电视时，眼里没有镜头，只有故事。技术上的问题是创作者的，叙事的内容才是观众需要的。如何用一个个时间片段来形成一个完整的时间段落，或者说连续的时间感，是电视编导在节目编辑中必须解决的问题。

我们把镜头分解理解为对时间和空间的切分，首先要清楚在电视中是如何体现时间的。电视中的时间一般都是附着到具体的事件上来表达的，即事件的进程基本决定着电视里时间的呈现。我们所说的时间片段基本上就是指一个事件的若干个具有叙事意义的段落，当然这种事件可能是比较单一的，比如一个人正在做某一件事情；也可能是比较复杂的，比如在同一场景有若干人在做不同的事情。基于这种情况，在时间的切分上也会有简单和复杂之分。简单的事情相对好掌握一些，而比较复杂的事情就难掌握了，因为对同一场景下不同的人进行取舍，并不是一件容易的事情。

除了对时间的分解之外，电视镜头还必须同时完成对空间的分解。电视镜头对空间的切分也必须解决与时间切分一样的问题：用若干个局部空间完成对一个生活空间的表现。

拍摄者在现实空间里选取典型的空间来反映生活时，并不能只考虑空间问题，而是要把时间、空间与事件、人物等结合起来考虑，这样才能使观众建立起与现实生活近似的空间感。不难看出,镜头分解建立在对时空切分的基础上,因此每个镜头必然要面临三个问题:时间、空间、人物(或事件)。显然,如果从时间和空间的角度考虑,镜头分解就必须建立在对人物活动或事件的整体把握上,也就是说,在考虑时间、空间的基础上来思考不同景别的表现内容和不同拍摄技巧的表现方式,实际上就是对叙事内容的后期编辑做了前置思考。从这个意义上说,此时对镜头的理解和思考都是建立在叙事段落基础上的,为后期编辑做了很好的铺垫。只有这样看问题、分析问题,才可能有"提纲挈领"的感觉,有对整体的把握。许多时候编辑效率之所以不高,往往并不是没有掌握编辑技术,也不是不熟悉镜头,而恰恰是对整体结构的犹豫不决影响了编辑效率。如果从时间和空间的角度来考虑镜头分解,不仅会使思维方式发生变化,而且在处理上也更有段落感。因此,我们首先必须清楚节目编辑的叙事段落是什么。

无论是剧情类节目还是非剧情类节目,肯定都不是按照镜头的组接顺序来拍摄的,而是按照效率的原则或按照同一场景相对集中的原则来拍摄的。同一个场景的内容一般是一次性拍摄完成,除了纪实段落或不可预知的特殊情况外,一般不会在同一场景里多次拍摄。编辑需要从叙事的角度去考虑这些镜头的组接问题,相对困难的是在构思阶段如何在这些不同场景、不同时段拍摄的内容之间建立起关系。素材中,镜头既可能是在同一时间、同一场景中拍摄的,也可能是在同一时间但不同场景中拍摄的,还可能是在不同时间不同场景中拍摄的。无论是哪种情况,编辑能否找到镜头之间、内容之间的关系,都会直接影响节目完成的质量。所以如果从时空的角度去考虑,镜头分解就是对镜头叙事意义的分解:被分解出来的时间和空间是用来完成叙事的,因为电视要用这些时间片段和局部空间来完成一个连续的时间叙事和一个完整的空间叙事。

第四节　电视节目拍摄中的优先原则

以生活原生态为内容的节目在前期拍摄阶段最大的特点,是被拍摄者不以拍摄为目的进行活动,而拍摄行为则伴随着被拍摄者在生活中的活动而进行,所记录的内容往往都具有转瞬即逝的特点。对于必须以客观存在对象为拍摄目标的影像镜头来说,拍摄过程中的优先原则就显得较为重要了。与剧情类节目不同的是,以生活原生态为内容的电视节目,虽然事实的发生是一次性的,捕捉细节也是一次性的,但在这个转瞬即逝的过程中,节目的拍摄过程依然是经过组织的。这种组织不能让被拍摄者感觉到,也不能让观众在镜头里感觉到,但对节目的拍摄却起着至关重要的作用。前期拍摄过程中记录的类型大约有以下三种:

第一种类型是对被拍摄者完全客观的记录,这曾经被一些纪录片或纪实类节目大量使用。由于非剧情类节目无法摆拍,对于拍摄者来说,其记录过程相对比较艰苦。拍摄者必须在对被拍摄者的观察过程中进行影像记录,而被拍摄者的行为很多又是未知的,拍摄者需要根据现场的环境、对象、气氛等来判断被拍摄主体的行为是否与拍摄内容有关。在这个过程中不仅要抓住被拍摄者与节目主题有关的行为、动作,还要使镜头符合影像拍摄的技术要求,在这双重压力下,拍摄难度可想而知。因为拍摄内容的主体是被拍摄对象,其活动不受拍摄者控制,但拍摄者又要在其感受不到被组织的状态下来结构镜头。拍摄者的主动权就是决定哪些拍,哪些不拍,也就是说,拍摄者最大的权力就是对镜头的取舍。

除此之外,拍摄者既要与被拍摄者出现在同一场景中,又不能使其感受到拍摄者在现场,这样被拍摄者才能进入自己生活的真实状态,才能达到相对客观的记录效果。此时,哪些内容用镜头表现,哪些内容用语言表现,应该完全根据情节发展的需要而定。镜头的处理方式一旦决定,也就意味着镜头语言的构成主体得到了确定。结构的即兴确定体现的是编导的搭配能力,或者说这种决定本身就包含了编导对视听语言的整合能力。

第二种类型是拍摄者在现场用语言组织或引出某些谈话,类似于采访的表现方式,让交流在被拍摄者的行为、活动中完成。在这种情形下,拍摄者经常会与被拍摄者进行交流,从而获得一种现场感。但最重要的是被拍摄者活动的现场没有被破坏,拍摄者的存在没有干预被拍摄者的行为本身,只是在他的活动过程中从观众的角度提出一些相关问题,或是通过交流建立起一定的现场氛围,从而达到表现被拍摄者的意图。这类交流往往出现在两种情形之下:一是拍摄现场只有一个被拍摄对象,而没有交流主体,需要拍摄者来激发被拍摄者,使其变成一种活动的信息源;二是现场虽然有一个以上的被拍摄主体,交流本身不存在障碍,但被拍摄者的交流内容与观众的兴趣点之间错位,拍摄者不得不使用这样一种方式来获得信息。

第三种类型也是相对容易获得的一种类型,即现场采访。它直接将被拍摄者置于需要的场景里,与其进行相关的谈话交流,拍摄者的语言只是为了刺激对方,让其有表达的欲望。这类交流最重要的是获得语言信息,因为拍摄要获得的内容大多都在被拍摄者的语言里,镜头的出现只是为了辅助语言的传播,此时镜头本身表现的信息并不是十分重要,观众希望获得的信息大多来自语言,除非被拍摄者在现场的某些细小的行为本身有重要意义。

在电视的前期创作中,如果说空镜头的拍摄要考虑画面的构图是否优美、光线是否合适等,那么现场同期记录则是一个相对特殊的内容,它既要考虑画面,又要考虑语言表达,而语言表达的重点甚至可控制点都不一定在于拍摄者一方。正是这种不可掌握的变化体现了创作者的现场控制能力和现场判断能力,以及编导的取舍与搭配能力。在电视创作过程中,无论是前期拍摄还是后期编辑,编导时时都处于选择之中。

为了获得来自生活原生态的内容,克服拍摄中"摆拍"带来的不利局面,一般非剧情类节目在拍摄中要遵循一些"优先原则"。掌握了优先原则,才不至于遗漏重要的内容,同时避免"摆拍"的出现。确定了拍摄内容和对象之后,编导要善于区别哪些拍摄内容是只能一次性完成的,哪些是在任何时间都能拍摄到的,对于那些需要一次性完成的部分要尽可能优先将其拍摄完成。

在拍摄中,优先原则大体应该包含哪些内容呢?

要优先的部分是那些一次性的行为、动作、活动等对叙事有直接影响的部分,概括起来优先原则大体如下:活动或行为的主动权掌握在被拍摄者一方的,内容需要拍摄者优先处理、拍摄;活动或行为的主动权在拍摄者一方的,则可以考虑适当推后。那么被拍摄对象的预期活动和采访,哪个应优先拍摄?由于被拍摄者的活动可能贯穿于整个拍摄期间,同样的行为不大可能出现多次,所以这类活动应该先于采访拍摄。采访是根据拍摄者的主观要求来决定的,在哪里采访,什么时间采访,甚至采访中谈些什么内容都是由拍摄者决定的,所以没有必要优先顾及这部分内容,应根据优先原则在适当的时候安排拍摄。除了这种情形之外,一般情况下,拍摄者都喜欢在一个相对集中的时间里拍摄空镜头,但因为气候条件或其他特殊原因,某些需要的环境、天象不会经常出现。因此,即使是空镜头,有时候也需要优先拍摄。因此优先原则不是一个具体的规定,而是拍摄非剧情类节目的一种经验,需要创作者在拍摄中不断地总结,逐渐地理解、掌握和运用。

电视拍摄中,有些内容是适用优先原则的,但内容表现绝不仅限于优先的问题。因为电视表达具备视觉的元素,因而观众理所当然希望从画面里直观地看到"事情的发生"。目前的电视创作中,采访似乎成了弥补没有拍摄到的内容的"万能"手段,视觉上没有获得的内容就用采访弥补,让当事人讲,让知情者讲,让参与者讲等等。为何创作者越来越愿意使用这种手段?这与拍摄难度有较大的关系。

采访是比较容易获得的内容,只要有当事人或目击者、亲历者等,就可以获得相关的内容。但如果都以这样的一种方式获得内容,电视就失去了在声画方面的优势。如果从拍摄的角度进行选择的话,采访应该作为最后的选择,首选方式应该是用镜头记录下"现场",然后用采访来补充。以《壁画后面的故事》为例,首先应该拍摄刘玉安老师从医院里借出病历的细节,比如他是如何说服医生借给他的,而这里却是让医生直接面对镜头接受采访,这样显得太直接,缺少细节,观众容易认为刘老师是借助了媒体的力量完成了借病历的事情。

所以编导需要对被拍摄者的活动和编辑内容做一个基本判断。一般意义上,非剧情类节目应该拓展现在时,压缩过去时,限制未来时。也就是说,拍摄时应该尽可能地挖掘现在时的东西,而不要等到事情结束后再用采访的方式弥补相关信息的缺失。

案例分析

片例一:《美丽中国》第一集插秧段落

(http://cn163.net/archives/6714/)

美丽中国

1. 镜头拍摄的目的性

常规镜头的拍摄一般是有模式可循的。交代一个人物需要哪些镜头,交代一个环境需要哪些镜头,景别上需要的基本镜头构成是什么,叙事的意义上需要多少个镜头等,是编导和摄像人员在拍摄之前、之中甚至之后需要不断认真思考的问题。同时,编导和摄像师的基本功也体现在这个环节里,因为这时他们要知道哪些镜头是必需的,知道一个叙事段落需要多少个镜头,并能按照拍摄的基本模式和要求加以完成。

虽然镜头的分解与生活流程有很大的关系,但镜头分解的过程并不是简单地跟着人物和生活流程走,它需要拍摄者观察拍摄现场,思考所处环境中到底哪些是观众感兴趣的,再去定位摄像机,拍摄那些值得拍摄的内容,捕捉那些他感兴趣的东西。当然,这里所说的兴趣,一方面是创作者的个人爱好,另一方面是他作为电视人被职业化了的兴趣爱好。即使一个老人独自坐在那里,拍摄者也应清楚如何用镜头去表现,知道什么时候该开机,而不是简单地把镜头分解依托在被拍摄对象的行为动作上，一旦有动作、有活动就去拍，结果拍了一堆素材，最终编辑时发现并不能用到节目中。编导和摄像师在镜头分解的过程中应该先清楚表达是什么、载体是什么，在这个基础上再根据镜头分解的原则去拍摄。

2.固定镜头与运动镜头

要有效地使用各类不同拍摄技巧的镜头，需要长期的磨炼，而对固定镜头的训练则是一个好的开始。在《美丽中国》的这个段落里，作者除了挑秧

苗的部分使用了运动镜头外，基本都以固定镜头为主。所以编辑应该合理地控制固定镜头和运动镜头的比例，尤其是在没有辅助设备的专题片拍摄中，更应该适当限制对运动镜头的使用，除非镜头运动本身能够与所叙述内容建立起直接的关系。

固定镜头的运用原则是：

（1）编辑应该有效地控制固定镜头与运动镜头的比例，加大固定镜头的使用量，限制运动镜头的使用量。

（2）限制运动镜头的使用，并不意味着镜头编辑过程中都要采用固定、呆板的"死镜头"，也并不是不考虑固定镜头本身的变化，需要注意：

- 摄像机应该拍摄到被摄对象位置的移动；
- 摄像机应该拍摄到被摄对象姿态的变化；
- 摄像机应该拍摄到被摄对象外表的变化，并尽量拍摄到变化的过程；
- 用镜头的切换形成节奏和韵律。

所有这些都表达了一个意思：编辑需要尽可能地顺势而为，而不是强行加入一些人为的因素，要尽可能让拍摄技巧都隐藏在内容的变换中。

片例二：《幼儿园》玩具坏了、摆椅子、家长接孩子三个段落

(http://www.iqiyi.com/v_19rrha2usg.html)

幼儿园

后期编辑意识的前置处理

非剧情类节目的拍摄方式与剧情类节目有着较大的区别。非剧情类节目的最

大特点是镜头分解与镜头拍摄是同步完成的,这使得编导无法在拍摄前按照镜头结构的需要去完成镜头的拍摄,只能在拍摄过程中一边记录拍摄内容,一边尽可能地接近镜头语言的表意要求。但这并不意味着非剧情类节目的镜头分解就是随心所欲、临时决定的,相反,正因为非剧情类节目的镜头分解特点,前期拍摄过程中更加要求编导有较强的后期编辑意识。在前期拍摄中具备较强的后期编辑意识不仅能减少无效劳动,更能让镜头的拍摄具有针对性。纪录片《幼儿园》中有这样三个段落:第一个段落是两个孩子因为玩具坏了而出现争执,第二个段落是一个小男孩在教室里摆椅子,第三个段落是陈志鹏小朋友在等家人来接他回家。这三个段落虽然都是纪实拍摄,但作者在三个段落里分别用了三种完全不同的镜头分解方式。在第一个段落里,两个孩子因为玩具坏了而发生争执时,创作者采用了分切镜头的方式,但如果分析一下镜头内容我们就会发现,两个孩子因为玩具发生争执是一个极有可能转瞬即逝的事情,但创作者为了表现矛盾冲突,用了9个机位从不同角度进行拍摄,这无疑增加了拍摄的难度。但正是因为有明确的分镜头意识和后期编辑意识,创作者才会去选择这种难度更大的拍摄方式。而在摆椅

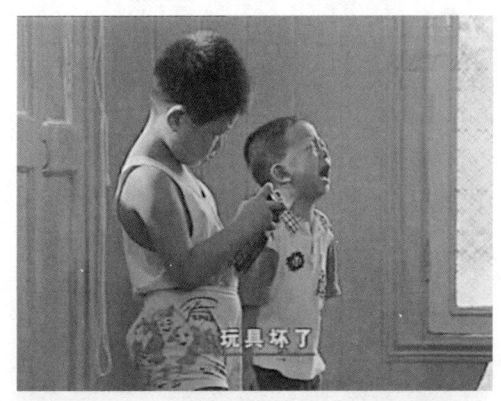

子的段落里,一般按常理思维的话,更多的人可能会选择分切镜头的方式,因为小男孩摆椅子的段落相对静态,几乎没有位移,语言也极少,分切镜头的方式理论上讲可能更容易控制叙事的节奏,但创作者在这里选择的是长镜头的方式,这给了观众解读孩子们的另外一个角度,这也是因为创作者在前期拍摄过程中对后期编辑

意识做了前置处理。在第三个段落里,创作者则选择了同轴同机位镜头和出画入画的方式,应该说是有了同轴同机位镜头的设计,才有了主体的出画入画。同样的道理,如果创作者不是很清晰地知道后期镜头的使用方式,一般情况下也很少有人有胆量采用这样的拍摄方式。三个段落,同一个创作者,采用了三种完全不同的拍摄方式。我们并不是说这样的拍摄方式就是标准的或唯一的,而意在说明创作者如果具有较强的后期编辑意识,在前期拍摄中也能体现得淋漓尽致。

片例三:《平衡》梁银全带领队员抓捕盗猎者段落

(http://pan.baidu.com/s/1c0fEdHI 密码:vdt3)

平衡

分切镜头与连续镜头的选择

创作者在这个段落里用长镜头表现抓捕过程。镜头采用了肩扛拍摄,所以晃动比较厉害,在制作工艺上显得不够精良。但由于拍摄内容所处的环境及事件自身具有的紧张感,所以这个部分的镜头反而不适宜使用固定镜头。那么分切镜头与长镜头该如何选择?

(1)当被拍摄对象动感较强,变化和位移效果较明显时,可采用长镜头来表现。

(2)当被拍摄对象动感不强,变化不明显,位移效果也不明显时,宜采用分切镜头加强影片的节奏感。

此外,编辑时还要遵循同一场景镜头相对集中的原则,长镜头和蒙太奇只是两种表现方法,纪实并不需要完全采用长镜头,切换也能很好地表现纪实的味道。

在同一场景镜头相对集中的原则下,对镜头的处理还要遵循景别渐变的原则,这样可以使镜头的空间连续感得到更好

的表现。但景别渐变只适用于一组镜头连续地表现同一主体的情况,不同主体另当别论。

片例四:《壁画后面的故事》老师带家人到学校看壁画段落

(http://v.iqilu.com/2011/10/13/3682824.shtml)

壁画后面的故事

被拍摄对象的心理状态与拍摄内容

细节需要发现,但如果拍摄者在现场发现了一个细节却没有及时捕捉到,那么

这个细节对节目的拍摄和编辑来说便毫无用处了。拍摄过程中的另外一种疏忽即细节的丢失,拍摄者从生活中发现细节需要机会和眼光,捕捉细节也需要编导的功力。

先来分析这个段落拍摄之前被拍摄对象的心理状态,无论是巧合还是编导的设计,此时老师、陶先勇及母亲来到了师生一起创作的壁画前,此时三个人的心态是否完全一致?其实观众从镜头里会发现一些细节,当镜头的前景是老师和学生在看壁画时,陶先勇的母亲却拿着手绢在后景里悄悄地擦眼泪,这个镜头只是一扫而过,拍摄者没有注意捕捉这个情感细节。并不是说拍到人在哭就是有细节,关键是此时为何会哭。在这幅以陶先勇为原型的牵马人的壁画前,老师刘玉安、学生陶先勇及母亲三个人面对记录着过去、记录着回忆的壁画,心态完全不一样。很难说每一个人心里在想什么,但如果拍摄者抓住了三个人不同的心态,就会观察到三个人在壁画前

的不同反应,去捕捉反映他们内心的动作,这个段落的拍摄目的就基本达到了。而如果把这个段落定位为一个很生活化的流程,拍摄者就会去追问一些在观众看起来很多余的话。所以一个电视创作者在创作过程中,首先是一个观察者,然后才是一个判断者。创作者首先要学会观察生活,学会了观察生活,才能从中判断哪些是与自己的拍摄内容有关的、应该去记录的,哪些是与自己的拍摄内容无关的、需要舍弃的。

看壁画这个段落丢失细节的主要原因是编导关注事件的过程,而没有关注到人,更没有关注到人的情感。如果能够从人物情感出发,可能便会改变思维方式,比如是否要采访,母亲为何流泪,老师看到壁画时到底是什么反应,孩子又是如何反应的等等。因为有摆拍的成分在里面,镜头里人物的表情显得有些呆板。面对此情此景,观众会作何感想呢?

片例五:《寻找滇金丝猴》第一个段落

(http://jishi.cntv.cn/explore/xunzhaodianjinsihou/classpage/video/20100111/100108.shtml)

寻找滇金丝猴

镜头表现与拍摄效率

《寻找滇金丝猴》是中央电视台《探索·发现》栏目制作的一期以动物为题材的节目,节目以1896年发生在云南的一次狩猎活动为故事的开头,镜头主要由三部分构成:一是照片的镜头,二是模拟猎人打猎在树林中穿行的镜头,三是一声枪响。创作者通过这几个部分的内容用影像的方式勾画了一百多年前的那场狩猎活动。如果不是事先结构好镜头,那么这部分林中穿行的镜头一般应该是不用的,但创作者在这里把它有效地利用了起来,不仅提高了镜头的利用率,而且很好地完成了创作者的表达,避免了某些片子中出

现的用若干镜头来表现主人公在路途中奔波之类的情形。这种奔波从动态上来说可能更容易结构镜头,但叙事上是否有效却值得考虑,而《寻找滇金丝猴》则很好地解决

了这个问题。

电视节目的镜头从来都不是一个"行车记录仪",而是故事、信息、情感等的载体,认识上出现的偏差可能会给后期编辑带来困难。为何有人愿意选择被拍摄主体移动的段落去拍摄?可能他们觉得有了运动,就会带来空间上的变化,因此在拍摄过程中就会给自己一种空间会变化的暗示,于是更加注重纯过程的记录。但仅仅有空间变化是不够的,空间和时间变化是体现在叙事中的。过程只是叙事的载体,如果沉醉于镜头的变化,最终很可能会导致叙事上的缺失。过去的专题片之所以会出现"走不完的路、干不完的活、欠不完的情"的局面,就是因为很多时候创作者只注重了行为对镜头结构的作用,而忽视了如何使其成为叙事的一部分。如果将这些行为看成是叙事本身,最终就有可能造成面对一堆镜头却无从下手的局面。

思考题

1. 如何理解电视非剧情类节目中的真实?
2. 镜头分解的本质含义是什么?
3. 如何理解电视节目编辑是一种搭配?
4. 什么是电视拍摄中的优先原则?

第四章　电视采访

知识要点

作为一名电视节目编导,大多数节目都需要对节目涉及的对象进行电视采访,摄像机的加入使得电视采访除了内容外,更重要的是被采访对象在镜头里的呈现状态。如果说熟悉采访对象、善于倾听是拍摄者的一种基本态度,那么拍摄中如何控制好被拍摄对象的思维、语言及镜头前的状态,则是一名电视节目编导的基本能力的体现。

与其他形式采访不同的是,电视采访的内容必须要由镜头记录下来才能成为一个有效的采访,然而电视摄像设备又会在很大程度上影响被采访者的状态,这使得电视采访的过程充满了变数。在电视节目创作中,拍摄者与被拍摄者总是处于合作与矛盾中,合作是指电视节目的创作总是由这两者共同完成的,矛盾是指很多时候两者所处的位置、立场、观念及利益等都不同。采访往往是在这种充满了两者智慧的过程中完成的,拍摄者与被拍摄者的智慧在电视采访中的展现成了观众欣赏的内容之一。

因此,采访者对被采访者既要熟悉,又要保持一定的距离。拍摄对象原本就为拍摄者所熟悉的节目并不多见,类似于《俺爹俺娘》这样的节目可谓屈指可数。如果采访者过于熟悉被采访者,则有可能难以发现其独特之处;反之,如果采访者太不熟悉被采访者,也无法发现其特点,更无从去表现了。电视采访就是在这种矛盾的状态下完成的。一般情况下,拍摄者进入被拍摄者的生活中,基本都要经历从陌生到熟悉的过程,所以大多数情况下,拍摄者需要更多地去熟悉自己的被拍摄对象,了解被拍摄对象,而不用刻意去保持距离。另外,其中的某些拍摄内容是需要适当地保留到镜头前的,因为大多数非剧情类节目的表现对象不具有表演天赋。或许在节目拍摄完成之后两者可以成为好朋友,但在拍摄过程中,两者智慧的较量将一直持续到节目拍摄结束。

第一节　熟悉被拍摄对象

什么是采访？采访是指媒体工作人员收集素材，进行调查访问的过程。电视采访由于摄像机的存在，与其他媒体的采访活动相比，具有一定的特殊性。在电视画面的拍摄过程中，我们可以发现两条明显的活动线：一条是被拍摄事实自身变化发展的活动线，一条是拍摄者对事实进行观察、拍摄的活动线。这两条活动线在现场同步发展，但又有着不同的运行特征。首先是客观事实居于主导地位，现场的拍摄活动则处于相对被动、服从的地位，受着事实发展的制约。事实按照自身的逻辑发生、发展，而拍摄者的拍摄活动则围绕着事实的发展与变化而展开。事实的发展与变化可以影响甚至中断拍摄者的拍摄行为。反过来，拍摄者的行为却不能干扰客观事实，更不能去改变客观事实的发展进程。"事实第一，传播第二"，只有从电视传播的这一原则出发，把握好对拍摄活动与事实发展两者的关系，才能使所拍摄到的影像达到最大程度的真实[①]。

由于电视拍摄的这个特性，很多电视节目在拍摄之前都需要进行前期的预先了解，也就是常说的"踩点"。这个过程虽然看似比较简单，但却需要拍摄者尽可能多地了解情况，越多越好。然而拍摄过程中往往还会出现另一个矛盾，这是由于电视摄像机记录的技术特性造成的：电视镜头的记录要求拍摄者与被拍摄者在同一时间出现在同一空间里，想将"踩点"的整个过程记录下来往往是不现实的，这不仅是因为记录的内容太多，还因为不易抓住重点，对节目主题的表达便容易出现偏差；但如果等到获知了拍摄内容之后再拍摄，被拍摄者又会被置于"摆拍"的尴尬境地。

与其他媒体采访相比，电视采访中被采访者做出回答的过程只是完成了传播的一部分，无论其回答得多么精彩，如果没能让观众听到、看到，这次电视采访基本上就是无效的。电视图像的声画同步、直观、形象等特点决定了不能去转述或传达当事人的说话神态、面貌等，所以在这个过程中，如何既能最大限度地了解情况，为拍摄过程中的"发现"提供足够的材料，不在采访过程中遗漏重要内容，同时又把被采访者的最佳表达状态呈现在镜头前，是电视创作者尤其是编导必须认真思考并努力做到的。可以说电视编导的这种控制力与其对内容的把握是同等重要的，因

[①] 徐忠民：《图像新闻的"三位一体"原则》，《中国新闻传播学评论》，http://www.zjol.com.cn/。

为即使了解到再多、再好、再重要的细节,如果无法将其呈现在镜头前,那么这次电视采访也算不上成功,若从声画获得的意义上来说,这甚至可能是一次失败的采访。如果只有创作者自己听到、看到了鲜活的部分,还远远谈不上完整的电视传播,因为距离把完整内容传递到观众面前这个目标还有很长的路要走。

电视采访需要获得的是什么?电视拍摄活动除了要获得事实本身外,还需要获得与事实相关的许多信息,电视采访更是如此。电视采访的特殊性在于被采访者的讲述不仅仅是给采访者听的,还要给摄像机的镜头听,因为只有镜头记录到了,观众才能听到。用镜头记录被采访者说话并不是一件难事,但要获得话语以外的信息却并不容易。比如描述一件事情,如果讲述者的状态不是十分理想,说话不连贯、精神状态不佳,甚至出现其他影响镜头表现的情况,都有可能干扰甚至破坏信息的传递,而且电视拍摄活动还会给被拍摄者带来一些心理上的影响。也就是说,拍摄活动本身还会对被拍摄事实的发展产生影响,这是由电视媒体的自身特点所决定的。这种对被拍摄事实客观性的影响,主要源于拍摄现场中影像拍摄器材(摄像机、照相机、摄像照明光源等)和摄像记者及其拍摄行为。记者和摄像器材以及拍摄行为直接暴露在事实发生、发展的现场,一方面会对被拍摄事实形成环境上的干扰(器材和人对被拍摄对象环境的侵入),此时由于拍摄器材与拍摄行为的侵入,被拍摄对象的状态有可能发生某种细微的变化,尤其是心理上会发生变化;另一方面,拍摄者所代表的机构会给被拍摄者一种心理上和精神上的影响:由于将被暴露在千千万万的社会公众眼前,被拍摄者往往对其成为社会舆论焦点产生下意识的担忧,进而导致其行为、话语在一定程度上与其日常的状态产生较大的差异。因此,我们有理由判断:电视拍摄活动往往将被拍摄对象置于某种非常的处境,面对这样的一种处境,被拍摄者会在行为、动作、神态上做出一定程度的反应。如何处理这类反应,如何合理地控制并消减这类反应,是拍摄者和节目编导必须考虑的问题。

采访过程本身是一个采访者和被采访者相互刺激、相互激发的过程,这种刺激既有有声语言,也有形体语言。电视的特性决定了电视节目的"杂",一个成熟的电视创作者,尤其是一个电视编导,在"杂家"的基础上还要是"专家"。从电视创作的角度来讲,电视采访者应该具备以下的知识结构:

首先是一般的媒体经验:选题判定能力、材料分析能力、人际交往能力、沟通能力等;其次是电视媒体经验:镜头感和视听语言能力,较强的判断、叙述能力。镜头感要求电视采访者要不仅要熟悉视听语言,还要熟悉镜头操作。也就是说,电视拍摄者要熟悉电视摄像机的基本性能,熟悉镜头拍摄、记录的特点和规律,积累拍摄过程中的经验,还要有较强的调度与控制能力,能让被拍摄者在镜头前将其最佳的一面表现出来。能够做到将被拍摄者的最佳状态与电视技术的最佳状态相结合,这才是一个好的采访者。

所以从采访的角度来说,一个好的电视媒体工作者应是一个好的倾听者,而不是一个连珠炮般的发问者。学会了倾听也就懂得了控制,进而也就懂得了"判断",甚至还能有所"发现"。一个没有"发现"的电视采访不是一个成功的采访。

电视采访与其他媒体采访的区别在于:电视采访由于有了镜头的介入,采访内容只是传播内容的一部分,采访本身就是表达的一个环节,而且采访是给观众听的,这就有别于其他媒体大多数都是给采访者听的特点。或者说电视采访是要将采访过程作为信息的一部分传递出去的,而其他媒体往往不需要这个过程,只需要内容。被采访者的语气、动作、神态甚至采访环境等都是电视采访内容的一部分,因此电视采访比其他形式的采访更加复杂。创作者考虑的因素要多得多,不仅要考虑内容的精彩,还要考虑被拍摄者的表达能力、语言习惯和拍摄环境等可能影响拍摄效果的元素,比如一个很适合拍摄的场景可能因为声音嘈杂而必须放弃。拍摄者要综合考虑所有要素,只有在大多数条件得到了满足之后,才能完成一个电视采访的拍摄。任何一个方面的闪失都有可能导致整个采访的失败。

另外,采访者个人的采访水平也会影响电视采访的效果,这种水平不仅包括对上述技术的掌握,还包括采访者的材料分析能力、语言能力、沟通能力、反应能力等,它们也会在看似简单的一问一答中体现出来。

我们在电视节目中时常会看到各种采访内容,采访的方式、地点也多种多样,既有现场报道,也有独家专访,还有记录中的聊天和特殊形式下的偷拍等等,形式、内容不一而足。但总体来说,都离不开基本的表现双方——访问者与被访问者。这两者在采访过程中如何互动是需要每一个电视从业者思考的问题。

第二节　善于倾听

电视创作由于表达方式相对复杂,所以其准备过程也相对复杂。非剧情类节目的拍摄对象虽然来自于生活原生态,但这并不意味着看到什么就要拍什么。相反,由于其表现的复杂性,有许多内容是无法进行后期编辑和弥补的,因此拍摄前的准备过程就显得尤为重要。其中对被拍摄对象的熟悉、了解是一个必不可少的过程。非剧情类节目的拍摄会经历一个"明知故问"的合理演变过程。如果从手法上来说,"明知故问"显然不是最好的处理方式;但从思考问题的角度来说,这却是一种很好的思考方式,尤其是针对电视记录的特殊性,这样的思考方式可以较好地解决思考与记录同步的问题。

一、未知—已知—未知的过程演变

任何一个节目在内容上可能都需要经历从"未知"到"已知"再到"未知"的过程。前一个"未知"到"已知"的阶段,是指创作者对于所拍摄题材从不了解到了解的过程。由于选择了被拍摄对象,创作者不得不进入了解、分析被拍摄对象的阶段。此时,拍摄者对被拍摄者基本处于"未知"的阶段,为了避免拍摄的盲目性,必须去研究被拍摄对象及相关的事实。创作者在接触一个新的选题时,可能对这个选题知之甚少,即便有一些相关的了解,更多的也可能是出于个人兴趣、爱好或无意中的了解,是电视创作者的一般积累。而一旦选定了被拍摄对象,就不能仅限于一种泛泛的了解,而应该是一种相对专业的了解,此时就需要收集被拍摄对象的相关材料,并尽可能地做深入细致的分析。之后创作者才可能对被拍摄对象有一个基本的"已知",但这种已知还只是为拍摄过程做知识上的储备。虽然此时并没有进入实际拍摄阶段,但这种准备是必要的。为了在拍摄过程中从被拍摄者那里获得更多的内容,拍摄者必须与被拍摄者建立起共同的语境,这样才可能为更深入地了解搭起桥梁。因此从"未知"到"已知"更多的是一种思考方式上的准备,而不是一个实施拍摄的阶段,这往往也是刚刚进入电视圈的拍摄者容易忽略的问题。我们经常在节目里看到这样的提问:"这是你们家啊?""请谈谈你的感想?"这都属于没话找话的问题。为什么没有话?是因为对被拍摄者的情况不了解,对他所做的事情、他的兴趣爱好、他的思想等都不了解,于是有限的节目时间就只能被一些无足轻重的内容所占据。感想是什么?感想一定要在经历了某个事情以后才能获得,而不是开门见山就能问别人的。提问是给观众看的,而不是给被采访者听的。所以电视提问必须要考虑观众是否能够接受、是否愿意接受,一定要站在观众的角度去提问。

了解了被拍摄对象,就进入了"未知"的阶段。进入拍摄阶段时,需要拍摄者有一个大的思想转变过程——回到"未知"阶段。这个未知是为了让观众知道更多的拍摄者已经获得的信息,所以需要重新将自己变成一个"不知情"的人,让观众与你一起了解、调查,并最终完成叙事。这只是一种处理的技巧,因为对拍摄者来说,获得信息的过程是要给观众看的,而不是获得结果就可以了。拍摄者获得信息只是完成了拍摄的第一个阶段,使用提问技巧来佯装"未知"的方式只是为了将拍摄者"已知"的重要信息传递给观众。重要的不在于拍摄者对被拍摄者的了解,而在于拍摄者是否站在观众的角度来看待被拍摄者。

所以,从"未知"进入"已知"的过程是拍摄者进行思考的需要,从"已知"再进入"未知"的过程是创作方法的要求,这两个阶段的目标不能混淆。有时在电视节目里我们会看到拍摄者问了许多无关痛痒的问题,诸如"你家几口人?""你今年多大了?""你住在哪里?"等,这类问题基本上不会引起观众的兴趣,因为这些信息与观众建立不起任何联系,也不会对叙事的推进起到多少作用。当节目被这些信息量不大的内容占据时,节目的张力一定会受到影响。因为在时间长度一定的情况下,这些无效信息的增加,必然会导致有效信息的传递减少。除此之外,还会出现诸如"你八点吃的饭是吧?""你的弟弟今天上学去了是么?""哥哥到深圳打工去了吧?"这些问题有一个共同点,就是拍摄者在提问的时候其实已经给出了答案,这种提问的方式会带给观众强烈的"明知故问"的感觉,影响节目的叙事张力。其实这两类情形都是对"未知"到"已知"和"已知"到"未知"的处理不当造成的。所以对于两个过程的不同处理方式,编导一定要分析清楚、理解透彻。

二、镜头感

镜头感与电视采访的关系似乎有些远,但是如果我们对电视采访有了基本的认识,就会发现它并不是简单的你问我答。由于电视直观、真实的特性,电视采访不仅要展示采访的内容,还要展示采访的过程,在这个展示过程中让观众获得信息。其次,被采访者的表达、语气、动作等,同样也是观众所关心的,甚至在很多情况下,肢体语言的表达并不逊色于口语的表达。这是电视创作者必须首先清楚的一点。

镜头感是指电视编导在拍摄现场对拍摄内容与镜头拍摄本身结合的一种判断,它包括镜头景别的构成、摄像机的运动、被拍摄主体的运动,以及自身的运动、站位等。编导对这些基本元素有了判断之后再决定自己在现场的站位,以保证拍摄能够顺利进行,不至于因为自己"穿帮"而导致拍摄的失败。这是一个看似简单但处理起来却比较复杂的问题,因为拍摄中很少会出现同样的场景、运动情形,因而每一次的处理方式可能都会不一样。因此,编导对镜头和被拍摄者的了解、对摄像的熟悉、与摄像配合的默契程度等都直接关系着最终拍摄的成败,尤其是对于非剧情类节目来说,同样的内容能够提供第二次拍摄机会的可能性太小,一旦因为拍摄者自身的原因导致拍摄失败,将是一件让拍摄者难以原谅自己的事情。

三、学会倾听

电视采访是什么？电视采访到底要获得什么？观众试图从采访里得到的又是什么？电视采访体现在镜头里,往往有两种形态。第一种是采访段落,此时镜头试图获得的应该是被访者的话语内容,其他还包括被访者的表现、神态等。虽然在拍摄上可以有各种不同的处理方式,比如可以将被访者放在一个特定的拍摄环境中,也可以将其置于运动中。无论是哪种形式,被访者此时最重要的是在镜头里表达他的语言内容,其他因素都是为了辅助语言传播,比如行走采访中的现场感等。

对于纯粹的采访镜头,重要的是形成交流感。这种采访方式拍摄难度小,但谈话的难度大。拍摄难度小是因为此类拍摄一般都事先将被访者安排在特定的地点,由编导与被访者进行交流。此时因为不存在空间的变化或被访者的移动,从而减少了拍摄的难度。所谓拍摄难度,在于如何根据被访者在交流过程中表现出的不同情绪用不同的镜头来处理,将情绪融入镜头中去,因此景别在拍摄中占据着很重要的位置。倾听被访者的语言表达十分重要。如果创作者没有倾听其谈话内容,而只是按照一般的拍摄方式模式化地处理镜头,那么镜头本身的变化就不能与谈话内容建立起关系,镜头就没有与内容、对象、空间等形成一个整体,而只是完成了"拍摄"部分而已。

对于这类拍摄,镜头自身对观众的吸引力是有限的,如何让观众对简单的人物镜头产生兴趣,重要的是谈话内容能否抓住人心,这是电视编导需要了解的基本道理。因而编导要事先对拍摄内容进行思考,然后围绕着某个主题来展开话题。在谈话过程中,编导要随着内容的变化对自己的主题不断进行微调。采访是一项基本功,"问"与"听"在这个过程中是交替进行的,如果采访者意识到了"倾听"比"提问"更重要,就会适当调整自己的心态。"倾听"的过程给了采访者"发现"的机会,好的回答一定是在好的问题的基础上产生的。

第二种是在被访者活动中的交流,这种交流重要的是现场感的形成。此类拍摄活动的拍摄难度较大,但谈话难度相对较小,因为此时观众更多地会被人物的动作、现场等吸引,语言只是来加强这种现场感的。重要的是拍摄者如何营造一个"现场",而不是打断被访者的活动,让他停下来和采访者谈话。比如拍摄一个农民在田地里劳动,就应让自己的采访与镜头的介入弱化到最低限度。如果正好抓住了农民干活的间隙，则可以较好地利用这个间隙，从要访问的内容与其田地劳动的有机结合点来切入会更好，而不是随时随地想问就问。

最近二十多年里，电视媒体在我国的影响力越来越大，电视拍摄中也出现了一种"媒体优势"的倾向，即电视拍摄者在拍摄过程中有意无意地流露出一种优越感，完全按照自己的需要来摆布被拍摄者，而不是根据电视表达的需要来拍摄，最后无意中走入"摆拍"的模式中。所以，为了不破坏被拍摄对象在活动空间中的交流，编导的镜头感、现场的判断、语言的使用、时机的把握等都极为重要。任何一个方面判断不准，都有可能导致整个拍摄的失败。首先，切入点的选择需要编导的观察能力——对被拍摄对象的观察、对摄像机镜头的观察，以及对现场的捕捉能力等。其次，编导的语言组织和表达能力也很重要，节目编导的提问不应影响被拍摄主体的活动，拍摄者所营造出来的现场也不应因为拍摄者的出现或拍摄者的提问而受到破坏。镜头只是一个客观记录者，虽然有时编导的声音可能会进入镜头里面，但这个声音因带出了更多的信息而可以忽略不计，因为被访者回答的内容才是观众所关注的，而整个拍摄记录过程的完整性并未因为编导的声音而遭到破坏。

四、从采访到交流的演变

一般来说，人们认为采访是由记者对被访者提问，然后由被访者来回答，这也是被广泛认可的标准采访的模式，但这只是从形式上对电视采访的理解。如何来理解电视采访的真正含义呢？可以用这样几个词来描述：采访—访谈—交流。采访从某种意义上来说是一个人际交流经由大众传播的模式。从某种意义上说，电视采访更趋向于人际交流，同时要被大众媒体所传播，所以在电视里，尤其是在表现生活原生态的节目中，用"交流"来替代采访似乎更妥当一些。那么采访—访谈—交流三个词到底有多少区别呢？采访从表述方式来看，更多地带有一种居高临下的姿态，因为采访者一般都代表某个媒体机构或节目制作机构，所以这种谈话不是一般意义上的私人谈话，因而难免会对被访者的心理产生影响。一个好的非剧情类节目的采访者要在采访过程中尽量消除这种外力因素对被访者的干扰，使其心理状态接近生活原生态。不仅如此，采访者如果不能很好地把握自己的角色，也容易陷入一种居高临下的状态，因为他们往往会有意无意地认为自己就是所代表的媒体，认为自己的力量就是媒体的力量，就容易在采访中变得咄咄逼人、盛气凌人。采访者要努力避免陷入这种状态。有时即使采访者不代表任何媒体，但由于他手中摄像机的存在也会导致其在采访过程中表现出居高临下的姿态。除了少数曝光类节目需要有意获得心理优势外，大多数节目的拍摄是不需要这种优势的。非剧情类节目在多数情况下并不是只需简单地获得信息，还需要获得这个信息的"时空关系"。如果这个时空关系不存在，创作者就得去营造这个时空关系，所以此时的采访更需要获得的是在特定时空里的"对话"，而不是"问答"。

对于拍摄双方来说，"访谈"是以采访者为主导的谈话。所谓"访"，是指以采访者为主体，由其主导谈话内容。这种方式更适合那些访谈类节目，观众可以很明显地感觉到采访者的主导意图。尽管谈话过程也是人际交流，但此时采访者代表着强大的媒体，所以也会对被访者产生或多或少的影响。

而"交流"则与前两种不同，谈话的双方在心理上是相对平等的，尤其是不会让被访者感觉到摄像机的存在，因为摄像机的记录会让很多人产生某种细微的心理变化。为了让双方在交流的过程中建立起良好的谈话氛围，可以自如地进入谈话语境中，首先要尽可能地消除被访者心理上的这种自我暗示，同时激发他的谈话欲，这样才有可能形成交流感，即采访者与被访者能够在摄像机的记录下进入一种无视摄像机存在的心理状态，达到朋友间交流的状态。交流感的好坏会直接影响谈话的氛围。营造语境是很好的办法，生活中人们对语境不是十分在意，但它却几乎与所有谈话都有关。人们都有这样的体验：一旦需要谈比较重要或私密的事情时，往往会找一个谈话环境或氛围相对较好的地方。但在非剧情类节目的拍摄中，由于摄像机的存在以及拍摄者的特殊身份等因素，会使电视摄像机前的谈话不再是简单的人际交流，因此采访者的控制能力在此时就显得尤为重要。

第三节　控制与反控制

非剧情类节目编导在现场的场面调度能力基本决定了他在现场的收获。这种"在现场"的意识是十分重要的。由于非剧情类节目的内容来自于生活原生态，所以拍摄者与被拍摄者在拍摄过程中会一直处于一种控制与反控制的状态，但这种控制必须是在无形中实现的，甚至不能让被拍摄者感知到。控制是电视拍摄行为本身所要求的，而反控制则是由于被拍摄者处于生活原生态而造成的。

这里的"控制"有三个意义：第一是采访者的自我控制；第二是对被拍摄者的控制；第三是了解采访对象。

一、采访者的自我控制

自我控制体现在以下几个方面。

一是对自己情绪的控制。采访者的情绪语气等应该符合被拍摄对象所处的环境,而且在不同的环境中有不同的采访方式,对不同的被拍摄对象也有不同的语气,不同的情景之下也会产生不同的语言节奏。所以采访者必须做到收放自如、随机应变。根据不同的事件、不同的人物,采访者应采用不同的应对方式,而所有的这些应对都应建立在拍摄者尤其是编导自己的判断上。这种判断综合了编导自己几乎所有的知识和能力,包括对拍摄内容的熟悉、对相关地理环境的熟悉、对被拍摄者的熟悉,以及对当地人文情况的熟悉等。在对这些情况相对熟悉之后才能在现场做出及时且正确的判断。比如在一些激动的情景下,拍摄者要保持清醒和冷静,抓住一切转瞬即逝的点;在激烈的场面中能够保持中立,不至于受情绪的感染而参与到矛盾中去。

二是对自身语言表达的控制,即充分利用不同的表达方式来体现拍摄内容。对于电视的表现,摄像机只要开机,拍摄者就需要组织内容,摄像机里的每一分、每一秒都需要内容来填充,而不像生活中可以等待。虽然做不到让拍摄到的每一个镜头都用到节目里,但至少在拍摄过程中拍摄者要明确所拍摄的每一个镜头都是准备用到节目中去的。一个合格的拍摄者在开机之后的每一秒钟都需要决定下一步该怎么做,而不能处于等待状态。如果没办法切分镜头,也就无法进行后续的拍摄,无法拍摄也就谈不上所谓的内容表达了。所以编导此时能否通过语言控制来与拍摄者默契地配合,将直接体现在镜头上。

三是对现场内容切分的控制。编导要熟悉镜头表意的基本方法,并在此基础上把拍摄现场的生活场景和事情切分为若干个段落,并将之分解为可以使用的镜头,然后还要考虑段落与段落之间的关系。编导不仅要控制自己对生活场景的记录,还要判断所选择的对象是否能够承载所要表达的含义,虽然有时很多内容未必能够完全体现在镜头上,但在结构上必须是清晰的,因为后期的补救手段是有限的。纪实类节目往往需要将采访内容进行切分,因为这类节目在编辑过程中需要考虑被拍摄者的说话内容与镜头里环境的关系,而不像专题片那样不用考虑时空关系,可以随着编导和拍摄者的需要信马由缰地来回跳跃。纪实类节目必须首先建立起完整的时空关系。在这个时空里发生的事情,无论是谈话内容还是镜头画面,都需要有完整的切分。如果说编辑中镜头成组是一个常识,那么对于这类节目的拍摄,开机之后镜头就应该成组,而不能把在 A 环境中的内容用到 B 环境的镜头里去,即使谈话的内容或节目表述的内容在逻辑上成立,但由于时空关系不成立,也不能成为一个严格意义上的纪实类节目。

四是对节奏的控制。交流访问中的叙述节奏是可以由拍摄者控制的,但在一些电视节目中,拍摄者放弃了这种控制,一味地依赖被拍摄者的表达,结果导致采访效果不理想。

二、对被拍摄者的控制

谈到对被拍摄者的控制,首先要清楚采访中镜头与交流内容的关系。一般专题片的拍摄是将被拍摄者完全掌握在拍摄者的手中,即使在后期编辑时也是按照编辑人员的需要来决定其出现的时间。恰当地控制被拍摄者会使控制手段悄无声息地渗透到节目中,让被拍摄者和观众在不知不觉中接受,否则拍摄者就会明显地凌驾于被拍摄者之上,从而招致观众的反感。这种对被拍摄者的控制是一种无形的控制,而不是惯常所理解的"摆拍"。"摆拍"与客观记录两者之间的差异主要在于主从关系的不同。

客观记录是以被拍摄者为中心的,拍摄者根据叙事的需要来记录被拍摄者生活中的精彩部分,拍摄者只有选择权,但没有对被拍摄者活动的干预权。在拍摄活动中,被拍摄者的活动居于主导地位,拍摄者即使遇到镜头拍摄的技术限制问题,也不会轻易去干预被拍摄者的活动或行为。因为客观的事实一旦受到了外力的干扰,就不再是客观的了。而"摆拍"则是在拍摄过程中让所有活动都按照拍摄者的意愿来完成,被拍摄对象的话语表达、动作、行为甚至拍摄的环境、地点都是拍摄者事先确定好了的。摆拍既对拍摄内容进行组织,也对拍摄行为进行组织,而客观记录则只对拍摄行为进行组织,不对被拍摄对象进行组织。了解了这个区别,就容易理解为何在非剧情类节目中不能使用摆拍。因为如果摆拍,被拍摄对象就成为演员了,节目也就失去了生活原生态里最有张力的部分。可惜的是,这种错位在今天的节目创作中还或多或少地存在着。

三、了解采访对象

在前期拍摄过程中,由于非剧情类节目的镜头具有即兴、抓取、杂乱的特点,无论是摄像还是在拍摄现场的编导,都需要思考两个问题:一是表达内容,二是镜头表现。考虑清楚这两个问题之后,再一次性完成拍摄。对于最终结果,虽然人人都希望拍摄完成的镜头是语言表达和镜头表现的最佳结合,但拍摄者在拍摄时只有一次机会去寻求表达和表现的最佳组合。因为表达内容虽然控制在编摄人员手中,但镜头表现往往控制在被拍摄者手中,拍摄者只有决定拍摄与否的控制权,而没有对表现内容如何发展呈现的控制权。简单地说,拍摄者可以决定拍哪些不拍哪些,但不能决定被拍摄者做什么和怎么做。

表达是将自己的思想、情绪表现出来的过程。由于控制权掌握在创作者手中,表达相对容易实现。因为何时说、说哪方面的内容、在什么样的环境下说,创作者自己是很清楚的,所以可以使这一部分内容按照拍摄者的逻辑来发展。

不仅如此,表达本身还是经过组织的。创作者在拍摄现场需要选择内容与镜头的最佳结合部分,既要从被拍摄者那里获得语言信息,同时还要照顾到镜头和被拍摄者的语气神态等。如何调度和组织,从而使几个方面都达到最佳状态,是这类节目的拍摄者应该思考的问题。尤其对于纪实类节目来说,拍摄者的采访往往是一种伴随行为:一边记录被拍摄者的日常行为一边采访,这种行为如果不经过拍摄者的组织,就难以上升到戏剧冲突,但这种组织又不能干预生活的发展,如何在两者之间找到一个巧妙的平衡,是对编导能力的考验。表达中困难的地方就在于如何很好地将拍摄者的想法、思考外化到被拍摄对象的语言、行为、动作上去,最终体现编导的思考和情绪。

表现的内容取决于被拍摄者在什么时候有话说、说什么、有什么动作、是否会有意想不到的事情发生,这些都是拍摄者无法控制的。既然无法控制,拍摄者就必须依靠自己的生活积累、拍摄经验以及当时的机遇等来对拍摄内容做出有益的判断,并在恰当的时机开机拍摄。

总的来说,无论是哪一类控制,控制的手法都是由编导个人决定的,而且在很多时候是不能透露给被拍摄者的,要使被拍摄者在拍摄过程中被一种无形的力量所控制,使其在不知不觉中完成拍摄者的要求。

这里有一个问题必须要澄清一下,被拍摄者被一种无形的力量所控制,但这绝不意味着拍摄者可以任意摆布他们。让他们生活中的一切都按照拍摄者的逻辑进行是非剧情类节目极力要杜绝的。对被拍摄者的无形控制只是对拍摄行为本身的一种组织,同时将拍摄行为很好地结合到被拍摄对象的生活中,这种组织只是为了内容结构的需要,是拍摄者的一种拍摄技巧,不能把它当作纪实的思考方式,不能把方式方法与拍摄意识等同起来。除此之外,被拍摄者的某些心理暗示也会给拍摄内容带来一定的影响,这种影响往往是在拍摄现场看不见、摸不着的,但最终却一定会在镜头里体现出来。在许多节目中,观众经常会听到被采访者这样回答:"就像我刚才说的"、"就像我昨天给你说的"等,这些话语意味着被采访者知道采访者已经了解了他正在描述的内容,加上他没有表演经验,所以会下意识地认为此时只是面对采访者一个对象,而意识不到他所讲述的是给观众听的。在这种情形下,被采访者会下意识地将许多细节省略掉,讲得更为概括,而且讲述的生动性也会受到相当的影响,而这些内容的缺失对电视表达来说恰恰是忌讳的。如何尽可能地让被采访者认为采访者对他所表达的内容不甚了解,一方面是前期"踩点"了解情况时要把握适度,不能让被采访者把所要表达的内容和盘托出,而是要有所保留;另一方面是要在拍摄过程中通过语言表达自己对他所讲述的内容不了解,即使了解也只是知道大概,让其尽可能在拍摄中讲述得生动、富有细节。这些都有赖于拍摄者给予被拍摄者一定的心理暗示。

面对媒体、面对镜头,并不是每个人都能够做到坦然,毕竟"在真实生活中,人们不会让你拍到他们的眼泪,他们想哭的时候会把门关上"(基耶斯洛夫斯基语)。摄像机想窥视到一个人的内心是很难的,面对镜头时,人们会有来自本能和下意识的反应,拍摄者如果对此有比较清醒的认识,就能够得心应手地去处理拍摄中出现的问题。总体来说,被拍摄对象在镜头前通常会有以下三种反应:

一是配合性反应。这是大多数被拍摄者会采取的一种行为方式。一旦拍摄者接受拍摄这个事实,在这个过程中就会按照拍摄者的要求和愿望在摄像机和采访者面前完成行为和动作。那些具有被拍摄经验的对象心理上较容易正常面对,同时行为上也更愿意配合。但有一种特殊情况需要拍摄者有清醒的认识:并不是所有的配合性反应都有利于拍摄。比如被拍摄对象为了迎合拍摄者而改变了其生活原生态,故意做出一些明显迎合拍摄的行为,而且这些行为动作已经不太符合生活的情理。尽管这并不构成对事实面貌的实质性影响,但由于被拍摄者已经失去了生活中的自我,完全为了拍摄行为而活动、表达等,所以此时的被拍摄者已经失去了一般纪实拍摄的意义,这时编导要么调换被拍摄对象,要么调整被拍摄者的心态。

二是表演性反应。在新闻里,人们经常会看到在国际会晤时有关领导人长时间地握手,甚至出现多次重复握手的动作;投票选举时,也会看到领导人在投票箱前手持选票上下反复挥动等。由于人物身份的特殊性以及事件的特殊性,这类行为内容本身的重要性在多数情况下已经超越了生活原生态的要求。所以这些行为或动作即使不太符合生活逻辑,也能够被观众所接受,属于生活中的特例。然而在非剧情类节目中，如果被拍摄对象试图抓住时机利用拍摄活动来为自己宣传，或因拍摄而产生某种优越感，从而做出有利于自己形象与声誉的表现，而把对自己不利的事实遮掩起来，甚至对某些事实加以夸张或美化，以表演来制造一种假象，那么就不能作为特例来处理。表演性反应与"摆布"、"导演"的手段类似，只是主体发生了变化。平常所说的"摆布"、"导演"大多是拍摄者的主动行为，而表演性反应则是被拍摄者的主动行为，两者都是有意改变事实的手段，加入了人为干预的因素。

三是不自在性反应。被拍摄对象由于缺少被拍摄经验或其他心理原因，在面对拍摄者与摄像机镜头时精神紧张，导致不知所措、表情呆滞和僵化。这种反应使事实无法自然延续发展，容易造成画面结构整体性的破坏。[①]

除此之外，还有其他一些比较激烈的反应，比如对抗、急转反应等，在不以曝光为前提的情况下，激烈的反应一般不大容易出现。但前面所述的三种反应是比较容易出现的，所以创作者对此要有比较清楚的了解。

通过对被拍摄对象的各种反应特征的分析，我们不难发现，除了部分配合性反应对事实真实没有影响，没有破坏生活原生态外，不自在性反应与表演性反应都不同程度地影响了事实的进程，改变了事实的本来面貌。所以拍摄者必须对被拍摄对象可能出现的种种反应有清醒的认识，并采取相应、有效的对策。

电视采访与平面媒体采访之间的大区别在于，在平面媒体的采访过程中，被访者一般只需对采访者讲述事实，而讲述过程和内容是否生动，是否回答了采访者的疑惑，只对采访者具有重要意义，因为平面媒体最终表现出来的不是被访者的讲述过程，对于受众，讲述者的表述能力如何并不重要，不会影响内容传递的效果。然而在电视媒体的采访过程中，被访者的讲述能力却十分重要，因为讲述者的语言要能直接被电视观众所接受，被访者的表述能力将直接影响到节目的质量。电视媒体的采访者更多的时候是一个引导者，他和被访者的交流过程将直接展示在观众眼前。在这个展示的过程中，无论是采访者还是被访者，他们在语言及形象上的瑕疵或失误都会对传播效果产生影响，虽然后期编辑时有补救的机会，但这种补救只是一种相对的补偿，而无法对本质进行修正，对于采访者和被访者的语言、形象都无法进行质的改变，只能进行修饰。平面媒体的采访如果不是十分成功，但只要获得了重要的一手信息，就有可能经过后期写作来修正，而电视媒体一旦前期采访失

---

① 徐忠民：《图像新闻的"三位一体"原则》，http://www.zjol.com.cn/。

败,就几乎没有补救的机会了。

前期采访需要注意的问题有以下两个:

第一,采访内容。这是每个采访者都会注意到的问题,清楚地了解采访内容是对电视媒体从业人员的基本要求。但了解采访内容并不意味着就能采访到好的内容,因为电视信息的传播需要一个载体。在电视采访里,这个载体就是被访者,信息的传递需要这个载体的表现,因而涉及采访者对采访内容的处理。这种处理体现为对采访内容的分析,对被访者的分析,对被访者和采访现场的控制,以及采访者个人在采访现场的发挥等。在拍摄中,并不是采访者问话越多越好,那种警官似的步步逼问未必能获得观众的赞许,而漫无边际的闲聊同样也不会获得好的效果。有时,沉默也是一种提问方式,获得的效果未必比提问差。当一个人讲述到比较动情的地方时,采访者在此时递上一片纸巾应该会比问任何一个问题的效果都要好。另外,在拍摄过程中,现场的提问要给被访者一定的回答空间。由于电视媒体能够表现过程,并且是以最直观生动的声画方式来表现,所以有时最重要的是回答过程本身,而非回答的结果。

第二,镜头表现方式。采访镜头的表现方式相比内容要简单一些,最常见的采访镜头表现方式主要有以下两种:

一是固定镜头的采访,其特点是被拍摄者的位置相对固定,拍摄的机位也相对固定或变换较少,在多数情况下只做景别变换,有时会伴随少量的推、拉、摇、移等拍摄技巧。固定镜头采访的要求如下:

- 对内容进行充分的分析,找到与内容关系最直接最紧密的场景,同时兼顾声音环境。固定镜头的位置选择多样,可能与被访者的工作环境有关,也可能与内容表达的某个情节有关,需要将各种因素综合起来分析,选择一个各方面达到最佳平衡的地方来固定镜头。

- 根据特殊需要搭建拍摄场景,比如黑色背景、特殊环境等,这类环境一般都会经过特殊选择和处理,所以声音的采制一般也都能够达到拍摄的要求。而对背景的处理,无论是出于内容还是镜头构图的需要,都应该达到视觉上舒服、表达上有意境的效果。

- 拍摄过程中使用三脚架,拍摄构图规范。声音要清晰,尽可能没有任何干扰声源。在可能的情况下,拍摄中多做景别变换,且这种变换最好与内容建立起有机联系,同时反打镜头和关系镜头不能缺失。

二是现场环境中的采访,即移动采访或行走采访。现场环境采访的要求如下:

- 行走采访一般都有一些特殊要求,与内容或环境有关系。
- 要获取比较强烈的现场感。
- 现场的行走行为是为内容服务的,不能喧宾夺主,不可将行为本身作为重点,行走行为只是为了获得真实的空间感。

进行行走采访首先要有"现场"的概念,现场是指事实发生的"当地"。其次镜头运动要流畅,要尽可能保持镜头稳定,画面要富有纪实感,镜头内容以被拍摄者的叙述为主,也可以适当地兼顾与讲述相关的空间内容。运动拍摄不能冲淡访谈的内容,否则就失去了采访的意义。有些拍摄者可能考虑到内容相对枯燥,于是经常让被访者到一个与内容无关的地方边走边说,但行走采访对摄影技术的要求却会成倍升高,对声音的拾取和编导的镜头感的要求也会随之升高。因为所有的被拍摄对象均处于运动中,不确定性大大增加。所以,如果仅仅是为了获得镜头的动感,还不如从内容和镜头编辑的节奏上去考虑,从而相对地降低拍摄难度。

案例分析

片例:《壁画后面的故事》

(http://v.iqilu.com/2011/10/13/3682824.shtml)

壁画后面的故事

1. 采访话筒的使用

本片开始部分在交代故事和人物时,片中主要人物刘玉安老师第一次出现在镜头里,而节目在编辑时却使用了一个有话筒入画但没有采访同期声的镜头。作为一个非新闻类的电视专题节目,采访话筒是否应该出现在镜头里?

一般来说,在现场报道中出现带有台标的话筒是允许的,在其他情形下,话筒都应尽可能不出现在画面里。话筒作为一个拍摄工具进入画面中,最容易破坏节目所营造出来的"现场感"。业内人士经常把与拍摄内容无关的内容称为"穿帮",例如三脚架等进入画面里。那为什么话筒无缘无故地进入画面就不是"穿帮"呢?在节目编辑中,一般情况下是不使用"穿帮"镜头的。之所以出现了话筒,可能有以下三个原因:一是部分创作者对话筒的特性不是十分了解,以为在电视采访中话筒一定

要距离说话者非常近才能够拾取到清晰的声音;二是认为使用这种"穿帮"镜头关系不大;三是认为话筒是一种职业标志,有意无意地让话筒出现在画面中可以达到某种效果。

国外的同行曾经如此评价这一现象:"你们的麦克风常会入镜,这就很接近于报道类型的做法,我们往往很自觉地注意,麦克风一定要在镜头之外,或者将微型话筒夹在被采访者胸前。比较纯正的纪录片,大部分都要去掉这种留有痕迹、破坏真实的东西。"虽然不能完全用这种评价去判断国内节目的创作方式,但习惯是慢慢养成的,我们从一开始就要了解设备的基本性能,养成好习惯。一个节目除了需要良好的创意,更需要精良的制作,这种精良体现在点点滴滴之中,话筒自然也不能忽视。

2. 采访地点的选择

节目开始的段落使用了在行进中的汽车上采访刘玉安老师的镜头,内容是关于陶先勇病情的,拍摄地点选择在去陶家路上的汽车里。这个地点的选择是否是最佳的呢?答案肯定是否定的。因为汽车里的环境空间本来就狭小,光线不是十分理想。汽车行驶的前一段是柏油马路,后一段是乡村土路,但采访恰恰就选择在汽车行驶在乡村土路上的时候,此时由于车辆颠簸,镜头拍摄十分不稳定,成了干扰拍摄技术的一个因素。并不是说这类采访方式不能用,而是要尽可能找到形式和内容上的关联,孩子的病情并不一定要在车上谈论,为什么恰恰选择了一个最不适合拍摄的地方呢?只有在一些特定条件下,比如《壁画后面的故事》节目后半段孩子病了要去医院的段落,可以采用这种摇晃的镜头表现事情的紧急,否则是不宜采用的。另外,在这个段落里,刘玉安老师谈论孩子病情时全部用了画外音的编辑方式,而镜头却一直对准汽车的前挡风玻璃外。这是刘玉安老师在节目中的第一次出场,如果不是解说词的交代加上观众的猜测,观众可能根本无法判断是谁在说话。对采访镜头的处理,可以声画同步,也可以声画分离,但对于节目中第一次出现的人物,一般宜于声画同步,至少是部分声画同步,而且节目中出现的第一个人物的镜头长度至少要足够出一条人名字幕(中间没有剪接点),否则就难以完成字幕信息的传递。编辑在挑选节目中第一个采访镜头时应当考虑清楚这些问题。

3. 拍摄优先的问题

拍摄者对这个段落的现场处理也值得商榷。拍摄这类题材往往有一个优先原则，即要优先拍摄那些行为主动权掌握在被拍摄者手中的镜头内容，比如此处的师生见面。而行为主动权掌握在拍摄者手中的那一部分则可以推迟一步拍摄，比如采访、空镜头等。具体来讲，老师刘玉安和学生陶先勇在镜头前的第一次见面不仅

能反映出他们的师生关系，同时也能记录细节，而这种细节往往是转瞬即逝的，所以应当优先拍摄，让观众从这些信息里感受到师生之间的情感。但编导在镜头里已经能够看到学生，却还在追问老师关于学生病情的问题，结果贻误了拍摄时机，没有抓拍到师生见面最重要的瞬间。而且此时摄像师的反应在某种程度上也会影响拍摄的内容。在抓拍时，摄像师的动作一定要快于被拍摄者，占据有利的拍摄机位，或许快半步就会给拍摄带来意想不到的收获。这里，由于拍摄者可能还是在以拍摄专题片的方式思考一个纪实段落的拍摄，所以没有给自己预留多少补救的时间和空间，才出现了错失的局面。有经验的编导往往会给自己留下一定的反应和处理时间，否则就只能陷于被动。拍摄者对未来即将发生的事情的判断十分重要。虽然非剧情类节目无法摆拍，但有些内容却是可以提前判断并做出预见的。《壁画后面的故事》好在没有采用摆拍，宁可放弃一些没有捕捉到的内容，也没有去造假。

4. 采访内容的分配

由于非剧情类节目的题材大多都要考虑到时空结构，所以拍摄者要事先考虑被拍摄对象在何时说什么内容，而不是完全在拍摄现场即兴发挥。采访时间、采访地点的选择会影响采访内容；反过来，采访内容也会决定拍摄时间和拍摄地点，每个时空都和节目有一定的关系。

采访内容的分配可分为两部分：一是前期拍摄的分配，二是后期编辑的分配。前期拍摄的分配是指将拍摄内容与拍摄者的关系思考清楚，尤其要思考不同段落在同一个场景中拍摄时应该如何处理。在后期编辑中，所拍内容如果是不带时空

关系的,镜头编辑比较好解决;如果是带时空关系的,则解决起来比较麻烦,必须要找到再次回到同一叙事空间的理由,否则就只能放弃再次使用这个场景。还有一个办法,就是将场景相同的两个段落变得让观众看不出是使用了同一个场景。后期编辑的分配更多的是一种二度创作,编辑最重要的一点就在于能够找到若干个将叙事切出去的理由,从而打破流水账似的编辑方式,从生活中找到载体,提炼出故事,这样才能让材料为己所用,而不是被材料牵着走。主动与被动的关系,拍摄者应该始终是清楚的。

在这个段落里,拍摄者明显希望这次突袭式的拍摄能够获得一些意想不到的内容,但遗憾的是,从母亲的口述里,我们已经得知这是一个谎言,因为前一天就有学生来陶家告知了这个消息。不管拍摄者的动机如何,对于这类题材来说,突袭式的拍摄本身就不是最佳的选择。一般情况下,不应采用突袭式拍摄。

最后,也是这个段落里最重要的问题是,这些采访要表达什么。每一个镜头、每一段解说、每一个段落都需要有所表达。这个段落中将近两分钟的采访涉及了六七个方面的内容,观众会感到疑惑:编导到底想说什么?是说孩子过去的艰难?还是说孩子未来的理想?或是说老师与他的关系等,主题并不是十分清晰。编导在后期编辑时必须清楚要表达什么。这个段落里采访家人和老师时应当先准确把握他们的心态,然后才能考虑对采访内容的分配。如果仅仅是想造成一种惊喜或意外,而目的又不是十分清楚,观众就无法理解编导的表达,本来很精彩的内容也会让观众感觉很冗长乏味。

5. 让采访对象讲述自己熟悉的内容

在拍摄过程中,陶先勇的父亲突然从外面回家了,拍摄者有一个即兴的采访段落。这个部分的出现,让我们不得不思考应如何熟悉采访对象并体现其亲和力。

非剧情类节目在拍摄之前,有一个比较复杂繁琐的过程,即挑选被拍摄对象。被拍摄者要直接面对电视观众,是最终的表达者。由于电视拍摄的复杂性,被拍摄者在镜头前的心理状态会发生微妙的变化,因此,被拍摄对象的选择对节目有很重要的影响。

影响被拍摄者的因素有两个。第一个因素是拍摄者对被拍摄者的主观

影响,即采用异化了的摆拍方式。所谓"摆拍",是指拍摄者在现场对被拍摄者进行摆布与导演,出于自己的主观需要来设定现场。摆拍体现在两个方面:一是主题思想的表达和人物情态的表现;二是在涉及拍摄画面或声音的拾取等方面时,对客观事实进行人为的影响,采用设计、调度、整理以及改造等手法,对被拍摄对象进行局部或全部的干预。这种摆拍手法的弊端在于拍摄者直接进入了客观事实的内部,直接参与到了被拍摄者的活动过程中。由于拍摄者对事件的发展变化施加了影响,所拍摄的已非事实的本来面目,结果破坏了电视的客观性、真实性。

除了拍摄者的这种主观影响外,第二个影响被拍摄者的因素不大为人所注意,它是一种潜在的影响,即电视的拍摄活动对被拍摄事实、被拍摄者所产生的客观影响。这里所谓的客观影响,是指并非出于电视拍摄者的主观意愿,而是由于电视拍摄行为本身对事实或被拍摄者造成的影响与干扰。在拍摄过程中,主要是由于以下几个因素的出现造成了客观影响:摄像机、照相机、摄像照明光源等影像拍摄器材;拍摄者及其拍摄行为本身。这些因素在事实发生的过程中直接暴露于现场,对客观事实本身形成了环境干扰,对被拍摄对象造成了环境的侵入;另一方面,拍摄者所处的强势地位及其代表的机构所形成的强大社会舆论,会对被拍摄对象造成心理与精神上的影响,被拍摄者将暴露在千千万万社会公众眼前,这种影响意义非同一般。所以每次拍摄,被拍摄对象都处于一种非常处境,即使拍摄者不做主观的干涉,拍摄行为本身也会影响事实的发展变化。

为了消除被拍摄者的这种负面心理影响,正常情况下,拍摄者应该杜绝摆拍行为。而对于客观影响,在目前的技术条件下几乎是无法回避的。因此,一方面,被拍摄对象要做好自我心理调节;另一方面,拍摄者要将这些方面的影响程度降到最低。这与每个创作者的社会交往能力等有着直接的关系。

拍摄者要对被拍摄对象有所了解,使被拍摄对象在镜头前放松。被拍摄对象是叙事的载体,如果这个载体本身就存在表达上的障碍,就很难让观众感受到亲和力。本片中,无论是陶先勇还是父亲,这两个不善言谈的男人在镜头前一直处于尴尬状态。虽然陶先勇是这个片子表现的主要人物,但大多数时候他并没有很好地完成镜头前的表现,而是处于一种紧张和局促的状态中,只有极少数时候是比较放松的。一旦选定被拍摄者,应尽量让其恢复到生活原生态,尤其是心理上的回归。只有当他感觉不到镜头的存在时,拍摄者才有可能记录到他的生活原生态,如果被拍摄者一直觉得有一双眼睛在监视自己,就会一直处于一种心理防御状态,他的行为在镜头前就更像表演,镜头也就失去了非剧情类节目的魅力。

父亲的采访之所以出现尴尬的局面,主要是由以下两个因素造成的:第一是采访时机选择不当以及情绪氛围营造不够好,第二是没有给采访对象一定的心理适应时间,导致其言谈行为都有些临时上阵的感觉。如果有了适当的调节过程,被拍摄者可能就能较好地解决心理状态问题,避免或减少这种不自然的状态。

6. 采访问题的设计

在老师带着陶先勇和他母亲等人去学校看壁画的段落中,记者在现场有几次提问。首先从表现形式上看,既然拍摄者没有把这个段落作为一个情绪段落,而是作为一个叙事段落来处理,那么叙事就得有冲突。这里的采访问了两个问题:一是问母亲壁画上的人像与陶先勇像不像,二是问陶先勇看到壁画是否想起了过去的日子。不难看出采访者有较强的诱导性。在过去专题片中,"主题先行"方式比较典型的表现就是拍摄者先有一个明确的主题,在拍摄中有意无意地诱导被拍摄者往自己需要的主题靠近,最终结果就是让被拍摄者变成"演员",片子失去了生活的鲜活,失去了记录的意义。

一般情况下,纪实采访中应该回避以下三种提问方式:

• 明知故问;

• 能用"是"与"不是"来回答的问题;

• 不要"诱供"。

之所以出现"诱供",一是内容本身的设计有问题,二是提问者对问题的设置有问题,三是提问者不了解细节,只能没话找话。只有事先分析清

楚被拍摄者的心态,才有可能完成镜头的拍摄。只有对被拍摄者的心态把握好了,节目的节奏才可能体现出来。

思考题

1. 电视节目中的被采访者与其他媒体的被采访者有什么区别?
2. 为什么说电视采访要学会倾听?
3. 为什么说采访中从未知到已知的过程是一种思考过程?
4. 电视采访者的控制能力体现在哪些方面?

第五章　镜头挑选

知识要点

　　完成前期拍摄后便进入后期制作,面对多种多样的素材,如何挑选镜头是编辑过程中必不可少的环节。本章第一节讨论对镜头含义的理解,重点是让编导者建立起明确的镜头思维意识;第二节则对景别和运动镜头的特性和作用进行解析,试图从编导的角度来理解这些特性和作用;第三节总结镜头挑选的基本原则。

　　镜头是电视创作的基本元素。在节目的创作过程中,几乎所有的思考和行为都要围绕镜头做文章。前期策划时要考虑内容表达的可行性,这种可行性体现在可能要用到的镜头上,而前期拍摄中现场的发现和捕捉最终也体现在镜头上,后期编辑中挑选的也是那些能够准确表达创作者想法的镜头。电视编导强烈的镜头感既体现在镜头的设计能力上,也体现在镜头的实现能力上,而对镜头的鉴别和使用能力,最终也将通过画面展现在观众面前。

　　镜头挑选是每个编辑的一项基本功。后期创作中,编导如何寻找符合自己表达需要,同时也符合观众获得信息和审美需要的镜头? 在具体的创作中,镜头挑选看似简单,但这其实是节目编导的审美观、视听语言熟悉度、镜头感、想象力等的集中体现,会一览无遗地呈现在观众面前。节目无论长短,都由不同数量的镜头构成,每一个镜头之所以被选定,一定有其合理的理由。镜头挑选能力要经历一个漫长的积累过程才能获得,编辑台前的这一刻只是一个具体实现的过程。作为编辑,到底应该如何挑选合适的镜头来表意呢?

　　要准确地理解镜头挑选,就要对镜头的含义有清醒的认识。从现实生活中摄取的镜头是建立在一个个时间片段和局部空间基础上的,能否用这些时间片段和局部空间来构建屏幕时间和屏幕空间从而完成电视表意,是每个编导在选择镜头前必须要考虑清楚的。

第一节　镜头含义的再理解

镜头是指从一次开机到一次关机之间所拍摄的画面,镜头本身具备两个含义:一是镜头本身的含义,也就是镜头画面所呈现出来的内容。镜头内容会随着镜头景别的差异而变化,镜头带给观众的信息量也会随着镜头长度的不同而改变。镜头拍摄技巧的变化还会造成视觉上的变化。二是镜头的延伸含义,它往往需要在观众的理解、联想之下才能够形成。镜头的延伸含义建立在镜头本身含义的基础上。在镜头的传播过程中,镜头所表达的意义与镜头画面所传递的意义是不同的。

在编辑过程中,镜头本身含义的分解和组接相对比较容易掌握。因为对于镜头本身所呈现出来的内容,创作者可以按照生活逻辑、时间关系、空间关系、叙事逻辑关系等将其关联起来,使观众能够理解编导试图表达的意义。但对于镜头的延伸含义,由于编导无法了解节目的收视对象,且不同的对象对同一载体的理解未必完全一致,所以只能根据自己的判断来处理镜头,使自己的表达在传递过程中能够被更多的人接受。由于镜头的延伸含义在不同的观众那里可能会产生不同的理解,所以编导也就更难把握。不仅如此,延伸含义的部分还必须与镜头本身的含义有关联,使观众的想象和理解在一定的基础上展开,从而使联想变得合理。延伸含义能否被表达出来,以及表达是否清楚,能否被观众接受等问题,是编导在镜头组接过程中需要考虑的。喧闹的街道、青山绿水、蓝天白云、摇曳的烛光等除了表达镜头本身的内容外,还可以由观众的理解延伸出各种情绪。从镜头表意来说,这种手法与文学里的修辞有异曲同工之妙,只是表现介质发生了变化。无论是文学里的修辞手法还是镜头的延伸含义,都需要读者或观众的参与才能够实现,这种参与就是观众的想象或联想。

什么是联想?联想是指人们因一事物而想到与之有关事物的思想活动,联想包括内容的联想、时间的联想、空间的联想、生活逻辑的联想,以及生活常识的联想等,联想使画面的表达由镜头里延伸到了镜头外。那么联想对于观众来说意味着什么呢?它可以使观众的思维活动加入到画面表达中,而且联想几乎是一种下意识的行为,而这一点正好帮助了电视表达从具象到抽象的转化,可以拓展电视画面表意的广度。如果说电视画面擅长具象表达,那么镜头的延伸含义则无疑对抽象表达起到了重要的作用。

基于此，编辑在镜头的处理过程中要充分利用观众的这种下意识行为。如何让所选择的每一个镜头都能够充分调动观众的想象或联想，是电视编辑在创作活动中必须不断思考的。而让镜头的延伸含义得到充分发挥，是一项艰巨细致而又必须要做的工作，也是一个编辑"镜头之外"能力的展示。

镜头语言作为一种表意方式，其类似于语言的表意规则，是人们根据一定的生活逻辑和理解事物的逻辑方法而定的，违反了这些规则，观众就无法正确地理解镜头组合所表达的意义。"蒙太奇是电影导演的语言，正如生活中的语言那样，在蒙太奇中也有单词，即拍下的一段胶片；也有句子，即这些片段的组合。"（普多夫金语）

20 世纪 20 年代初，苏联电影大师列夫·库里肖夫把著名演员莫兹尤辛正看着画面以外某种东西时的中性表情特写镜头，分别与一盆汤、一口棺材和一个玩耍的小女孩的镜头相接，这时观众看到莫兹尤辛的表情已不再是中性的：当一盆汤的镜头切换回他的脸时，他的脸上带有饥饿的表情；当从棺材镜头切换回他的脸时，他的脸上带有伤感的表情；而当从玩耍的小女孩的镜头切回到他的脸时，他的脸上则露出高兴的表情。

这个例子除了表达蒙太奇的基本含义之外，也表达了蒙太奇的另一个重要含义：在镜头语言的表意中，两个以上镜头连接后所形成的意义要超过它们各自的基本含义之和，也就是所谓的 1+1＞2。在蒙太奇语言中，单个镜头组接在一起，不再是镜头的简单相加，而是构成了一个有意义的整体。"两个接合的镜头并列着不是简单的一加一，而是一个新的创造。"（爱森斯坦语）因为在这里，镜头与镜头之间已形成了关系，产生了新的含义。无论是一盆汤、一口棺材、玩耍的小女孩还是莫兹尤辛面无表情的脸，其本身都没有饥饿、悲伤、高兴的内容，这些意义都来自于镜头与镜头接合后所产生的新的含义。

蒙太奇表意的基本手法和镜头组接的功能是编导在镜头处理过程中必须要掌握的基本要素。

第二节 镜头的表现

镜头的表现既有技术上的，也有内容上的。技术上的表现是创作者可视、可听甚至可触的，相对比较直观，也比较容易把握。这部分内容在很多时候是可以被量化的，比如镜头的构图、光圈数值、镜头焦距等。正因为如此，电视技术的每一次进步都与电视观念的变换有直接关系。电视表达建立在高科技的基础上，离开了技术的支撑，电视节目也就无从谈起。所以电视技术本身对电视表达起着至关重要的作用，甚至可以说技术在很大程度上促成了电视表现手法、表现方式的变化。那么作为编导，从技术上需要考虑哪些方面呢？首先要有比较明确的镜头感。一个编导在理论上可以不去熟悉摄像机的操作，但必须熟悉镜头的表现，尤其是对镜头拍摄和镜头表现要有准确的判断力。换句话说，编辑可以不知道某个镜头在技术上是如何实现的，但必须要清楚镜头拍摄出来的效果。其次要熟悉镜头表意和编辑手法，但这随着技术的进步也在发生变化。过去编导必须熟练掌握编辑机，才有可能完成节目的编辑，然而现在随着非线性编辑技术的不断进步和完善，对编导的技术要求似乎已有所降低，但对镜头处理能力的要求却没有降低。相反，随着分工越来越精细，对编导镜头表现、理解能力的要求应该说越来越高了。

镜头在技术上的表现是指镜头的景别和拍摄技巧。所谓景别，是指画面实际拍摄面积的大小，表现面积最大的一类称为全景，最小的则称为特写，但在镜头的两极之间是一个无极变化的过程，每个数据的变化都可以构成不同的景别。一般意义上，景别被划分为全景、中景、近景、特写等。

全景指的是能够比较清楚地表现人物全身特征的景别，主要用于表现人与环境之间的关系、人与景物之间的关系、人与人之间的交流、人体的运动等。如果是物体，则主要关注物体的外形整体。

中景指的是画面下边框在膝盖上下的景别，主要用于表现人物之间的谈话和情感交流。人物之间的对话常以中景来穿插组接，中景可以将被拍摄者的手部动作清晰地表现出来。

近景指的是画面下边框在胸部以上的景别，下边框在人物上衣的第一个扣子和第三个扣子之间，主要用于人物对话分切，观众对人物的衣着、打扮和容貌都可以分辨得十分清楚。近景是将人物或被拍摄主体推向观众眼前的一种景别。此时，人物的眼睛成为被拍摄的形象元素。近景画面拉近了被拍摄人物与观众之间的距离，容易产生一种交流感。此时背景的作用已经不再明显。

特写指的是以人的头部为表现对象的景别，其重要作用是表现人物的内心活动，通过面部或肢体细节来刻画人物的性格。特写往往会被赋予一些含义，比较注重"质"的表现，比如被拍摄物体的质感等。

除此之外,镜头在技术上还有呈现方式的差异,一个镜头如果是静止的,那么可以只从景别上来理解,但如果一个镜头是运动的,就不只存在景别的差异了,还存在运动方式的差异。常用的运动方式有推、拉、摇、移、跟、甩等。

"推镜头"指的是画面的构图由大范围景别向小范围景别连续过渡的拍摄方法,这类镜头具有一定的强制性,使观众视点逐渐向较小的范围集中。

推镜头的作用如下:

(1)突出主体或重点。创作者的意图十分明显,就是要从全景里众多的人或物中,将主体或重点明确地凸显出来。所以从这个意义上讲,推镜头能够模拟人的视觉集中的过程。

(2)强化人物情绪。从观众的角度讲,推镜头有一种对被拍摄主体的关心或关注在里面,表示对主体越来越关心。快推能表现出兴奋、急切、惊讶、激动等情绪,而慢推则往往表现出低沉、压抑、怀疑、肃穆等情绪。

拉镜头与推镜头正好相反,是画面的构图由小范围景别向大范围景别连续过渡的拍摄方法,观众的视野范围越来越大。

"拉镜头"的作用如下:

(1)表达一种关系。有两种可能性,一是建立局部与整体的关系,典型细节与其所处环境之间的关系;二是建立两个表现主体间的位置关系,形成新的叙事动力关系。

(2)有一种"结束"的意味,起到准备转场的作用(尤其是慢拉)。

(3)带有主观色彩的表意作用,比如表现观众与被拍摄主体的一种心理上的远离,带有创作者的抒情色彩,另外也可以代表观众视线的扩展。

"摇镜头"指的是摄像机的机位、景别保持不变,改变摄像机拍摄的轴线方向以及上下左右的方向所获得的镜头。在电视节目中比较常见的一种拍摄方式"甩",其手法其实就是一种快摇,使镜头的"摇"达到相当的速度,重要的是甩动的方向。从镜头表意来说,甩很多时候不具有意义,但它是一种组接技巧,与淡入淡出属同类。与甩类似的还有"虚镜头",就是变动镜头的焦点,使得镜头中的被拍摄对象从实到虚,当然也有从虚到实的拍摄方式。

摇镜头的作用如下:

(1)使视觉空间完整统一。一是可以扩大镜头的表现视野,比如用来交代事件发生的环境、地点,使观众建立完整、全面的空间感;二是可以随着被拍摄主体而移动,使其总是处于最佳拍摄位置;三是可以使狭小的空间获得创作的自由,比如在无法和被拍摄主体拉开距离的情况下，可以将大空间化为一系列的小空间，再在时间的推移中展示空间，因此摇镜头有时也是一种叙事的要求。与分切镜头相比，摇镜头建立起的视线关系具有更真实的效果。

(2)建立一种叙事关系，比如并列关系、因果关系、对比关系、隐喻关系。

(3)制造悬念。由于摇镜头的起幅与落幅之间有一个时间差，所以往往可以在起幅制造悬念，在落幅表现结果，既创造叙述的节奏，也造成观众在鉴赏中的心理起伏。其一为"正悬念"，在起幅画面中交代一种行为或现象，让观众急切地想知道结果，然后慢慢摇出答案。其二为"逆悬念"，在起幅和过程中制造一种悬念，把观众的思路引向一个错误的方向，最终的结果却出人意料。

"移镜头"指的是在拍摄过程中，摄像机的机位发生改变的镜头，"跟"、"转"等都是"移"的一种。移镜头可以分为横移、纵深移、曲线移等，如果与升降运动相结合，就成为三维空间的复合移动了。

移镜头的作用如下：

(1)具有动感。由于摄像机在拍摄的过程中位置发生了移动，从而使观众的视点也跟随摄像机发生了移动，使镜头的动感与其他几种拍摄技巧比较起来更强烈，因此这类镜头大量使用在一些纪实类的节目中。

(2)从动感的细节中获得整体感、全局观。

(3)由于移动镜头没有了空间位置的束缚，可以获得比较强烈的真实感，往往与被拍摄主体的视线融合，让观众有身临其境的感觉。

从以上技术分析中我们不难看出，虽然拍摄技巧不同，但它们都有一个共同点，就是这些运动方式都是由拍摄者控制的，因此其运动带有拍摄者的主观意图。在实际拍摄中，应该将拍摄者的主观意图很好地融入镜头运动甚至叙事中，避免让观众觉得镜头的运动是拍摄者强加的，与拍摄内容无关，或只是拍摄者对拍摄技术、技巧的炫耀，那样就失去了镜头运动本身作为一种创作手段的意义。这就需要创作者把握好对明显带有主观色彩的内容的使用。遗憾的是，推、拉、摇、移、甩等拍摄方式经常会在一些电视节目中随意使用，最终只能使人觉得是在滥用拍摄技巧。

在非剧情类节目的拍摄中，除了过分依赖拍摄技巧外，还会由于拍摄者对拍摄技巧的忽视或不当使用，以及对设备性能的不了解和创作观念的局限等，而损害节目的创作质量，所以在这里有必要重新认识推、拉、摇、移、跟、甩等拍摄技巧的作用和功能。与此紧密联系的还有三脚架的作用，因为在镜头的拍摄中，推、拉、摇、移、甩等拍摄技巧的使用往往都需要三脚架来辅助完成。

三脚架是影视拍摄中用来支撑摄影机或摄像机的辅助设备，能够做360度灵活运动，结构也有复杂和简单之分，具有让镜头产生运动的流畅感和稳定感的作用。随着技术的发展，三脚架如今已经变得日益轻巧、方便。在日常拍摄中，三脚架是最基本的配置，也是达到稳、准、匀的技术保障之一，但在实际拍摄过程中，有时拍摄者会因为缺乏意识或为了图一时的方便而放弃使用三脚架，结果导致画面质量的下降。

电视编导应该如何理解景别和拍摄技巧的概念呢？景别是否仅有面积大小之别？不同景别所表现出的内容有多少差异呢？如果只是把景别和拍摄技巧作为一种技术手段或电视表意的物质呈现方式，而没有从创作或表达的角度去理解就有些简单了，因为景别和拍摄技巧虽然都是镜头的物质呈现形式，但从表达意义上来说，这种呈现的核心还是对时间和空间的切分，因为电视的内容最终都需要在具体的时空里被呈现出来。如果编导能够从时空的意义上去理解镜头的景别和拍摄技巧，那就不再是只停留在技术层面来看待这两者的了，而是从思考层面上提升了一步。

挑选镜头的基本原则首先是所选镜头要达到技术的基本要求。在一些电视节目的拍摄中，由于技术要求不高，有些甚至连基本的技术要求都达不到，使得信息传递效果受到影响。一次拍摄的稳、准、匀是比较容易做到的，但始终如一并不是一件容易的事情。合格的电视编导要做到每一个镜头都稳、准、匀，要将这种原则作为一种创作心态贯穿到每一个镜头的拍摄和编辑中，这不仅需要创作者对摄像技术的精准掌握，更要理解电视创作观念并具备敬业精神。从电视创作观念上想清楚技术与风格的关系、精致与粗糙的关系，将有助于创作者处理好技术与创作的关系。这里所说的技术，主要是指拍摄和编辑过程中镜头的技术处理手段，要考虑前期拍摄过程中镜头的构图、曝光、运动等是否准确，后期编辑过程中编辑点是否准确，镜头组接是否有跳跃感，声音是否流畅，音乐的选择及组接比例是否妥当等。电视媒体在生产产品的过程中，就单个节目来说，技术上的处理应该是目前所有媒体里比较复杂的。正是这个特点，使得技术水准在很大程度上直接影响了节目的质量。

风格是指一个时代、一个民族、一个流派或一个人的文艺作品所表现出的重要思想特点和艺术特点，体现在电视作品中就是创作者的摄像风格、编辑风格，甚至音乐风格等，这些共同构成了一个节目的整体风格。创作者为了达到个人的风格要求，所采用的手段也是各不相同的，比如在技术上故意使画面颗粒变粗也是一种表现方式，也能成为一种风格。

"精致"，简单地说就是精巧细致的意思。在进行镜头编辑时，首先应当选取那些拍摄技术精准的镜头，如果没有这个基准点，就谈不上精致，或者说，原材料本身有瑕疵是很难制作出精品的。从拍摄来说，构图不规则、运动不均匀、曝光不精准的镜头在任何编辑手中都无法制作出高质量的节目。除了前期镜头拍摄是否到位之外，后期编辑时编辑点是否准确、镜头运动是否流畅、镜头与镜头之间是否有顿挫感，也都直接决定了节目的精致程度。达到基本的技术要求是产生欣赏愉悦的基础。

"粗糙"在这里指前期拍摄的镜头不到位或者画面质量不达标。视觉上画面质量较差会导致后期编辑中镜头组接、声音组接不准确，使视觉缺少流畅感、声音不连续，最终体现在节目中就是粗糙的感觉。

节目创作中到底应当如何来处理这四者之间的关系？从技术角度来讲，电视节目创作应该只有一种选择——精致，只有精致才可能产生流畅感。但从风格角度来讲，则既可以是精致的，也可以是粗糙的，因为此时的粗糙不是指拍摄和制作的粗糙，而是指体现出来的风格，可以将镜头处理成老胶片的样子以体现时代感，也可以将镜头处理得颗粒很粗以表达某种意境，还可以将镜头速度故意降格或升格以表达某种情绪。大型纪录片《故宫》的镜头无论从拍摄上还是编辑上体现出的都是精致感，但一般的节目并不能因为没有《故宫》这类节目影响大、制作周期长就降低对技术的要求。无论是短片还是栏目日播节目，都没有理由降低技术标准。电视节目的制作工艺水平应该是一致的，风格也应该是一致的。从技术制作水平来看，目前国外很多电视机构的要求高于国内的电视机构，尤其是非剧情类节目的拍摄、编辑，国内与国外之间的技术差异、编辑差异、观念差异还是显而易见的，节目表达上的差异更是如此。所以，无论是摄像人员还是编辑人员，对镜头的技术要求都是一种基本要求。在没有特殊需要的前提下，镜头在技术上的精致能够吸引更多人的注意力，因为没有人愿意费神去看那些摇摇晃晃甚至不清楚、曝光不准确的画面，相信人人都会首选那些拍摄技术精良、视觉美感强的镜头。虽说要求并不是很多，但难就难在一直以这种标准去创作，难在把这样的技术要求作为一种常态表现在节目中。

第三节　镜头挑选的基本原则

电视表达的技术性特征比较明显,编辑在挑选镜头的过程中除了要考虑意义的表达外,还要考虑技术的表达是否符合要求,所以技术要求和内容要求是编辑时时刻刻都需要关照到的。镜头挑选时要注意的内容如下:

第一,镜头拍摄要稳、准、匀,使每一个镜头都尽可能达到专业水准。一些节目使用技术上不规范的镜头应该说是一种迫不得已的选择,因为内容是必须要表达的,但符合技术规范的镜头又没有拍摄到,于是在内容与技术之间权衡之后,选择了前者,舍弃了后者。但编导必须清楚这是一种不得已的行为,而不是一种常规处理手法。之所以某些节目在舍弃了技术要求之后还能够被观众所接受,那是因为内容弥补了技术的不足,但这并不意味着舍弃技术标准可以成为电视创作者的一种思考模式,相反,他必须要清楚这种模式的弊端及后果。与电影比较,电视的门槛已经低了一些,但创作者不能以此为由而降低创作要求。

第二,除了镜头表达的基本技术要求之外,镜头的明暗、对称、冷暖、前后景、对角线等构图处理与表达内容的关系,也是编导需要思考的重要内容。这些方面作为画面表意的基本要素,往往与创作者的表达意图有比较直接的关系。

心理学研究发现,人们最容易接受的是最规则(包括和谐、统一、对称等)和最简单明了的形态。与此相对应,人们会对不符合这一规则的各种形态表现出一种强烈的改造趋势,一方面放大那些适宜的特征,另一方面校正那些妨碍其变得简洁规则的特征,通过知觉经验的组织使它成为一个整体。比如,一个残缺不全的圆形,缺口一般会被人们的视觉自动补齐,被看成一个圆形;一条不连续的线条,也会被人认为是暂时的中断,并会自动将断点补齐,将其看成是一条连续的线条,如下图所示。

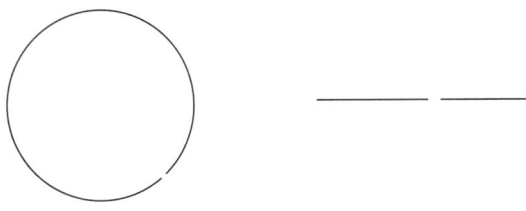

第三,在寻找到符合技术要求的镜头后,要考虑镜头表现内容与镜头表达含义之间的关系。每个镜头自身所表达的含义与节目内容的关系,从理论上说,是相对

容易掌握的。编导更多的是将那些表意更准确、构图更规则、画面更优美的镜头作为首选,但除此之外,每个节目中都有一些不能简单地通过画面是否精良来判断或附载的表达内容,这些内容该如何表达?还有那些不具有形象感的内容,尤其是写意、表达情绪的地方,应该选择哪一类镜头?此时表达内容往往与镜头的延伸含义有着重要的关系,需要创作者对画面以外的内容有比较准确的了解,而这一部分往往是电视编辑中较难掌握的。

第四,合理地控制固定镜头与运动镜头的比例。初学者往往更容易对运动镜头产生兴趣,无论是拍摄时还是编辑时都容易首先选择那些带有动感的镜头,比如被拍摄对象有明显动感的镜头,或带有推、拉、摇、移等拍摄手段的镜头。在电视镜头的拍摄过程中,创作者必须首先明白镜头的拍摄是有选择的。在拍摄过程中,拍摄者应不断克服视觉受限制的心理障碍,尽可能地以专业方式表现被拍摄对象。或者从视觉范围来说,摄像人员在拍摄时与普通观众的视觉范围是不一致的,透过摄像机的视线与普通人的观察视线相比,视线范围变窄、变小了,因为人们只能从摄像机的寻像器里观察。如果不是受过良好的专业训练,人们便会本能地让摄像机不断地运动,试图用这样的方式打破视线的局限,这种本能的反应表现在镜头上就会出现推、拉、摇、移等镜头的过量使用。而专业的摄像人员与编辑人员要在拍摄、编辑过程中不断克服这种下意识反应,使观众看到屏幕里的画面时,视线范围并没有受到限制,使电视机里的画面与生活中的内景构成一种完整的视线关系,其视野不会像拍摄者在拍摄时那么狭窄。

所以,编辑在挑选镜头时,需要考虑以下两个问题:

一是如何有效地控制固定镜头与运动镜头的比例。具体的原则是:加大固定镜头的数量,限制运动镜头的数量。因为运动镜头拍摄所要求的技术条件高于固定镜头,且比固定镜头更难以在技术上达到稳、准、匀的要求,尤其是在非剧情类节目的拍摄中,技术条件往往比较简陋,获得大量的运动镜头从技术上说有一定的难度。从观众欣赏的角度来看,运动镜头往往会给人更强烈的冲击力、不稳定感,但叙事能否一直保持这种力度,是值得编辑思考的。而且运动镜头本身带有创作者的主观情绪,而来自生活原生态的非剧情类节目如果过于强调创作者的主观意图,未必能够产生好的效果。所以,为了节目的表达,即使运动镜头能够起到先声夺人的目的,也要合理地控制运动镜头的数量,尽量选择那些稳定感相对强一些的固定镜头。

二是如何使用固定镜头。虽然主张加大固定镜头的数量,但这绝不意味着让镜头的表现成为一潭死水。相反，为了更准确地表现内容，从视觉效果上强化观众的注意力，编辑应该合理地控制镜头的外部运动，减少表达中的人为因素，着重去寻找镜头内部的运动，以使节目中的动感来自被拍摄对象自身。镜头内部的运动体现在以下方面：

- 被拍摄对象位置的移动；
- 被拍摄对象姿态的变化；
- 被拍摄对象外表的变化及其变化过程；
- 镜头切换的节奏和韵律。

第五，镜头选择的过程中，镜头拍摄的风格与其所表现的内容之间要能够找到某种内在联系，要能将欢快、沉稳等不同风格的内容在镜头里体现出来，甚至镜头的运动与否也与内容有关。例如，一个很欢快的段落，如果镜头是一动不动的，那么镜头风格就很难与内容搭上关系。挑选镜头时除了要判断其本身是否符合这样的逻辑之外，镜头编辑的节奏也要体现其风格的变化。

镜头的技术处理只是编辑工作中的一个环节，毕竟节目编辑不仅是漂亮镜头的堆砌，更重要的是意义表达。所以镜头挑选的原则最终还要落实到镜头的表现上，这是镜头挑选过程中不可缺少的环节。如果说熟悉素材的过程是一个思考的过程，那么更多的思考都应集中在对镜头意义的读解上。因为镜头在表意过程中具有解释的随机性，而只有使这种解释在表达过程中变得相对单一甚至唯一，才算完成了对镜头的思考和挑选，镜头才能找到与表达相对应的含义。

因此，除了以上讨论的镜头挑选的技术因素外，镜头的内容也是画面的表达因素。在挑选镜头时，更多的时候要将这两者结合起来考虑，缺一不可。内容方面主要考虑以下四点：

（1）在以人物为主体内容的节目中载体要明确。镜头的表现对象即叙事对象，镜头内容的主体是被拍摄者，所拍摄的内容都要围绕被拍摄主体来思考。编辑在挑选镜头的过程中要寻找那些能够清晰地表现被拍摄者行为的镜头，将主镜头与辅助镜头分解清楚，以使观众能够从镜头里获得创作者所要表达的内容。但在找到这些载体明确的镜头的同时，编辑还要在镜头与镜头之间为解说词或镜头组接留下切口，这是镜头成组的一个基本要素。一个节目是由若干个镜头、若干段解说词和同期声构成的，找到了这些切口也就找到了镜头编辑点的位置。

（2）在以事件为内容主体的节目中，更多地需要编辑从文字里寻找有画面感的信息，然后根据这些信息去寻找相关镜头，但在挑选这些镜头的过程中，切忌解说词说到哪里画面图解就到哪里。如果能够让画面与语言变为互补的因素，可能更有助于在两者之间寻找关联，找到了这种关联，意义的表达才能具体，信息才能够传递出去。例如探索频道的《蛇类奇观》一片开头部分，画面主体部分讲述的是一条皮尔斯蛇捕食老鼠的过程，而语言传递的是皮尔斯蛇的毒性、生活环境等信息。这两者起到了很好的互补作用，即使不听解说词观众也能从画面里感受到追捕过程的紧张。可见创作者的重点不在于渲染蛇鼠大战，而是要给观众讲述皮尔斯蛇的背景知识。解说词既对画面的内容做了解释，同时又超越了画面的表达，所以尽管这是一个不到两分钟的小段落，但表达十分精彩，画面与语言的互补关系处理得十分到位。

（3）当叙事的主体是过去时，已经失去了镜头拍摄的可能性，或以情绪、意境为主，表达内容比较抽象，要找到相关镜头相对比较困难时，就要寻找与过去、与这种情绪意境最为接近的可以转化为视觉的部分。当然这种转化一定要能够被普通观众所感知，在此基础上，应尽可能地发挥画面延伸含义的作用。在抗战题材纪录片《我们的战场》第十集《刻骨铭心》中表现著名抗日将领张自忠将军牺牲的段落里，有很多镜头与叙事相关联。例如，张自忠将军牺牲在十里长山半山坡上的一块巨石下，周围是树木，叙事中的树木与镜头里的树木之间建立了关联；张自忠将军牺牲之前已经身中数弹，镜头里暖色调的绛红色与将军的牺牲之间建立了关联；而慢镜头的处理及镜头声音的短暂空白，把将军牺牲瞬间的情绪比较准确地表现出来了。

（4）注意以议论为主体的内容。所谓"议论"，是指对人或事物的好坏、是非等表示意见或所表示的意见。由此不难看出，议论更多的是在表达人的思想活动，所以相对是比较"虚"的。镜头要想表现这类比较抽象的内容，困难在于能够与镜头直接对应的可拍摄对象非常少或近乎没有。那么如何根据文字或语言所表达的含义来揣摩、转换呢？这种揣摩与前面的情绪镜头处理一致：首先要尽可能地去寻找议论内容的具象事实，然后通过这些具象事实与镜头建立联系，并从这些部分里逐渐延伸出去。《被遗忘的工程》是中央电视台《发现之旅》栏目拍摄的一期与历史、科学有关的节目，其中一段涉及过去在南京城外20公里阳山下一次采石行动中死去的工匠，并对采石行动发表了议论。编导使用的是巨石上千足虫的镜头，这些小虫子既为镜头找到了表现部分，又使死亡、冤魂这些用镜头表现起来比较困难的内容得到了很好的象征。因此，在拍摄这类内容时，应至少找到一个具象的切入点，然后寻找有关联的部分，再逐渐拓展。在拓展的过程中，空间既可以是相同的也可以是不同的，重要的是在内容之间找到某种关联。

案例分析

片例一：《雾锁阳山》

"细节"是需要发现的

在《雾锁阳山》这个节目的第一个段落里，编导以南京城外二十多公里的坟头村村名的由来作为故事的由头，不难看出编导是费了一番心思的。由于该节目表现的主体内容是阳山的三块巨石，表面上看坟头村与阳山石材之间并无直接关系，编导能否将这两个内容关联起来，完全依赖于对细节的关注和发现。

对于非剧情类节目来说，现实生活是复杂的，是没有被故事化的。"艺术来源于生活"，但并不是说从生活中照搬的就是艺术。艺术需要对生活进行加工，只有经过适当的加工提炼，生活中的人和事才会变成电视表现的"艺术"，才能高于生活。而要加工提炼，首先得有材料，这些材料需要节目的编导在生活中不断地"发现"。

"发现"的基础是对事实的了解和理解，要对所拍摄的对象进行充分的分析，从材料里找故事。编导手上的材料是非常多的，如何分析这些材料，理解这些材料，最终将影响编导对节目的理解和制作。

在这个部分里，首先要将节目与这个看似无关的村子建立起有效的联系。这种联系就是村名的由来，即从过去的龙头镇如何变为现在的坟头村。在前期了解情况时，编导应当注意到这个村名，然后和所拍摄节目建立起联系，联系的纽带即当年死在这里的石匠。其次是如何用镜头去表现这个村名的变化，创作者使用了三种形式：村子的空镜头、村民老马的采访镜头及再现坟头的镜头。这种表现方式显然是作者在前期发现的基础上完成的。

如何去分析材料？要抓住材料里有用的内容，同时将这些内容变成可拓展的故事。由于有了前期的发现，拍摄者挖掘出来的内容便和脸谱化的人有了区别，包含了故事的一般要素：时间、地点、人物、矛盾、冲突等。如果仅仅把眼光盯在节目中所涉及的三块巨石上，就无法构成故事，因为静卧在阳山中的石头是无法构成矛盾冲突的。

电视的叙事，首先要有"事"，要将生活中的"事"演变成电视中的"故事"，"事"和"故事"是有区别的。找到了故事，还要理解过程和情节有所不同，情节要依附于过程，但又不等同于过程。情节与过程的区别在于有没有矛盾冲突，如果只有过程而没有冲突，那么只能理解为生活流程；如果过程中具备了冲突，那么就可以提炼成叙事的情节。这个冲突不仅指对立双方的暴力冲突，还可能是人与人之间的冲突、人与环境之间的冲突、人与社会之间的冲突，以及人与观念、习俗之间的冲突等。抓住冲突，就有了叙事的可能，只有"事"而没有冲突，后期编辑便无法完成。

片例二：《舌尖上的中国》第六集《五味的调和》中汕头达濠村老李采摘加工紫菜的段落(http://www.zei8.net/txt/17/20120913/31463.html)

舌尖上的中国

段落、镜头的选取

在后期编辑过程中，每一个编辑都要面临对内容的选择、对镜头的选择、对解说词和同期声的选择，虽然这是在前期选择的基础上进行的再次选择，但后期编辑中的选择反而更具有挑战性。

在《舌尖上的中国》第六集《五味的调和》这个 4 分 40 秒的段落里，内容选取了紫菜的采摘、加工等过程，创作者以广东汕头达濠村老李为叙事主体对主题进行了表现。编导第一步要做的是解决表现形式与表现内容的关

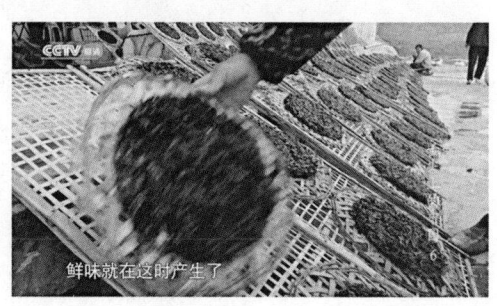

系。在这个段落里,编导以画面和解说词为主,以老李的采访为辅,整个段落中只使用了一次老李的同期声采访。编辑中每一个镜头的处理都会涉及用什么形式来表现内容的问题,此处由于镜头极具冲击力,编导选择了

如果站不稳的话 就会跌进海里去

以画面为主,以解说词补充画外信息的方式,并辅以老李的现场采访。采访的内容相比于解说词和画面来说信息量更少,而更多的是在讲述在潮水中采摘紫菜的风险。创作者甚至直接采用了声画完全分离的方式,整个采访过程中都没有见到老李的采访镜头,而只有老李的声音,直接体现了编导在此处对画面叙事方式的选择。这里之所以选择这个段落来分析,是想说明要根据素材来决定方式,此处镜头的张力显然要比同期声的张力强,所以使用画面会让观众充分体会镜头构图的美感,然后用解说词和大量的画外信息来补充镜头内容。整个段落不长,但选择的画面极有冲击力,甚至对大潮来临时老李在潮水中采摘紫菜的过程使用了摇臂和大广角镜头。

对形式和内容的选择是编导在节目编辑过程中一定会面临的问题。从表现手段上说不存在哪个重要、哪个不重要的问题,不能一味地强调形式重要或是内容重要,在不同的情形不同的地方,形式和内容可以起到不同的作用,如何恰当地选择表现方式是每个编导都应该思考的。

片例三:《壁画后面的故事》陶先勇过生日段落

(http://v.iqilu.com/2011/10/13/3682824.shtml)

节目编辑中要符合生活逻辑

壁画后面的故事

在《壁画后面的故事》里有一个主人公陶先勇过生日的段落。生日大家都庆祝,但作为节目中的一个片段,显然仅仅有一个庆祝生日的流程是不够的。编导要清楚用这个段落来表达什么,如果没有表达也就无所谓过程了。在这个节目段落里,编导选择的是陶先勇面对在场的人和镜头许愿的内容,然而当观众听到他许下的这个

愿望时,却怎么也无法将它和眼前的这个孩子联系起来,观众似乎看到了他身后的导演者,因为这些话是不会出自一个孩子之口的。编导一厢情愿地认为观众需要这样的内容,最终的结果只能是事与愿违。因为编导违反了生活逻辑,导致观众产生了不信任感。所谓生活逻辑,是指观众在生活中的体验感;符合生活逻辑,则是指观众在屏幕上看到的内容与其在生活中的体验感一致。这里,陶先勇比较尴尬地面对镜头许愿,如果把他放回到生活中,他是一个不善言谈、性格内向、说话有些腼腆的农村孩子。这样的一个孩子一般是不会主动表达内心感受的,整个片子中他也很少主动表达什么。而且他所说的这些话显然不在他的生活语境内,这里的表达很明显有被"安排"和"设计"的痕迹。所以在节目编辑中,如何让镜头所表现的内容符合生活逻辑,是编导时时刻刻都需要思考的问题。

片例四:《非洲》长颈鹿搏斗段落

(http://www.xiaopian.com/html/gndy/dyzz/20130318/41771.html)

影像技术与艺术的关系

电视节目是建立在一定的技术基础上的艺术表现,电视艺术并不完全由内容决定,好的技术手段、好的电视观念都与最终的节目质量有着直接的关系。电视采访镜头虽然在拍摄上很难出新意,但在拍摄技术上却丝毫不能降低要求。因为拍摄对象、拍摄地点、拍摄时间都是拍摄者确定的,这也就意味着拍摄者应当在拍摄技术条件等各个方面都相对理想的时候进行拍摄。为了稳定

非洲

可以使用三脚架;如果现场自然光不是很好可以进行人工补光;拾音也要达到编导认为最好的声音环境。所以采访要做到十分精致。在《非洲》的拍摄过程中,虽然长颈鹿搏斗的场面实际发生的过程只有短短几分钟,但拍摄者并没有因为拍摄事件的短暂而慌乱;相反,这里不仅记录了精彩的内容,而且在影像上也达到了很高的水准。但反观国内很多电视节目,往往在应该使用三脚架的情形下肩扛拍摄,最终影响了节目的技术质量。在

正常的拍摄条件下,三脚架是稳定镜头的基本技术手段。即使在没有三脚架或三脚架无法使用的情况下,拍摄者也应该尽可能地利用现有的条件实现镜头的稳定,把肩扛拍摄作为没有办法时的最后一种选择,带有情节的专题片、纪录片、纪实段落更应该如此。拍摄中,除非有不可抗拒的因素或节目的特殊需要,否则应尽量使用三脚架,以保持镜头稳定。有人认为使用三脚架太麻烦,其实这只是一个借口,既然选择了电视作为职业,就应当遵守职业规范,从一开始就要养成好习惯。

片例五:《鳄鱼最后的晚餐》哺乳的母羚羊在水池边找水的段落
(http://v.pps.tv/play_39TLNF.html)

鳄鱼最后的晚餐

识别问题和电视解说词的目的性

识别问题是指在节目中有明确指代时,一般情况下要求声画同步。《鳄鱼最后的晚餐》中使用了一个连续镜头,即母羚羊从远处来到水池边寻喝水位置的段落,解说的描述和画面的指代相对清晰。由于电视节目的表意往往不是由单一元素决定的,所以在有明确指代的地方,如果缺少其他的画外信息的补充,解说词与画面的搭配关系就显得尤为重要了,应尽量避免解说词和画面声画两张皮的现象。解说词的写作一般习

惯于从具体到抽象、从事实到理念,即从画面上所展现的时间、地点、内容、情形说起,这样做的好处是既能找到解说与画面之间的关联,同时又能避免解说成为对画面的简单描述。如果说写文章是先讲道理再举例子的话,那么电视正好相反,因为电视画面是具体的。

　　解说的描述不能太随意,应该在有限的时间内实现表意的目的。所谓不能太随意,是指解说与上下文是有逻辑关系的,而不应随意地想怎么说就怎么说。如果逻辑不严密,结构就会不严密,观众会看出破绽。同时解说词的创作应该尽量让被表现对象有立体感,而不是简单的材料堆积。这种立体感既有赖于对背景材料的分析,对被拍摄者或拍摄事件的了解,也有赖于编导对相关知识的积累和驾驭。

　　该段落解说词为:"一只正在哺乳的母羚羊找来找去,找到了一个最糟糕的地方。"由于解说对母羚羊背景知识的补充,使得原本信息量不大的镜头充满了矛盾的张力,而隐藏在水下若隐若现的鳄鱼则给了观众一种心理上的紧张感。观众此时会出现一种强烈的期待:鳄鱼会对羚羊怎么样?在这里,背景知识成为构成故事冲突的有效手段,使观众的注意力不仅仅集中在移动中的羚羊身上,更多地集中到了即将可能发生的情节上,从而很好地丰富了故事的内容。不仅如此,电视解说词还应尽可能地加入更多的信息量,不是简单地介绍,而是让一个简单的镜头负载更多的信息。在这个部分里,镜头内容自身的冲突并不是很激烈,甚至说不上有多丰富,仅仅表现了一只羚羊在水池边来回溜达的场景,如果不是解说词加入了这些信息,矛盾冲突显然不会这么激烈。正是解说内容的补充,使得一个原本比较常态的镜头充满了冲突和张力。

思考题

1. 镜头的含义是什么?
2. 镜头挑选需要考虑哪些问题?
3. 如何把握运动镜头与固定镜头的关系?

第六章　镜头组合

知识要点

电视节目编辑中,如何将镜头组合起来,用声画方式完成意义的表达,是节目编辑中具体实施的重要环节之一。对素材的熟悉不仅是编辑的准备工作,更是一种思考,是结构思考、镜头思考及文本思考的过程。在熟悉素材后则进入镜头的编辑阶段。匹配是首先要考虑的因素,景别、方向、主体的位置等都是要考虑的因素,编辑点不仅包括动作的编辑点,还有情绪编辑点以及节奏编辑点等。声音编辑的形式同样是镜头组接中的重要元素。如果说完成镜头的组接只是完成了镜头的句子构成,那么一个个的镜头段落又该如何处理?有技巧转场与无技巧转场则是解决段落转场的必备技能。然而,电视节目编辑并不仅仅是画面和声音的一种拼接技巧,它还需要考虑另外一种声音——电视解说词。解说词的写作不再仅仅是一种文字的表达,它在电视节目中作为表意元素之一,不再是独立表意的方式,它如何与画面形成一个有机的整体?电视解说词的写作成为必须解决的问题之一。

镜头组合是指电视编导为了表意的需要,通过技术手段将不同的镜头连接起来的活动。

首先,镜头组合不是简单地指两个镜头的技术衔接,因为在镜头组接的过程中,除了要考虑画面的组接之外,还要考虑声音的组接等因素,这也是电视创作的特点——视听元素的全面调用。除此之外,还要考虑镜头的表现与所表达的内容之间的关系。许多电视初学者往往以为电视编辑就是镜头的组接以及画面与画面之间的技术组接,殊不知,这种理解只是对编辑技术的入门了解而已,离成熟的电视编导还有相当的差距。那么一个成熟的电视编导坐到编辑台前时,应该考虑的到底是什么呢?

第一节　熟悉素材

在这里，素材指的是电视创作者在节目前期创作中所获得的影像、文字、图片等资料。这些资料大多数是通过摄像机获得的，也有少量资料是通过其他渠道获得的。

熟悉素材是一项繁琐而又细致的工作，它往往被简单地理解为记场记或对所拍摄的素材做镜头顺序、内容等的记录。作为一个编导，如果仅仅局限于此的话，那么他只完成了熟悉素材过程中最初级、最简单的工作。

狭义的熟悉素材，是指对所拍摄的影像素材的熟悉，在此过程中做好镜头顺序的记录工作，包括列出镜头内容以及镜头构成的详细清单，并以磁带时码的形式标注出来，为之后的正式编辑工作做前期准备。这是最基本的准备过程，也可以把它简单地概括为看素材，即熟悉素材带的内容。

广义的熟悉素材远不止这么简单，如果仅仅将其定义为创作的准备阶段或熟悉素材带的活动的话，就会误导刚刚踏入电视行业的从业者。那么熟悉素材到底包括哪些内容呢？

首先是对素材带的熟悉和整理，即对所拍摄的磁带进行归纳整理，同时记录下符合自己要求的内容清单，这个清单人们称之为场记单。场记单主要记录每一个完成镜头的信息，包括场景、镜头号、镜头景别、所拍摄内容、磁带的时间码等。在电影的拍摄中，场记单是结合场记板为后期剪辑提供方便的，但电视拍摄尤其是非剧情类节目的拍摄，一般没有这么复杂，只需在拍摄完成之后，通过素材带来归纳整理场记单。

下面的表格为一般电视节目场记单的一种样式，但在实际工作中，许多人采用的方式往往比这个更简单，只记录磁带号、起止时码、拍摄内容等，甚至连表格都不需要，直接记录内容。

电视节目场记单（供参考）

磁带号	镜头序号	起止时码	拍摄场景	拍摄内容	景别	拍摄技巧	备注

场记单采用哪种形式并不重要，重要的是要列明所拍摄的内容，以便编导能够十分清楚所拍摄的内容，提高后期编辑的效率。场记单上的时码要准确清楚、一目了然，但这个工作只是创作中的辅助工作而不是主体工作。

其次，熟悉素材的过程是一个思考的过程。面对一堆杂乱的素材，编导到底应该看什么？目前大多数编导都参与了前期拍摄，对于拍摄内容编导应该是熟悉的，即使再看一遍素材也仅仅是为了了解每个镜头的拍摄效果以及使用的可能性有多少等，所以编导再次调看素材最重要的目的就在于对镜头的思考。这个思考既不同于前期拍摄过程中的思考，也不同于拍摄之前的文字化思考，而是一个电视化的思考过程，是将所有元素进行整合的思考。因为此时的思考是建立在具体镜头的基础之上的，不再是头脑里的空想或设想，编导需要在这个过程中完成视听语言表达的基本构成，同时纠正前期拍摄过程中的某些错误或不足。哪些是可以弥补的，哪些是无法弥补的，哪些是能够找到替代手段的，哪些是完全没有补救办法而需要舍弃的，都需要编导在这个思考过程中加以判断和完成。这些思考依然还是创作的准备过程，只不过这个过程是有的放矢的思考，是最接近电视最终表达的思考。

熟悉素材最重要的工作是对素材的重新结构，在这个过程中编导至少可以完成三个结构思考：

一是整体的节目结构思考。由于对现有素材已经烂熟于心，所以也就有了二度创作全新结构的可能性。所有的素材此时都是编导用来叙事的材料，而不再仅仅是生活中的过程或片段。由于电视思维方式是感性、形象的，因此编导都是在镜头的感性基础上进行思考。此时的结构思考方式不再是逻辑的思考方式，而是加入了各种电视表现手法和手段的思考方式，即用形象思维方式重新结构来自于生活的事实。此时，编导会根据现有素材，做最有效的整合，并判断哪些镜头是最为电视化的，哪些镜头是最有张力的，哪些镜头是能够结构内容段落的。除此之外，编导此时还需要思考如何调动节目前期准备的所有其他材料，比如文字资料等，而不能只盯着素材带里的内容。所以节目结构思考的过程应该说既包括了节目的整体构思，也包括了段落结构的构思，而编辑的段落感将直接影响编导对素材的判断。此时段落已经不再是对一时、一事的展示，而要从叙事结构上来考虑。编导需要知道戏剧冲突点应该设置在哪里，哪些内容在镜头拍摄时就已经具备了一定的戏剧冲突，哪些不具有戏剧冲突因而需要重新结构，这些都是十分重要的。这种段落结构需要打破生活流程，根据叙事要求对生活进行重构。

二是镜头思考。在熟悉素材的过程中，对那些在片子中具有举足轻重作用的镜头,编导心中要有一个清晰的编辑结构。镜头结构在这个过程中已经确定,只是还没有具体到编辑点的技术处理。编导对关键镜头要有明确的判断,要能够很好地整合镜头,将内容有张力、有冲击力的镜头充分地用到节目中去,同时让其他的辅助镜头有效地为这些关键镜头服务。

三是节目文本思考。电视是融合了文字、声音、图像甚至三维动画等多种视听手段的媒体。手段多了,电视观众获得信息的渠道自然就多了,但电视创作者却需要在创作过程中选择最合适的表现手段,在考虑了结构、镜头之后,文本表达也是电视表意的一种重要手段,同样不可忽视。电视的文本思考要有结构上的考虑,比如哪一部分用镜头表现,哪一部分用同期声表现,哪一部分用解说词表现,这是编导在思考过程中必须要区分开的,而这种区分的过程就意味着对电视文本的思考。先要知道说什么、怎么说,然后再来考虑文本与其他元素搭配的技术细节,毕竟电视节目不是靠单一手段,而是靠多种手段搭配来实现表意的。

所以熟悉素材是一个看似简单但却很重要的环节,有的编导在编辑机前坐了一天,效率却不高,原因往往就是在熟悉素材的过程中对结构、镜头、文本思考得不够。

第二节 寻找画面编辑点

每一个电视节目都是通过镜头来完成意义表达的,而每一个镜头的编辑则是由两个方面的因素来决定的:一是编辑点,二是镜头长度。镜头的长度除了要符合技术要求外,还与表达的内容有关。编导在组接镜头的过程中,只要决定了每个镜头的编辑点和镜头长度,就基本确定了这个镜头在屏幕上呈现的部分。那么镜头的编辑点是由哪些因素决定的呢?要弄清楚这个问题,首先要弄清楚什么是编辑点。

编辑点是指镜头与镜头在组合过程中通过一定的技术手段完成声画转换瞬间的技术接点。每个镜头都会有入点和出点,那么每个入点与出点之间的长度就构成了镜头的长度。电视画面每秒钟由 25 帧构成,如果只从技术上考虑,那么这 25 帧画面中的任何一帧在理论上都有可能成为这个镜头的入点和出点。那么如何确定镜头的入点或出点?或者说判断镜头与镜头组合的标准是什么?

如果单纯从技术上看,镜头编辑点的判断标准很简单,即镜头与镜头连接之后是否产生视觉跳动,如果不产生跳动,那么这两个镜头的衔接就是妥当的。只要镜头组接后视觉和听觉没有跳动、重叠等障碍,从技术角度来说镜头的组接就是合适的。那么如何让视觉不产生跳动感?

匹配是首先要考虑的问题。匹配包括景别的区配、方向的匹配和位置的匹配。

(1)景别的匹配。"镜头成组,声音成段"是组接镜头的一个基本原则。镜头成组,是指镜头数量必须达到一定的值才能称为组。在镜头组接的过程中,至少三个镜头的连接才能称为一组镜头。除了数量,在组的概念里还包含两个因素:

第一是同一场景应该遵循相对集中的原则,这样做的目的是让画面自身能够传递时空意义,而不仅仅是解说词或同期声的陪衬;其二是不同景别的使用也应该建立起组的概念,景别成组才能做到景别的匹配。不同的景别有不同的表达含义和作用,在一个镜头段落里,通过不同的景别才能使镜头的作用最大化。这里有两点需要注意:一是镜头衔接时,镜头与镜头之间的景别差异不宜太大,一般应保持在两个级差范围之内。由于电视屏幕大小的关系,电视节目里特写、中近景镜头相对比较多,但这并不意味着电视节目的镜头就应该以特写为主;相反,越是这种情况,创作者越要注意两级镜头的使用,尤其是交代环境的镜头。第二是对同一主体的表现应该适当注意景别渐变的原则,即在编辑镜头的过程中,要按照一定的顺序变换景别,要么是从全景到特写,要么是从特写到全景,以使镜头里的空间关系、人物关系能够简洁、清晰地表现出来而无需借助其他的手段。

(2)方向的匹配。一是指叙事过程中被拍摄主体的运动方向,二是指镜头与镜头之间的运动方向,三是指人物视线关系与镜头之间的匹配。

从叙事主体运动方向的匹配来说,如果主体在镜头里有位置的移动,多数情况下会涉及镜头之间主体方向的匹配,总体的原则应当是保持主体运动方向的一致性,以避免混乱。比如前一个镜头主体向画左运动,下一个镜头主体向画右运动;上一个镜头主体人物上飞机,下一个镜头主体人物下飞机。造成这类混乱的一个重要原因是编导不清楚镜头的表现与现实生活之间的差异。镜头截取的是生活中的时间片段,被拍摄对象的一个连贯动作可能被拆分成了若干个段落。对编导来说,拍摄现场的画外信息可以弥补镜头与镜头之间省略的部分,但观众获得的只有画面提供的信息,而没有其他的补充元素,所以观众无法建立起清晰的方向感,从而造成了对运动方向的认知错乱。主体运动方向是否具有一致性,最简单的判断标准就是它是否符合生活逻辑。如果镜头与镜头之间不能做到方向上的匹配,就需要镜头给出发生改变的关键点的内容,如果拍摄中遗漏了对这个关键点的拍摄,则需要编导用技巧帮助观众建立起方向变化的概念,而不能直接省略,有什么镜头就编辑什么镜头。当然,运动方向的建立与叙事有直接联系,主体运动方向既可以是相向的,也可以是相背的,只要建立起了方向匹配的概念,就比较容易处理了。

镜头的运动方向是指摄像机拍摄时本身的运动方向,被拍摄主体可能是运动的,也可能是静止的。这里的匹配更多的是指前后两个镜头的运动方向的匹配,往往伴随推、拉、摇、移等拍摄技巧的组接。推、拉、摇、移等运动镜头的组接一般有三个原则:首先,运动镜头的连续组接,除第一和最后一个镜头保留起幅、落幅外,中间部分的镜头一般要去掉起落幅,以免出现类似于"打气筒"的组接效果,从而保持镜头运动的流畅性。除此之外,镜头的运动方向还要考虑和节目内容之间的关系,尽可能找到运动的理由,即运动与内容之间的某种内在联系,让镜头的运动在内容上有合理的依据。从技术上来说,一般前后两个镜头不适宜做相反方向的运动,也就是说上一个镜头向左摇之后,下一个镜头就不适宜马上接向右摇;上一个镜头是推镜头,下一个镜头就不宜马上接拉镜头,反向运动之间最好有过渡或者有合理的叙事依据。

人物视线关系包含两种类型:一类是两个或两个以上的人物在一个场景里出现时相互之间的视线关系,另一类是主观镜头的视线关系。人物与人物之间视线关系的建立,需要在前后期的创作中对轴线的概念有比较清晰的了解,拍摄和编辑中尽量不出现跳轴、越轴现象,应该说人物视线关系的建立相对比较容易。而主观镜头视线关系的建立则要在镜头里清晰地表现主观者是谁,同时让观众体会到主观者视线的移动,比如是在环顾左右、仔细观察,还是在漫无目的地扫视。找到了这类视觉依据点,也就找到了与其建立关系的镜头运动方式,并判断是用摇镜头、推镜头还是用固定镜头等,但一般拉镜头是不大适合建立主观镜头关系的。

(3)位置的匹配。位置的匹配主要是指画面内主体在不同镜头里位置的匹配,这需要从两点来考虑。一是同一主体的位置匹配。一般情况下,应该尽可能保持主体在画面里的位置大体相同,使视觉中心从前一个镜头保持到下一个镜头,通过固定观众视觉注意力的方法形成视觉上的连贯感。二是如果主体处于对应的位置,那么在画面中也应该体现出这种对应关系,比如A和B的谈话镜头,如果A、B都处于画面的同侧,那就无法建立起对话的镜头关系。

建立起匹配的概念后,编导还要考虑的因素是编辑点。简单地说,编辑点可以分为画面编辑点和声音编辑点。从画面组接的一般原则来说,画面编辑点可以分为以下几种:

1. 动作编辑点

动作组接是电视编辑的基本功，也是编导必须掌握的技能。无论哪一个类型的节目，里面都会出现镜头的运动，这是编辑过程中必须面对的。镜头的运动包括被拍摄对象的运动、摄像机的运动，还有被拍摄对象和摄像机的复合运动。但这里所说的动作仅是指被拍摄对象的运动，不包括摄像机的运动。

对于被拍摄对象在画面里的运动，从画面的组接上来说，应该注意以下几点。

首先在镜头编辑中整个动作段落必须是连贯、流畅的。所谓连贯，是指从镜头表现的开始部分直到该段落的结束部分，镜头里的动作是自然、流畅的，无论镜头与镜头之间是否省略了动作过程或细节，动作过程从视觉上都是没有停顿感或间歇感的。

其次是动作的细节部分在镜头转换时也要连贯，不能有重叠或停顿。在现实生活中，一个完整的动作过程是不可能有重叠或停顿的。虽然在影视节目中可以将一个连贯动作分解成若干个镜头来表现，每个镜头只截取动作的一个片段，但镜头组合在一起之后，无论运用了什么景别和拍摄技巧，前后动作之间必须是连续的。编辑点位置的选择对动作是否连贯有相当的影响，那么在一个连续动作中应如何选择编辑点？

一般应在动作中寻找"停顿"或"转折"。编导可以从被拍摄对象的动作过程中寻找带有停顿感的地方，这些地方往往就是动作的编辑点。由于种种原因，运动对象很难做匀速运动，只要运动速度发生变化，就一定会给编导留下若干个"下刀"的切口，编导要抓住这些切口，将其切分为不同的镜头，然后进行组接。如果找不到这种切口，就没有了编辑点。编导要善于发现运动中的这种停顿，在拍摄中捕捉这种停顿。

经常被用到的停顿或转折有以下五种：

(1) 动作的起始点或结束点：一个动作的起始点是指动作从静止向运动转变的时间点，而动作的结束点则指动作从运动向静止转变的时间点。编辑时，重要的是能够发现并抓住这个转换过程中的停顿或转折，并很好地利用它将动作衔接起来。

(2) 动作中动静转换的瞬间：与前面谈到的道理相同，动静转换由于前后两者之间的动作变化形态比较大，所以对变化瞬间的把握直接关系到前后动作是否流畅，如果没有转换瞬间的过渡，两个镜头就无法进行流畅的转换，就可能出现明显的跳跃感。

(3) 动作中改变方向的瞬间：在动作过程中，如果运动主体发生方向的改变，一般都会伴随速度的改变,这个速度发生变化的瞬间恰恰可以被编导很好地加以利用,这个瞬间就是停顿或转折点。

(4)动作的高潮点:将动作镜头的编辑点选择在动作的高潮点,利用动作本身对观众视觉注意力的吸引,分散观众对编辑点的关注度,最终达到自然的切换。

(5)有对应关系的双方:编辑中如果被表现的双方能够建立起对应关系,那么无论场景是否相同,是否在运动,都可以直接在两个场景的镜头间进行对切,这就为编导创造了创作空间,为其在运动主体不同时提供了很好的编辑方法。之所以可以直接对切,是因为两个对应的主体有了相互的对应关系,通过这种关系在镜头与镜头之间建立联系,用叙事去减少观众对时空关系的关注。镜头之间虽然空间不一致,运动的速度也有差异,但关系建立起来后,这种动作的跳动是能够被接受的。

以上几种情形都是动作编辑点的不同形式,即以被拍摄主体的动作作为判断标准,然后来决定镜头的切换点和切换频率。除此之外,还有以镜头的画面构图为判断点的类型:

(1)遮挡:所谓遮挡,是指在拍摄过程中,镜头由于某种原因而被某个物体全部遮挡住了,观众无法观察到镜头刚才表现范围内所发生的一切。镜头被遮挡住的那一瞬间,就是一个编辑点。因为镜头被遮挡的瞬间一般都是黑画面,遮挡前后的构图被破坏了。但凡镜头出现了被遮挡的情形,如果能够构成一个独立镜头,那么编辑点首选的就应该是被遮挡的那一瞬间。

(2)消失:消失是指在拍摄过程中,被拍摄主体由于位置的移动或其他物体的遮挡等而在画面里消失不见的过程。由于消失的是被拍摄主体,镜头的构图并没有因为主体的消失而消失,相反刚才有主体的画面现在变成空镜头了,因此在编辑过程中但凡镜头里出现这种情形,也是一个很好的编辑点。

(3)出画入画:所谓出画入画,是以画框的边缘作为参照标准,当被拍摄主体移动到画框以外的时候就是出画,当被拍摄主体移动到画框以内的时候就是入画。在创作过程中,这类镜头也一定是编辑点的首选。

上面说到的三种情形都具备一个相同的条件,即编导在后期编辑时必须去抓变化的瞬间,而一旦镜头变长就不符合编辑规律了,也就不能成为编辑点了。除此之外,这类镜头在拍摄时需要拍摄者具有相应的后期编辑意识,并将这些方式运用到拍摄中,供后期编辑使用。

2. 情绪编辑点

动作编辑点对于编导来说是可见、可感甚至是可触的,或者说是可以通过具象的镜头感知到的,重要的是在拍摄过程中摸透动作的规律,然后在编辑中充分利用这些规律就可以了。而情绪编辑点则更多的是一种心理感受,是编导用自己的镜头去表现被拍摄对象的心理活动,同时又要让观众感受得到。简单地说,动作编辑点是可以直接通过视觉观察到的,但情绪编辑点则无法直接观察,而需要去体会。创作者需要把这种体会或体验反映在镜头里,当观众能够感知到这种体验时,则说明表达是准确的;如果观众感知不到或感知有差异,则说明情绪编辑点把握得不是十分准确。情绪编辑点是仁者见仁、智者见智的,没有规律可以套用,完全依靠创作过程中个性化的处理。但正是这种很个性的处理方式,很好地反映了编导对视听语言的理解,而这种理解是建立在编导漫长的体验和积累之上的。

所谓情绪,是指人的一种心理活动,其表现方式是多种多样的。由心理活动而呈现出的行为动作或语言反应,会被拍摄者用镜头捕捉到。这里的心理活动应该包含两个方面的含义:一是被拍摄对象的心理活动,二是编导在编辑节目过程中的心理活动。被拍摄对象的心理活动重在其能否被镜头反映出来,而编导的心理活动是指他一方面要去揣摩当事人的心理活动,一方面要判断自己的揣摩是否准确,同时还要判断哪些镜头适合用来表现这种心理活动。先要准确判断当事人的心理活动,之后再去寻找合适的镜头,然后才去寻找编辑点。此时编辑点的选择除了要考虑镜头衔接的技术之外,更要考虑这种衔接是否能够表达自己想要表达的情绪。

对于情绪编辑点的处理,编辑应该把握三点:

一是要分清情绪的来源,就是节目中要表达的情绪是来自被拍摄对象的自然情绪还是编导的表达情绪。所谓自然情绪,是指被拍摄对象随着情节的需要和矛盾的推进而出现的比较激烈的心理活动,它与被拍摄对象在节目中的呈现有关,所以编导要很好地把握这个心理活动的过程,准确地捕捉到此时被拍摄对象的心理活动,然后在合理合适的地方切出去,并延伸、放大这种心理活动。比如电视片《沙与海》中打枣的段落,当孩子爬到树上,打下的沙枣铺天盖地地落下来时,镜头开始表现老人在沙里一把一把地抓起沙枣,对前面解说中的"一阵风一刮,就什么都没了"做了最好的诠释,但如果仅仅依靠老人捡沙枣和孩子打沙枣的画面则无法完全表达此时的情绪。此时编导要人为地去推动,所以在这个段落里,除了画面,现场背景同期声的使用以及音乐的介入都是为了烘托情绪,此时应该更多地考虑被拍摄者的情绪,随着情绪的变化而确定编辑点。总体来说,这种情绪能够找到很具体的进入点,情绪的表达相对要客观一些,所以这一类情绪也叫客观情绪,编导只是把自己的某些思考或个人化的倾向附着到了被拍摄对象的身上。还有一种类型是编导为了节目表现的需要,根据节目的进程,人为地加入了某种情绪的表达。目的当然是为了更好地表现情节、铺垫情绪,但这一类情绪更多地要依赖编导自己对节目表现内容的理解。所以在这种情绪的表达中,编导直接表现自己看法、感受的痕迹更重一些,前提条件是观众能够从镜头的前后情节关系中获得相同的情绪认知。

二是要对被拍摄者客观情绪和主观情绪出现的时机或情绪点进行分析,能够准确地抓住被拍摄对象或观众的心理活动节点,并在编辑中准确地将节点表现出来。由于客观情绪来自被拍摄对象本身,因此在镜头里体现这种情绪时,首先要分析被拍摄对象的心理状态,然后才是镜头的特点。同样的心理状态可以用不同的镜头、不同的对象去表现,分析清楚了这两个特点,就容易抓住被拍摄对象心理活动的脉络。有了心理活动的脉络,就有了情绪的线索,也就更容易找到镜头的编辑点。所以,对于这类镜头编辑点的处理,"体会"比掌握技巧更重要。而对于主观情绪也就是编导情绪的表达,则更多地需要编导去体会观众的心理。虽然在积累了较多的编辑经验之后,编导一般都能够摸准观众的一些基本心理活动,但由于每一个节目、每一个段落表现都不同,所以无法用一个规律来概括。虽然创作的主动权在编导自己手里,但难的是将自己的心理体验传递给观众。因为只有将自己的心理体验传递出去了,情绪的表达才算完成,否则就是一个缺乏互动的情绪表达,就会给观众拖沓冗长的感觉。这类情绪编辑点的把握,需要编导体验生活、感受生活,同时熟悉视听语言,准确地把握观众的心理活动。

三是寻找镜头与情绪之间的关联,从关联中找到可以恰当表达情绪的镜头,尤其要注意对写意镜头的使用。由于情绪是一种心理反应,所以很难用镜头去直接捕捉被拍摄对象的心理活动,而只能更多地去寻找被拍摄对象最典型的情绪外化表现。和动作编辑点不一样,情绪镜头的表现一般是间接的。编导需要找到在现实生活中观众能够产生同样心理感受的镜头,然后通过镜头的组接来表现被拍摄对象的情绪。从传播学的角度来讲,此时对非语言符号的运用往往要多于语言符号的运用,所以拍摄者和编导是否对非语言符号有充分的认识,能否意识到某些细微的动作所表达的含义,镜头是否确切地反映了编导想表达的内容等,直接关系到编导对镜头的使用。

所谓非语言符号,是指除语言以外的其他所有能传播信息的符号,包括手势、表情、姿态、口哨、鼓声、标志、烽火、图像等。大体可以分为三类:一是体态语,二是视觉性的非语言符号,三是听觉性的非语言符号。通常情况下,体态语又被分为以下三种不同的类型:

动态无声类——点头、摇摆、笑、皱眉等。这一类可能是非语言符号中最重要的一部分,抚摸、拥抱、接吻以及其他的触摸行为皆在此列。

静态无声类——站、坐、倚、蹲的姿势等;呼吸、体格等;面具、口红、眼睛、服饰等也属此类符号。

有声类——这一类也被称为类语言,比如语调、喷嚏、叹气、呻吟等。

显然这些类别有两个特征:一是这些符号都十分适合用电视镜头来表现,或者说是视觉媒体善于表达的部分;二是按照人们的普遍认知,这些非语言符号中都带有某种心理活动,或者说都是某种心境的反映。比如笑一般与高兴、快乐联系在一起,而呻吟一般都与痛苦联系在一起,这些是能够被观众普遍认识到的,也是非常适合用来表达情绪的,而编导在挑选镜头的过程中能否找到这些带有情绪含义的镜头,除了与编辑点的确定有关之外,还与内容的表达有直接关系。

视觉性的非语言符号是指那些能够直观见到的、带有某种特定含义的符号,比如古代的烽火、公路上的各种标识、交通标志等都是视觉性的非语言符号;听觉性的非语言符号则主要是指作用于人的听觉器官的声响,如鼓声、汽笛、口哨、乐声等。英国学者阿盖尔认为非语言符号的功能主要有三个:一是传递态度与情绪,二是辅助语言传播,三是代替语言传播。显然在这三个功能里,传递态度与情绪是第一要素。电视创作者首先要找出情绪在哪里,然后明确哪些镜头是能够用来表现这些情绪的,最后确定每个镜头的编辑点。所以从电视表现来说,非语言符号的体态语、手势、形体动作、眼神等都是很好的可以直接表现情绪的载体,因为许多非语言符号可以表达语言符号无法说明的东西。

情绪往往不是孤立存在的,一般情况下,它是一定要被外化①出来的。情绪编辑是指编导在找到了情绪的依据之后,采用一种电视化的手段来描写心理活动,将这些看不见的心理活动外化之后表现出来,让观众感知到,以达到编辑处理的初衷。比如一个人心情不太好,既可以用他的动作来直接表现,也可以用语言来表现,关键要看哪种方式能够更准确地将这种情绪表现出来。

3.节奏编辑点

节奏在词典里的解释有两个:一是指音乐中交替出现的、有规律的强弱或长短的现象,二是比喻均匀的有规律的工作进程。在节奏的定义里,有几个地方必须注意:一是交替出现,二是有规律,三是强弱或长短,四是现象。具体到镜头中,首先

---

① 所谓外化,是指情绪在行为动作里得到表现。

镜头的编辑不是按照一个方式一个长短持续下去的,而是必须要有快慢强弱的变化,才能被称为有节奏。所以一个节目的节奏应该从两个方面体现出来:一是每个段落的节奏。有时各个段落里可能采用相近的节奏,但段落与段落之间应该是有变化的。二是整个节目中所有段落构成的整体节奏。如果以曲线图表示的话,一个节目的节奏应该是在若干个小的曲线图的基础上形成的一个大的曲线图。小的曲线图是每个段落节奏的变化,大的曲线图则是整个节目节奏的变化。这些曲线如果缺少其中的任何一条,节目的节奏都会失去应有的模样,如图6-1所示。

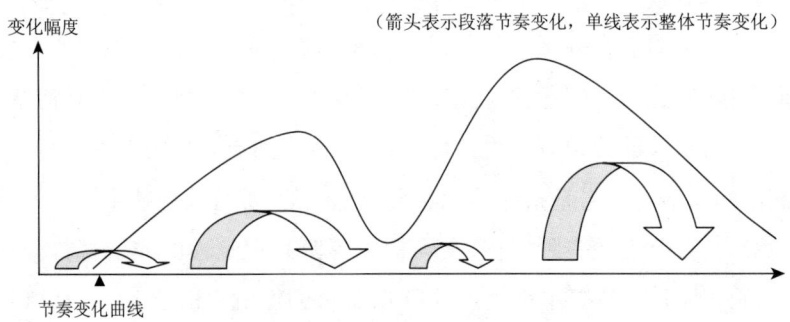

图 6-1

音乐是由音符构成的,而电视节目显然是镜头加语言(包括同期声和解说)以及音乐音响等构成的。在手段和方式上,电视节目的元素要复杂得多。这里,我们不是要比较音乐与电视节目的节奏,而是试图通过这种比较说明电视节目的节奏控制是较为复杂的。

控制节奏的依据是节目的叙事节奏。叙事节奏需要编导在叙事能力、视听语言画面节奏感上的长期积累。没有叙事,节奏就无从谈起,找到了叙事的节奏变化,也就找到了编辑时的节奏感;另外,创作者应该准确把握节目编辑时的心态。所谓编辑时的心态,首先指的是创作心态,或者更具体地说,是编导在镜头组接和文字创作过程中的心态,其次是指编导需要体会的节目中当事人在事件发展进程中的心态。如果节目编辑中出现节奏混乱,主要原因应该是编导在创作时心态混乱,无法冷静地把握节奏,自然就难以在节目中将被拍摄对象所呈现的节奏表现出来。所以编辑节奏是编导在亲身体会之后的一种转述,而不是仅仅靠技术力量来完成的。这里所谓的转述,是指编导能够比较准确地找到被拍摄对象的运动节奏,然后在编辑中通过镜头、语言、音乐等元素将其"再现"出来的一个过程。

电视节目中的节奏应该是从多方面用多种方式呈现出来的。节奏不像动作那样可以通过几个镜头表现出来，节奏至少需要一个段落才能完整地呈现，观众则要通过一个个段落来体会编辑的节奏感。节奏在电视节目中可从两个方面体现出来：一是表现在镜头形式上的外在节奏感，二是隐藏于镜头之后的内容上的内在节奏感。

首先是外在形式上的节奏感。相比而言，外在形式上的节奏感要比内容上的节奏感容易把握。和动作编辑点一样，形式上的节奏感是可感可视的，甚至镜头的长度也是可以度量的，所以一般也容易理解和容易掌握。而内容上的节奏感相对不那么容易控制，与其说是对节奏点的把握，不如说是对整个叙事和情绪的把握。

所谓形式上的节奏感，主要体现为镜头的长度、景别的大小、镜头动静的差异、音乐音效的节奏等。那么快慢节奏是如何形成的呢？

快节奏一般由短镜头①、推镜头、近景别、被拍摄对象的明显动感②、快节奏的音乐音响等元素构成。近景别由于表现的范围有限，镜头的长度必然也有限，由此加快了镜头切换的频率，带来相应的节奏变换。这些元素叠加在一起一般会带给观众快节奏的感受。从镜头挑选的原则来说，编导若试图提高节奏的变化，可以在具有这些元素的镜头里做文章。

与快节奏相反，慢节奏一般由长镜头、拉镜头、远景别、被拍摄对象不明显的动感、慢节奏的音乐音响等构成。理由与上面所说的正好相反，单个镜头的加长必然带来镜头切换频率的降低，这种频率的降低给观众的直观感受是节奏缓慢。理解了镜头物理意义上的这些特征，编导在考虑节奏问题的时候就能够做到有的放矢。那么编导用什么来决定节奏的变化呢？或者说如何找到节奏快慢的依据呢？一是体会所拍摄的当事人的心理变化，从中寻找此时此地的节奏变化，比如我们在节目中经常看到的警察破门而入的瞬间。找到了警察破门之前心理上的节奏，就找到了剪辑的频率、镜头的长短等。二是要准确把握所感受到心理节奏，并将节奏感直接反映在镜头上。

其次是内在节奏感，也就是内容上的节奏把握。从内容上对节奏进行把握，更多地涉及编导对叙事方法和技巧的掌握，以及其能否准确地找到叙事上的关键要素。从内容的意义上来说，判断镜头组接是否合理，更多地要看叙事节奏。所谓叙事节奏，即叙事艺术作品的情节发展与情绪演进中显示出来的轻重、缓急、快慢等有规律的变化。编导需要找到这种变化并在外在的节奏上将其体现出来，所以内

---

① 所谓短镜头，是指在快节奏的段落里每个镜头的长度都比较短，甚至一两秒钟就是一个镜头，切换的频率很高。
② 被拍摄对象的明显动感，是指镜头内部变换节奏的频率很高。

在节奏的把握从某种意义上来说其实是叙事能力的体现，而不是简单的镜头与镜头组接的技术能力。

其实，编辑工作的心态比技术更重要。因为编导需要放松，调动本能，自由地设想被表现对象和观众的心境、心态。很多人都犯过编辑错误，但当时浑然不觉，之后无论是被人点破还是自己悟到，最终一定会发觉自己当时不够敏感，而不够敏感绝不是因为不够聪明，而是被太多的东西所限。编导应该更多地去体会自己的感受，把感性的东西放在第一位，让理性的思考来为感性服务，毕竟电视是一个感性因素多于理性因素的媒体。

第三节　声音编辑方式

电视节目的声音基本包含现场的同期声（环境和采访）、解说词以及音乐音响等。这些声音是电视编导在创作中会碰到的几种常见的声音，而在这几种声音中同期声的部分需要较多的处理，且难度较大。这是因为镜头转换时会涉及同期声的组接，而其他两种声音一般都是在后期合成时才会涉及，因此处理起来相对要容易一些。那么在编辑过程中同期声应该如何处理？要想掌握同期声的处理，首先要对同期声进行分类。同期声一般分为两类：环境背景声和采访同期声。

对于环境背景声的处理，要遵循两个原则。一是声音的连续，尤其是在一个段落和同一场景中。由于镜头拍摄是分段完成的，所以每个镜头的背景声都有可能不一致。如果同一环境中每一个镜头的背景声都不一样，那么在观众看来是不能接受的。因为没有连续性，声音不仅会失去在节目中的作用，还很可能成为一种噪音，影响节目的表达。所以同一场景、同一空间的声音在镜头组接完成之后一般都需要单独处理。二是控制适当的声音使用比例。环境背景声在一般情况下对节目的总体内容只能起到辅助性的、锦上添花的作用。如果镜头到位、表达到位，它可以起到很好的烘托或塑造作用，但如果仅仅依靠环境声，则很难完成表意。

相对来说，采访同期声的处理要复杂一些，要考虑的因素也多得多。因为采访同期声要参与意义表达，而背景同期声往往只参与环境塑造。

目前经常采用的采访方式有三种：第一种是标准采访镜头方式，以被拍摄对象作为镜头的主体，此时谈话的内容是镜头拍摄的第一要素；第二种是行走采访，一般在运动中完成,此时除了要获得被采访者的讲述内容之外,讲述的空间也很重要,镜头要在特定的空间内完成采访的拍摄;第三种是记录中的伴随采访,即镜头以被拍摄对象的时空为依据,此时的采访是在不破坏被拍摄对象活动前提下的一种伴随行为。在这三种采访方式中,编导在处理镜头时是有一定规律可循的,任何形式的语言、声音的记录,在后期编辑中的处理主要有四种情形。

第一,声画同步的镜头处理方式。在这种方式里,如果是一个段落的采访,从被访者的第一句话直到这个段落的采访结束,完全是声画同步的,这类镜头的编辑主要考虑的是内容的连贯,如图6-2所示。

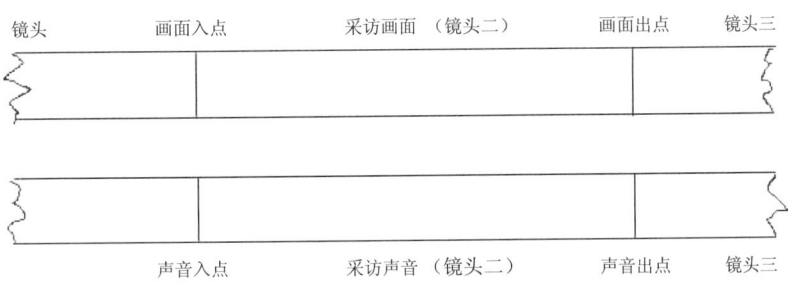

图6-2 声画同步

第二,声画同步—声画分离,或声画分离—声画同步的方式。如果将采访段落一分为二的话,那么一部分是声画同步的,另一部分是声画分离的,只不过前后位置互换,但实质上是同一种类型的处理方式。一种是未见其人先闻其声,即先是声画分离,之后是声画同步,如图6-3所示;另外一种是先见人闻声,然后只闻其声不见其人,与前面一种正好相反,前半部分是声画同步的,后半部分是声画分离的,如图6-4所示。

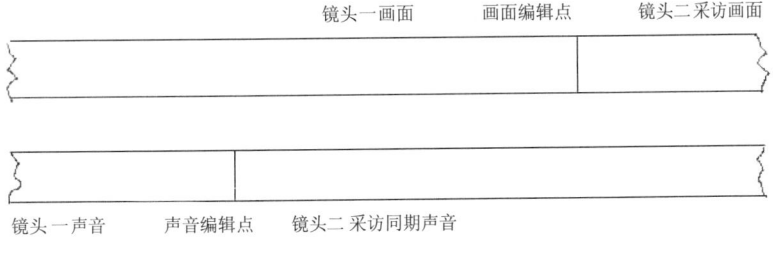

图6-3 声画分离—声画同步

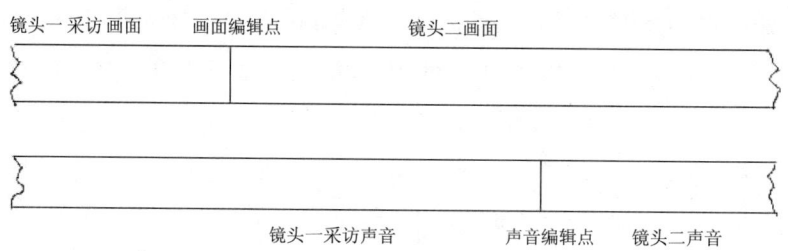

图 6-4 声画同步—声画分离

第三，声画同步—声画分离—声画同步，或声画分离—声画同步—声画分离的方式，这也是同一种处理方式的两种不同变体，一般适用于那些采访段落相对较长，但内容又比较重要的部分。这种方式既考虑了采访内容的完整性，同时又照顾到了镜头的可视性，可以适当加入一些与谈话内容相关的镜头，一方面解决镜头表达单一的问题，另一方面使谈话内容更具体形象，如图 6-5、图 6-6 所示。

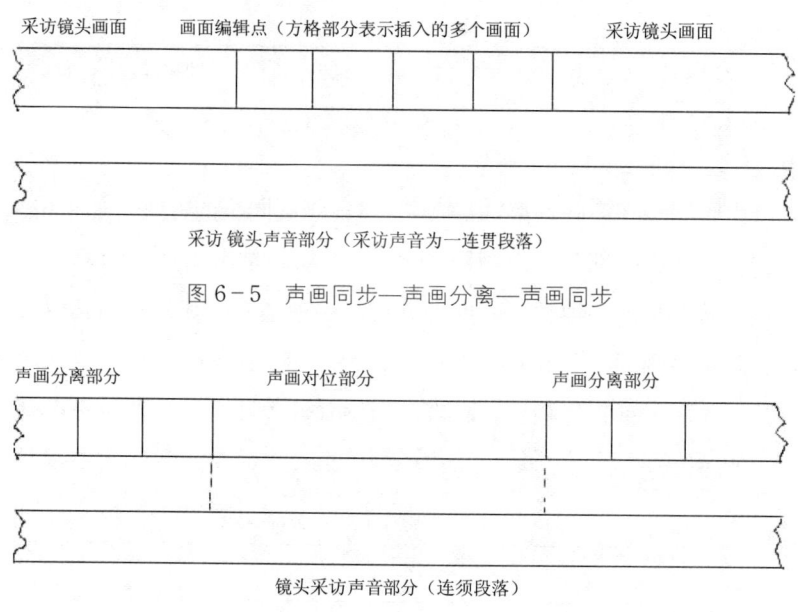

图 6-5 声画同步—声画分离—声画同步

图 6-6 声画分离—声画同步—声画分离

第四，声画完全分离的方式。在整个采访段落里，观众只能听到被访者的声音，看不到被访者的形象，这种处理方式一般不适用于人物第一次出现的采访段落，因为观众对被访者的声音有一个识别的过程。但是如果节目中一开始只能用这样的处理方式，唯一的解决办法就是用解说词专门解释说话者是谁，所以不到万不得已一般不主张将其用在节目的第一个采访段落里。

在所有这些处理方式中,编辑点的确定是一件既简单又复杂的事情。因为编辑声音段落时,首先要考虑声音的完整性,因而所有的编辑点都应该以声音能够完整连续地表达含义为第一目标,在此基础上再来做相应的画面处理。在处理的过程中,有些地方可以根据画面及其他相关因素做适当调整。除了意义的连贯外,语气、语音、语调等都是需要考虑的因素。总的原则是以意义为主体,同时参照画面等其他因素。

第四节 转场方式

一部完整的电视作品是由多个情节段落组成的,而每一个情节段落则由若干个蒙太奇镜头段落(或称蒙太奇句子)组成,每一个蒙太奇镜头段落又由若干个镜头组成。因此,场面的转换首先是镜头之间的转换,同时也包括蒙太奇镜头段落之间的转换和情节段落之间的转换。

为什么需要转场?文字表意中可以用标点符号和段落结构的方式来呈现作者的意图,影像语言中虽然没有直接表意的标点符号和段落结构方式,但有一些手段也可以起到文字语言中标点符号和段落结构的功能,其中转场就是重要的段落结构方式,也是影像语言表意的基本手段之一。转场镜头是指段落转换或场景转换时连接前后的镜头。

对观众来说,场面的转换是视觉心理要求,是心理隔断性和视觉连续性的双重要求。心理隔断性就是要使观众有较明确的段落感,知道上一段内容到这里告一段落,下面开始另一段内容了,不至于让观众对所表达的内容看不出头绪;视觉连续性就是利用造型因素和转场手法,使人在视觉上感到场面与场面之间、段落与段落之间过渡自然、顺畅。既然转场镜头是用来连接前后两个段落或场景的镜头,那么其作用就应该体现在两个方面:一是起到明显的间隔作用,侧重于不同段落之间的变化,让观众能够清晰地感到前一个段落的结束和后一个段落的开始,在段落与段落或场景与场景之间有明显的结束、开始的感觉;二是实现前后段落或场景间的自然转接,使两个不同的段落或场景在转换时依然能够保持视觉上的流畅性,而不会在视觉上出现间断感。

那么在什么条件下需要转场?一般情况下,如果段落与段落或场景与场景间具备了以下条件之一,就要考虑使用转场手段了:一是时间的变化,二是地点的变化,三是情节的变化。

所谓时间的变化,是指前后两个段落或场景表达的时间有明显的断裂感,不是生活中的一个连续时间段,此时就需要让观众把前后两个段落区别开来;地点的变化则是指所表现内容里空间发生了改变,从视觉上能够使观众感到明显的空间转移,所以需要考虑镜头的转场;情节的变化往往都会带来时间和空间的转换,所以情节变化后也需要进行转场处理。

经常使用的转场手段从技术手法上大致可以分为两种:有技巧转场方式和无技巧转场方式。有技巧转场方式更多地侧重于镜头处理过程中对外部技巧的使用,这种外部加入的技巧从获得方式来说有不同的途径,大致可以分为前期拍摄完成的转场方式和后期编辑完成的转场方式。所谓前期拍摄完成的转场方式,是指在前期拍摄过程中利用拍摄中的一些契机给后期转场提供可以使用的技巧,以便在后期编辑中运用,帮助编导完成镜头的转场处理。这种手段更依赖于拍摄人员对镜头处理和后期编导的理解,有赖于在前期拍摄中为后期编辑创造的条件。后期编辑完成的转场方式是指节目后期编辑时运用特技恰当地完成镜头转场,这种手段依赖于后期编辑时人工加入的一些特殊技巧。

是否使用了技术手段是区分有无转场技巧的重要依据,使用了摄像机或编辑机的转场方式称为有技巧转场;反之,完全依靠镜头特征的则称为无技巧转场。

一、有技巧转场方式

有技巧转场一般用于情节段落之间的转换,它强调的是心理隔断性,目的是使观众有较明确的段落感。随着摄像机技术的发展以及电子特技机、非线性编辑系统的不断升级,特技转换的手法也越来越多。

1. 通过摄像机实现的转场

下面所说的这些手段都是在前期拍摄中通过镜头拍摄实现的,它无法通过后期编辑中的某种特技或编辑手段实现;反过来说,如果这些技巧或手段不能在前期拍摄中实现,也就不会出现在电视节目中。这一方面需要拍摄者有较好的后期编辑意识,另一方面需要拍摄者在前期拍摄中抓住拍摄的契机,完成镜头的拍摄,为实现转场提供可能性。主要方式有以下几种:

(1)遮挡

摄像机在拍摄的过程中,镜头被某个物体完全遮挡,此时画面的原有构图完全被改变。由于遮挡的效果可以在视觉上给人很好的结束感,所以可以用作转场的方式。转场时两个相接镜头的主体可以相同,也可以不同。用这种方法转场,能给观众带来较强的视觉冲击,还可以造成悬念,同时也可以使画面的节奏显得更紧凑。如果前后两个画面的主体是同一个,还能使主体本身得到强调和突出。

(2)消失

被拍摄主体由于移动或被某个物体遮挡而消失,此时画面构图不发生改变。由于主体在画面中是自然消失的,所以镜头转换就自然而然地完成了。如果说"遮挡"的技巧是针对镜头而言,那么"消失"技巧则是针对被拍摄主体而言的。

(3)出画入画

主体出入画的瞬间往往可以用来转场。出画与入画的主体既可以是人,也可以是物。出画能够使观众在视觉上感到短暂的停顿,形成一种结束的心理感受,甚至可以造成一定的悬念,而下一个镜头的主体入画则是下一部分的开始,也可以回答出画镜头的悬念。

遮挡、消失、出画入画这三种拍摄技巧,从镜头的使用来说,既可以作为转场的技巧,也可以作为镜头编辑的技巧,所以需要在前期拍摄过程中有意识地组织这一类镜头。

(4)甩

甩作为一种拍摄技巧,是指镜头在拍摄过程中从一个对象快速地摇向另一个对象的过程。由于镜头运动速度较快,所拍摄的内容也因此而变得模糊不清,导致观众看不清镜头里的内容,所以也就无法完成表意,但由于甩的动作类似于人眼突然从一个视觉注意中心向另一个注意中心转移的过程,强调空间的转换及同一时间里相邻的空间所发生的事情,所以甩镜头通常作为一种转场技巧而存在。由于甩镜头有较强烈的动感,所以容易在节奏上引起变化,甩的方向、速度、快慢、长短等都会直接影响镜头之间的关系。

(5)虚焦点

虚焦点是指在镜头拍摄过程中,镜头的焦点从清晰逐渐变为虚化。由于是一个渐变的过程,观众能够清晰地看到镜头的变化过程,视觉从有明确的注意点到逐渐失去注意点,观众的注意力被人为地弱化了,因此虚焦点可以起到表现内容结束的视觉效果,达到转场的目的。

2.后期编辑完成的转场方式

后期编辑过程中,通过编辑设备加入各种特技方式也可以实现转场的效果。

由于后期技术的发展,使用后期编辑设备完成转场的手段要多于镜头拍摄的技巧,目前经常用到的主要有以下四种:

(1)淡出淡入

淡出淡入也称"渐隐渐现"或"隐黑黑起"。淡出是指前一个段落最后一个镜头的画面逐渐暗下去直至黑场,淡入是指后一个段落的第一个镜头从黑场逐渐明亮,直至达到正常画面的亮度。淡出淡入能够给观众视觉和心理上一种间歇、重新开始的感觉,一般用于比较明显的段落转换,表示时间上有一个比较大的中断。淡出与淡入画面处理的长度与情节的发展有一定关系,淡出淡入的速度也会因为节目的节奏不同而不完全一致,节目的情节、情绪、节奏决定着技术处理的长度。淡入淡出的间歇感一般适用于自然段落的转换。

(2)叠化

叠化是指前一个镜头逐渐模糊,直到消失,后一个镜头逐渐清晰,直至完全显现,两个镜头在转换过程中,有几秒钟的重叠、融合。根据内容的需要,叠化的过程可快可慢。叠化具有柔和、自然的特点,一般可用于较为缓慢、柔和的时空转换。

叠化主要有以下四种功能:一是用于时间的转换,表示时间的消逝;二是用于空间的转换,表示空间发生变化;三是用于表现梦境、想象、回忆等插叙、倒叙场合;四是表现景物变幻莫测、琳琅满目。

(3)翻页

翻页是指前一个段落的最后一个镜头像翻书一样翻过去,下一个段落的画面随之被翻出来,画面翻过后则是下一个要表现的场景。由于画面的翻转动作可以使场景转换的间隔作用明确地表现出来,一般多用于内容意义上反差较大的对比性场景,比如前一个场景是被拍摄对象过去的状态,后一个场景是被拍摄对象此时的状态。翻页转场常用于文艺、体育活动等的编辑,表现一个又一个场景的文艺演出、体育赛事等。翻页作为一种特效,是转场的一种常用手段。

(4)静帧

静帧又称为定格,是将画面中运动的主体在需要的位置变成静止状态,产生视觉的停顿,从而强调某一主体形象,或强调某一细节的含义,静帧结束后镜头自然转入下一个场景。这类处理方式比较适用于不同主题段落之间的转换,也就是说它适用于比较大的段落结尾,或用于电视节目的片尾,甚至用于片尾字幕的衬底。由于定格画面是瞬间由动到静,会给观众带来较强的视觉冲击,一般性段落转场不宜多用。

上述技巧都是利用后期特技转场的方式,但这些技巧基本都要根据特技本身的特性约定俗成地使用,在创作过程中创作者需要不断地去了解、积累经验。特技作为一种人为因素,如果能在使用过程中把握合理的度,既让观众从心理上感受到编导转场的意图,同时又不过分注意到特技本身,恐怕才是比较好的使用效果。如果为了特技而加特技,转移了观众对节目内容本身的注意,则是一种得不偿失的做法。

二、无技巧转场方式

无技巧转场是用镜头的自然过渡来连接前后两个段落的方式,这里主要需要使用蒙太奇手法找到镜头与镜头之间的关系,同时找到段落转换的理由,并巧妙地将理由附着到镜头上去。这种方式既强调情节段落转换时的心理隔断性,又能够保证场景转换时的视觉连续性。并不是任何两个镜头之间都能用无技巧转场的方法,应注意寻找合理的转换因素和适当的造型因素。与有技巧转场方式相比较,无技巧转场方式的运用更加注重镜头与镜头之间的关系处理,尤其是非剧情类节目,为了减少人为的痕迹,应该更多地选择这类手段。

1. 相似性转场

相似性转场是指前后两个场景用同一个人物或物体来衔接,用同一个主体转场,可以使转场自然、流畅。同一主体使视觉上具有一定的连贯性。相似性转场分为两种类型:第一类是两个相接镜头中的主体相同,通过主体的运动,摄像机跟随主体移动,从一个场景进入另一个场景,从而完成空间的转换。第二类是前后两个镜头的主体相同,如上一个镜头的主体是被拍摄者在图书馆找书,下一个镜头则是被拍摄者在办公室读书,从而实现时间或者空间的转换。

2. 主观镜头转场

主观镜头是指模拟人物视线关系的镜头。编辑中上一个镜头是主体人物观看的画面,下一个镜头接转主体观看的对象,这就构成了一个视线关系,形成了主观镜头的转场。主观镜头转场是按照前后两镜头之间的逻辑关系来处理的,转场既显得自然,同时也可以引起观众的探究心理。主观镜头主要是要让观众体会到镜头里人物的视线关系,在此基础上才能实现转场。

3. 特写转场

特写转场是转场手法中最常见的一种。在影像表现中,观众能够识别空间是否统一的因素是环境和参照物。特写镜头由于其景别表现面积小，观众难以找到前后镜头之间的参照标准，也就无法判断镜头之间的空间关系，编导正是利用这一点来实现转场的目的。人们有时称特写镜头为"万能镜头"，并不是说特写镜头真的"万能"，而是在很多情况下特写可以起到意想不到的作用。不论上一个段落的结束镜头是什么，下一个镜头都可以从特写开始，这是因为特写镜头能集中人的注意力，即使前后两个镜头的内容不相称，场面突然转换，观众也不至于感觉到太大的视觉跳动。特写镜头能够调动观众的情绪，从而自然地把观众的注意力引导到下一个场面。

4. 逻辑因素转场

逻辑性因素是指前后镜头或段落内容之间有内在的逻辑关系，编辑时利用前后两个镜头之间的因果、呼应等关系来进行场景的转换。例如，前一组画面是山洪暴发、河流决口、洪水冲出大堤，后一组镜头则是村庄被淹，人们正在抢救被洪水围困的群众。因为内容之间存在着比较清晰的逻辑关系，利用这一因素组接镜头，可以使转场符合生活逻辑，场景之间的转换显得自然、流畅。

5. 解说词或同期声

解说词或同期声之所以能够用来转场，是由于语言表达的简洁性和强烈的指向性。利用语言和画面的配合，在语言意义的直接引导下，让观众意识到场景的改变，从而达到转场目的。

6. 空镜头

空镜头是指镜头里没有明确的主体，往往以表现环境，刻画人物情绪、心态为目的。空镜头由于其画面的指向性不强，所以能够减轻两个场景之间的跳跃感，使两个场景之间的界限变得模糊，从而达到转场的目的。运用空镜头转场的方式在影视作品中经常能够看到，特别是在一些老电影中，英雄人物牺牲之后，经常接一些苍松翠柏、高山大海等空镜头，既让观众在情节进入高潮后能够回味作品的情节和意境，又达到了转场的目的。空镜头转场往往会使段落之间有一种明显的间隔效果。

除了上述几种较为常用的无技巧转场方式之外，还有隐喻转场、运动镜头转场、声音转场、两极镜头转场等方式。无论采用哪种无技巧转场方式，都需要编导分析镜头的特征，找到两个镜头之间的关系，同时能够从两个镜头里将段落之间的关系呈现出来。

第五节　解说词的构成

除了极少数的电视节目之外,电视解说词的写作几乎是每个节目都要面临的问题。解说词是电视这种媒体所特有的一种产物。从字面意思来理解,解说词就是指电视节目中用来解释、说明的文字部分。但这种解释说明绝对不是电视节目创作中可有可无的部分,相反它十分重要,而且与一般的文字表达相比,解说词的写作更复杂,因为它涉及与其他因素的搭配。解说词与画面之间的关系既不是补充说明也不是释疑解惑,因为电视节目不是一种单一的表达方式,除了要考虑画面的表意以外,文字本身也要完成表意。电视解说词的写作集中体现了电视书面语言的创作部分,因为在考虑个人表达的同时,还要考虑如何将表达观点附着到一些可见的对象上去。而电视解说词在电视创作中只有极少数是能够完全用创作者自己的书面语言来表达的,即使可以用自己的语言表达,也要考虑与画面搭配之间的关系、与同期声搭配之间的关系。如果在解说词写作的过程中创作者脑子里没有画面感,而是完全按照文字思维的方式来创作,这些解说词可能最终未必能达意。所以说,好的解说词应该是在编辑台上写出来的。退一步讲,即使写作过程不是在编辑台上,写作者也一定得在头脑里有相对应的镜头,解说词的文字写作只是电视创作的一个环节而不是全部,这是电视解说词写作与其他写作的差异。

电视解说词是一种比较特殊的文本,它的特殊性体现在其创作过程是按照书面语言的思维方式来进行,但在表达时却要通过口语作用于观众的听觉,而不像书面语言作用于视觉,所以解说词的写作既不同于一般平面媒体的写作,也不同于一般的口语表达。电影是完全用镜头来表现的,平面媒体是完全用文字来表现的,只有电视媒体可以以第三者甚至当事者的身份介入。如果说有相近的也只有广播稿的书面语言是用来听的,但与电视不一样的是,广播稿在整体上是完整的文字语言表达,不需要考虑其他因素,而电视解说词在电视节目中只占表达的一部分,而且还要考虑与其他表达方式之间的关系。电视解说词写作的特殊性还在于它是以文字的方式创作出来,但其传播过程又不是以文字为载体,而是以声音为载体。所以在进行解说词写作时要考虑到最终传播效果是听觉的,应依据口语表达的特点,不能依据文字传播的特点。意义的表达也要以是否动听为标准,而不是以是否有文采、文字是否华丽等为标准。解说词是用来听的,所以它要朗朗上口,具备口语的语感,但它又不能像纯粹的口语交流那么随意、缺少逻辑,因此解说词需要兼具书面语与口语两种表达方式的特点：表述上需要有文字思维的逻辑和流畅，表达上要有口语的简洁感，要朗朗上口。

正是因为电视解说词具有这些特点，所以在写作过程中创作者首先要解决说什么的问题，既不能去重复画面已经表达过的内容，也不能对画面的表达不管不顾，造成声画两张皮，更不能无话可说。从一般原则上来说，电视解说词的构成主要有三个部分：

第一，为拍摄节目所收集的相关资料。古语说：知己知彼，百战不殆。在电视创作中，同样适用这个道理。解说词写作之前最重要的准备工作就是创作者对资料的收集和了解。这里所说的资料包含几个方面：一是现有的文字资料，包括书本、报纸杂志、网络文章等。凡是能够收集到的文字资料，都可以纳入资料范畴内，而对资料的获取是创作者充分了解被拍摄对象的前提。节目创作者对被拍摄对象的了解与否直接决定了其能否分析对方的性格特征、兴趣爱好等，以至于影响创作者对叙事的建立。如果对材料掌握得不充分，就很难对被拍摄对象做分析，也就很难找到解说词要表达的内容。二是相关的语言资料，尤其是那些在拍摄过程中从各个渠道获得的口头资料。比如在拍摄地听到且经过核实的与被拍摄内容相关的情况。这些内容有可能在当地已有文字记载，也有可能只是当地的一种流传，但这种流传可能不是那种毫无根据的传说，而是查有实据的，比如很多地方都对当地的天气、地理情况有民间的说法，而且往往是文字资料里收集不到，外界也不知晓的。这类资料用到节目中去，无疑会增加节目的信息量。

第二，已拍摄到但在节目中未使用的内容。除了在拍摄前收集到的信息外，还有一种容易被节目创作者忽视的内容，就是拍摄的采访素材。由于电视节目的特殊性，被拍摄对象的采访素材往往并不能全部使用，大量的采访内容可能最终被抛弃了。之所以被抛弃，有的是由于被访者的表述问题，有的是由于节目容量的问题，有的则是由于拍摄中的技术问题等等。无论是哪个原因，对于创作者来说，重要的是能够有效地使用这些在前期拍摄中辛苦获得却未在节目中使用的材料，它们是创作者获得有用信息的一种重要资源。关键是编导要善于发现，弄清楚哪些是有用的，哪些是没有意义的。惯常的经验是，被拍摄者对细节的描述往往能够成为节目里同期声的部分，而总结、概括性的语言往往能够成为解说词的内容。关键是编导要能够将别人的表达转换为自己的语言，甚至包括一些细节性的描述，其核心是保留其信息，用创作者自己的语言方式表达出来。

第三，画外信息，即那些在拍摄现场由于某些原因没有拍摄到，或能感受到但却无法拍摄的内容。所谓没有拍摄到的内容，是指本来可以用来表现节目细节，但由于拍摄时机掌握不当或设备问题，以及编导对拍摄现场处置不当等原因而没有拍摄到的内容。所谓能够感受得到但无法拍摄的内容，是指生活中那些只能用文字或口头语言描述出来，而且对节目起着举足轻重的作用，但镜头在一般拍摄方式下无法拍摄到的内容，比如空气中弥漫着硝烟、尘土的味道等情形。之所以把这一类内容称为画外信息，是因为观众在镜头里不能直观感受到，但通过生活经历能够想象到，因此这也是解说词创作的一个重要方面。

以上构成部分一般适用于以非剧情类节目为主的电视纪实类或纪录片类节目的解说词写作。初学者在写作解说词时往往有不知如何下手的感觉，这是因为每一个节目的解说词写作范围都很宽泛，似乎从哪里都可以下手。通过以上分析，我们可以找到解说词写作的大体范围和写作方向。

除此之外，在解说词的写作中，如何对已经掌握的这些材料进行整合，是电视创作者面临的又一个问题。如果说前面是为了解决说什么，那么紧接着必须要解决的一个问题就是怎么说。电视解说词不是一篇独立的文章，它要考虑到其与画面之间的关系，既不能去重复画面已经表达的内容，又不能游离得太远，否则就会导致声画两张皮。那么到底如何把握这个分寸？一个原则就是要处理好背景与叙事主体之间的关系。经常有人将背景知识当主体讲，把故事主体当背景知识说，造成叙事不集中甚至混乱。所以，除了要分清楚什么是背景知识、什么是叙事主体外，还要尽可能地将背景知识融入被拍摄主体的活动中去，通过被拍摄主体将这些背景知识表达出来。这样做不仅可以避免声画两张皮的感觉，而且还能增加被拍摄主体的立体感。

所谓的立体感，是指把画面、解说、音乐等元素加在一起之后形成一个有机的整体。在纪实类节目中，难免要涉及被拍摄主体的活动，主体的活动具备比较明显的动感和流程感，也往往更容易引起拍摄者的注意。初学者往往容易将过多的精力放在对主体活动的关注上，因而解说词也会被大量放在此处，结果难免给人一种介绍性文字的感觉，这是节目创作中的一大忌。

寻找关联是编导的一个基本能力，这里的关联一是体现在话语与话语之间，二是体现在话语与画面之间。

寻找这种关联的过程，直接体现了创作者的解说词写作能力。能写好散文、记叙文、议论文的编导并不一定就能写出好的电视解说词。电视解说词与文字作品的最大区别就在于其被接受的方式，解说词是用来听的，而一般文章则是用来阅读的,这一听一看之间就存在着较大的区别。以下是一段解说词写作的实例,这个例子展示了从原始材料到电视解说词之间的变化,通过它我们可以大致体会电视解说词中"听"和"看"的差异。

【原始文本】卫星遥感图像显示,以多伦县为中心,有一环形影像——多伦环,该环十分完整、清晰、美观、宏大,直径达60—80公里,已引起国内外地质学家的关注:是陨石坑吗?或是地质构造行迹?还是外星人的杰作?

【解说词第一稿】这是以内蒙古锡林郭勒盟多伦县为中心,通过卫星遥感拍摄的图片,红色的是植被,黑色的是水体,白色的是沙地。从图片上我们可以清晰地看出,环绕着多伦的是一个巨大的环形影像,直径达80公里,人们叫它多伦环。神秘的多伦环引起了国内外专家的关注。是陨石坑吗,或是地质构造行迹,还是外星人的杰作。

【解说词定稿】这是一张通过遥感卫星拍摄的照片,照片拍摄的中心区域是内蒙古锡林郭勒盟多伦县,从图片上可以清晰地看出一个巨大的环形影像,而它的直径竟达80公里,正好把多伦的大部分区域环抱在中间,专家们便把它叫做多伦环。对于多伦环的成因,至今专家们尚无定论,但围绕着这个巨大的多伦环的研究和猜想却从来没有停止过。

以上三段要表达的内容基本一致,但针对同样内容的三种不同表达,体现了文字材料和电视解说词之间"看"和"听"的差异。

原始文本只提供信息,不考虑其他因素。而电视节目作者在通过这些材料进行第一稿的解说词创作时,更多的只是对画面的描述,或者说是对该照片的描述,这种描述只是从说法上进行了修改,并没有完成从"看"到"听"的转换。相对于前两段,第三段出现了叙事的主体即照片。这时的解说词创作不仅把照片当作一个叙事载体,同时也从照片里发现了问题。解说主题清晰,逻辑推理性强,让观众围绕着这张照片进行思考,同时在推理的过程中又附带了其他相关信息,使材料转化之后有了叙事感。

观众希望看到的是节目所传递的内容以及由此带来的思考,而不是简单地被告知这里有什么、那里有什么,他们更希望知道的是为什么这里有这个、那里有那个。镜头不能仅仅满足于展示有什么,那是电视发展初期所解决的问题。要想形成节目的立体感,需要将节目的每一个元素看成材料的一部分,而不能让解说词变成一段段独立的文字和内容。即使是背景资料,也要将资料里的内容融入节目的被拍摄主体中,而不能将背景与被拍摄主体的活动等同起来,或者将被拍摄主体与背景的关系颠倒。背景就是背景,不能喧宾夺主,把背景当成节目的主体是节目创作中的失误。

了解了电视解说词写作的内容主体之后,我们知道,写作过程中要考虑以下几个方面:

一是解说词与画面之间的关系。电视解说词难就难在它不是表达意义的唯一元素,所以不能简单地对电视画面进行描述。观众通过视觉和听觉共同来接受信息,所以如果只对画面进行简单的描述,就会使观众觉得信息量不够,从而导致节目张力不够。因为观众的视觉已经几乎接受了全部信息,此时听觉接收到的信息就变成了冗余信息,如果这种冗余信息太多,必然导致观众对节目失去耐心。一般情况下,视觉的冲击力显然要比听觉的冲击力强,因此如果用解说词去重复画面的内容,显然是以己之短去搏人之长,费力不讨好。那么应当如何避免这种情况呢?在找到解说词与画面之间的关系之后,解说词应该尽可能地去延伸画面的信息,或者说应该传递更多的画外信息。这样既能避免对画面信息的重复,也能消除声画两张皮的现象,所以,在解说词的写作过程中要考虑如何用不同的元素和手段去分散观众的注意力。

当然,这里的重点在于如何找到解说词与画面之间的关系,使解说词表达的内容一部分与画面有关系,另一部分在此基础上做适当的延伸,毕竟解说词里有相当一部分内容是观众在画面里看不到的。

二是解说词之间的相互关系。解说词的内容不是简单的、描述性的,而需要包含更多的背景知识,但这种背景知识又不能整段出现在节目中,而要融入节目所拍摄的人或事件中去,能够在历史、过去和现实之间建立起比较良好的关系,从而增加节目的厚度。而且解说词之间的逻辑关系必须清楚,经得起推敲。每一段解说词的表述逻辑要清晰,意思要一层一层地说,而不是把所有的内容拢在一起同时往外倒,要找到每一层内容之间的关联性,层与层之间要扣得紧。分析清楚了表达内容的逻辑关系,也就不容易出现眉毛胡子一把抓的局面。

三是解说词与同期声之间的关系。解说词与同期声之间要考虑的有两点。一是叙述逻辑关系。电视节目里解说词与同期声是两种不同的表达方式,但为了节奏的需要,更多时候它们往往交替出现,在交替转换的过程中,虽然表现方式变了,但叙述逻辑关系并不能因此而中断。二是编辑点的恰当衔接,找准语言的编辑点,以使这两种不同表现方式无论是语气还是语言都能够流畅地衔接。

四是解说词的用词是否贴切、准确,表达方式是否和节目类型一致。贴切、准确是指语言与环境、氛围、人物的身份等吻合,表达方式也要随着对象的变化而变化。这里比较容易出现的问题是用词大、不准确等,例如表述一个病人去看病,当病人拿到诊断结论时,如果解说词里出现"命运的判决"之类的词语,显然就有些不合时宜了。

案例分析

片例一:《蛇类奇观》开篇六个镜头

(http://xidong.net/File001/File_43266.html)

蛇类奇观

"镜头成组,声音成段"是编辑的一个基本思路

《蛇类奇观》的前六个镜头从大全景到大特写,表现了皮尔斯蛇生活的环境以及其捕捉老鼠的过程。这六个镜头能够清晰地展现作者的镜头组意识以及蒙太奇句式结构。对于展示生活原生态的非剧情类节目,"镜头组"应该分两个阶段完成:一是前期拍摄时使镜头成组,也就是说,拍摄者要在前期拍摄中建立起后期编辑意识;二是后期编辑时将镜头成组地编辑,使解说词与画面、画面与画面的组接建立起相应的逻辑性和关联性,同时在镜头组接上还要考虑叙事逻辑。

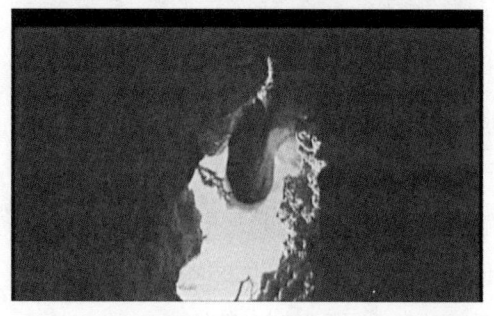

(1)镜头成组编辑:什么是组?从数量上讲,三个以上即为组。这里不仅要考虑数量,还需要考虑镜头的景别关系以及内容关系等。重要的是要有"镜头组"表意的意识,而不是为了简单地满足数量上的要求。

(2)声音(尤其是背景声)成段使用:如何编辑处理声音是面临的另一个重要问题。为了保证声画流畅,背景声、环境声在编辑中应该尽可能地成段使用。比如将一个表意段落里的四个镜头编辑在一起时,应该尽可能地保证这四个镜头的环境背景声是连贯的。既可以选取其中一个镜头的声音作为环境声,也可以选用与这个环境相符的其他未使用镜头的环境声。

片例二:《壁画后面的故事》照片镜头段落

(http://v.iqilu.com/2011/10/13/3682824.shtml)

壁画后面的故事

镜头顺序影响意义的表达

在节目开始不久,创作者使用了一组老师带领学生在画室里制作贺年卡和照片的镜头,以此来表现学生陶先勇和老师刘玉安的关系。

这里,照片镜头的组接体现了两方面的问题:一是观众的识别问题。观众需要知道电视屏幕上所讲述的人物是谁。如果识别出现问题,势必会造成对节目内容理解的偏差。这一组照片镜头的组接使用了较为简单的处理方式。二是如何让镜头组接产生"1+1>2"的效果。如果把前面的几张全景镜头的照片换成陶先勇的特写镜头照片并无不妥,所以这里就存在镜头组接的顺序问题了。让镜头产生新的含义是每一次镜头组接中都必须努力做到的,《壁画后面的故事》这个段落如果如此处理,不仅能让观众感受到陶先勇对生命和生活的热爱,还能起到推进情节的作用。当陶先勇发现自己身患骨癌,开始与疾病抗争时,老师刘玉安重新走入了他的生活,这无疑给人们留下了悬念,也使故事的可视性在这种冲突中很好地体现了出来。

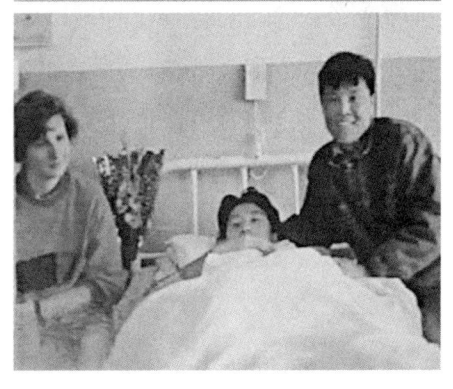

这组照片和贺年卡的镜头在开始时有叙事作用,之后进入情绪铺垫和情绪抒发阶段,镜头节奏可以适当再放缓慢一些。镜头编辑节奏的放缓可以让每一个镜头变长,甚至加长单个镜头的长度并加以叠画处理,这样更能与人物的心理情绪相吻合。学生与老师的感情,带着一种舒缓、凝重的情绪,所以让节奏慢下来应该更能体现当事人的内心状态。

除此之外，这组照片镜头使用的拍摄技巧也可再斟酌。推、拉、摇、移虽然是常用的拍摄技巧，但这些带有主观色彩的拍摄方式还是应该慎用。使用拍摄技巧是为了让观众清晰地感觉到拍摄者的目的，否则就失去了如此使用的意义。本片在推、拉、摇、移略显多余的同时，特写镜头的使用反而有些不足，一组陶先勇照片的镜头如果能有主次之分，可能会更容易完成意义的表达。

片例三：《史前部落的最后瞬间》孩子们玩滚铁环段落

巧合的设置要有事实上的依据，不能随便杜撰或随意设置

在这个段落之前，考古专家们在喇家村的考古即将结束，此时解说词说道："因此，在他们的日常安排中，喇家村即将成为过去。然而恰恰在这个时候，另外一件事情牢牢地拽住了他们的脚步。"这个"恰恰"正是节目惯常使用的手段，即巧合的设置。巧合的设置在节目编辑中是一种很常见的现象，但有一个基本原则：就是要找到事实上的依据，不能根据编导自己的需要随便杜撰或设置，即使片子结构需要，也一定要使这个巧合设置符合生活逻辑。巧合是指恰好吻合、正巧一致，它的本意是指生活中发生的一些偶然性事情，而不是常态性的。所以，电视节目中这个偶然性如果没有设置好，就极有可能让观众认为是编导杜撰出来的，而不是源自生活中的偶然。电视节目中设置巧合的一个重要原因是为了制造出一定的矛盾冲突，找到符合生活逻辑的"意外"，以此来增强节目的故事性。如果所有事情都在预料之中，节目的冲突感和故事性必然会降低。所谓的意外，是指观众按照正常的逻辑推理无法获得的结果。有了意外，就有了矛盾或悬念，可以推进故事的发展。在这个片段里，考古专家们原本是要离开喇家村的，但另一件事情却改变了这个进程：专家们回到村

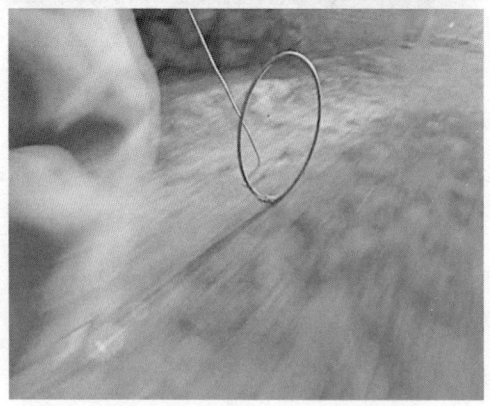

子考察时,正好听到那些看着孩子们滚铁环的老人无意中说出了一个事实,"他们小时候也玩滚铁环,不同的是他们滚的不是真正的铁环,而是从乡间野地里捡来的一些石盘子"。这里,创作者连续设置了两个巧合:一是专家们准备离开喇家村,但一件事情让他们改变了行程;二是孩子们玩滚

铁环,老人们小时候也玩滚铁环,但不同的是老人们的环不是铁的,而是一些石盘子。这个叙述段落如果是专家组在考古时的真实经历,那么就是生活中的巧合;如果不完全是生活中的巧合,那么就是该节目的编导设置的巧合。这里,考古专家们没有按原计划离开喇家村的原因是由于他们发现了老人们小时候滚铁环的事实。无论是编导的设置还是真实的事件,由于这个巧合的设置符合逻辑,所以考古专家们不离开喇家村是合情合理的。

片例四:《复活的军团》

(http://jishi.cntv.cn/C19419/videopage/index.shtml)

复活的军团

节目中唱词字幕的出法

电视节目里的字幕大约有三类:第一类是唱词字幕,第二类是人名字幕,第三类是片名字幕。

唱词字幕的主要目的是为了让被访者的语言信息更准确清楚。从字幕的出现方式来说,首先考虑唱词字幕的字体、字号,还有位置、速度等。从接受信息的角度来说,唱词字幕还需注意以下四个方面:

(1)信息的准确性。既然唱词字幕是为了保证说话者的信息的准确性,那么在文字信息上就应该尽量准确地保留说话者的原意,不得修改或增减。

(2)字体、字号及颜色等。虽然在这方面每个电视台和栏目都有自己的规定和要求,但大多数要求都是在考虑了受众的接受习惯以后约定俗成的。这里既要考虑字幕的美感,也要考虑字幕与画面的搭配。

(3)唱词字幕的留屏时间。如果说唱词字幕是为了便于观众准确地了解信息,那么每一屏字幕字数的多少和留屏时间的长短便会影响信息的接收。

(4)断句问题。由于唱词字幕一般不带标点符号,所以断句的方式可能会直接影响观众接受信息的程度。一般情况下,唱词字幕以意群为断句的依据。需要注意的是,一般不宜把一个完整的词或意群分隔在两屏。

人名字幕与片名字幕在电视栏目里的呈现方式一般是比较固定的,是经过专门设计后定版的,改动不大,而在个人作品里则相对比较自由,但字幕的位置、美感等都是需要进行统筹考虑的。

片例五:《舌尖上的中国》诺邓火腿与嘉鱼挖莲藕段落的衔接

(http://www.zei8.net/txt/17/20120913/31463.html)

舌尖上的中国

转场的处理

《舌尖上的中国》第一集《自然的馈赠》中,从制作诺邓火腿到湖北嘉鱼挖莲藕的段落利用了环境的相似和解说词的过渡双重手段来完成转场。这里,编导巧妙地利用了老黄父子制作火腿的环境与湖北嘉鱼莲藕生长的地方的相似性。由于编导选用了两个环境中极为相似的镜头,使得前后两个场景的过渡较为自然。同时解说词说道:"海拔1800米的河谷渐渐温润起来,从现在起,上千条诺邓火腿开始长霉,这种霉菌即将伴随着火腿深度发酵,藏匿在深山里的美味,正在慢慢生成。"而这个慢慢生成的环境就自然地使用了环境空镜头,为下一个段落空镜头的出现做了较好的铺垫。"10月,长江中游的两湖平原进入秋季,湖北省内临近长江的湖泊水位开始逐渐下降,这个自然的规律,使得人们有机会接近湖底的世界……"《舌尖上的中国》里多处使用了这种转场的方式。如果说这里是以解说和空镜头来完成转场的,那么《幼儿园》里孩子们周末准备回家的段落则完全是用现场同期声来完成转场的。画面里,一个小男孩与一个小女孩正在窗边玩耍,小男孩非常兴奋地对小女孩说:"今天星期四,明天就星期五了。"同期声结束,镜头接幼儿园大门打开,等候孩子的家长们鱼贯进入幼儿园。这里由于语言的指向性和清楚的时间转换信息,自然而然地实现了转场。由于转场手法比较多,这里不再一一列举,我们应在实践中不断地去体会。

思考题

1. 如何理解电视编辑中的"熟悉素材"?
2. 编辑点包含哪些种类?
3. 情绪编辑点的处理应该注意什么?
4. 语言段落的编辑方式有哪几种?
5. 解说词写作的主要构成部分有哪些?

第七章　声音的编辑

知识要点

　　声音作为电视节目的重要元素，要求节目创作者具有良好的声音意识，而不是一种可有可无的元素。作为节目内容呈现的重要方式，语言记录是电视节目声音的重要组成部分，本章将重点讨论语言记录中的三种主要形态及其编辑方式。

　　作为电视的重要表现手段之一，声音在很长一段时间内一直处于电视节目中的配角地位，并被认为是用来为画面服务的，所以创作中对声音重视不够，尤其是着力表现生活原生态的非剧情类节目，对声音的重视度更是低于其他类型的节目。这一点不仅体现在节目的最终创作上，也体现在设备的配备上：与其他节目有较大的差距。

第一节　声音的呈现方式

　　电视中声音的呈现形式不外乎同期声、解说、音乐及动效。按来源区分，声音基本上分为两类：一类源于前期拍摄中的现场录制，一类源于后期编辑过程中的录制或添加。从表达来说，同期声与解说词能够参与节目的表达或内容的传递，而音乐与动效虽说也是为了内容的传递，但更多的是为了获得某种效果或情绪。从声源来说，同期声来自生活，是利用镜头的记录特性而拾取的生活中能够用来表达意义的声音，是电视节目里一种重要的表意手段。其他三类声音都是为电视节目而特意添加的。因此，无论是在音质上还是在表达意义的准确性上，同期声在大多数时候与解说词、音乐、动效等并不完全一致。同期声的采录由于受环境、技术等的限制，往往很难做到音质的完美，同时也很难做到表意完全准确。同期声有两类：

一类是被拍摄人物的说话声,另外一类是拍摄地周围的环境声。被拍摄人物的话语由于语言组织是即兴的,表达上自然无法像解说词那样精准,所以显得比较随意,逻辑性和语言的精练程度都会受到影响,因而也就很难做到完全准确。

1. 同期声

同期声分为语言声与环境声两种。语言同期声一般要加到节目的表意中去,所以通常能够引起拍摄者的重视。语言表达是电视表达过程中的一个重要表意手段,无论这种声音是以采访的形式还是以客观记录的方式呈现,创作者对这类声音的拾取都会投入得相对多一些。在拾取这类声音时,重要的是判断哪些内容与节目表意有关、哪些无关。这种判断力至关重要,它是创作者对节目的把握能力、人际交往能力、节目的拍摄经验等因素的综合体现。环境同期声在许多电视节目中经常被忽视,这与许多创作者对声音的作用或功能了解得不是十分透彻有关,他们认为这些不直接参与内容表达的声音可有可无,与其花时间去录制这些作用不大的嘈杂背景声,还不如去做些别的工作,于是便出现了只重视语言声音的记录而忽视其他声音的拾取的现象。之所以出现这样的问题,除了过去多年我国影视创作中对声音的认识存在某些误区之外,还有一个重要的原因,就是创作中没有建立"声音意识"。许多创作者并没有将声的作用提高到创作的高度,尤其是那些语言以外的声音。

2. 解说词

一般情况下,由于解说词直接参与意义的表达,所以大多数创作者对解说词的重视度是足够的,需要解决的是解说词的写作水平问题。编辑时更多的是要考虑解说词是否能够很好地表达所要表现的内容,解说者的风格、语速、音质等也是判断解说词是否符合节目要求的标准。后期编辑时有两个问题需要考虑:一是每个段落的解说词与其前后部分的衔接,二是表达形式上的变化。

首先,解说词在多数情况下是与同期声相匹配的,内容匹配与否不完全由写作能力决定,因为这需要在两种甚至更多种形式中做选择。解说词不是完整的表意,而是段落的表意,解说词往往不是一个完整的内容表达,所以段落与段落之间也不应该是完整的逻辑关系,中间还穿插有其他表达形式。除了与同期声相匹配这种最常用的方式,解说词还有可能与电视表意中的其他任何形式相连接,所以解说词的匹配不是单纯的文字与文字的逻辑连接。其次,电视解说词以文字方式创作,以听觉方式传播,这种匹配除了要求意义表达顺延之外,还要考虑前后的语气、语调等,虽然前后声音可能不是出自同一个人,但意义和表达的整体连贯感却是很重要的。

解说词的表达还有一个很重要的特征,解说词在多数情况下都以"停顿"的方式来转折,所以在解说词的写作过程中应尽量少用转折连接词。电视节目主要通过画面的承上启下来完成意义的表达,所以解说词一句句连起来可能读不懂,但如果结合画面能够看懂,解说词就是合适的。解说词并不是一篇文章,因此在编辑过程中可以按照一定的视觉逻辑打乱书面语的逻辑。

3. 动效声

动效在电视节目中并不多见,但其作用却不可忽视,因为一些重要或关键的地方往往需要出现动效,加上动效之后的镜头表达会有一种画龙点睛的感觉,所以无论是在前期录制还是在后期编辑过程中,动效都能作为一种呈现手段。

4. 音乐

由于电视节目的制作成本、创作周期以及栏目化等特点,音乐使用目前还处于相对初级的阶段。大多数节目中要么没有音乐,要么是利用作为声音元素之一的现有音乐配乐。不仅如此,编导有时是为了配乐而配乐,并没有将节目内容分析清楚,甚至对音乐本身所表达的含义也了解得不准确。而实际上,音乐更多的是用来表达情绪的,因此有必要弄清楚情绪在什么时候出现、所要表现的情绪点是什么样的。音乐加入的时机与情绪铺垫有关,加入时要有铺垫,铺垫时要到位且与情绪点相吻合。音乐结束时,也要找到情绪的落点,不是戛然而止。音乐与画面的动作、节奏之间的关系也是需要考虑的,音乐一旦录制好便无法更改,所以画面里的动作、节奏要去适应音乐的节奏,而不是编好画面让音乐去适应画面的节奏。

第二节 建立良好的声音意识

电视是声画的艺术,这是很多人时常挂在嘴边的一句话,但遗憾的是,直到今天,很多时候电视创作仍旧只是画面创作,声音在节目中似乎可有可无,甚至经常看到拍摄的素材里除了采访镜头中有声音之外,其他镜头中都是寂静无声的——拍摄时连拾音开关都没有打开,如何谈得上把声音作为一种创作元素来考虑呢?要建立起比较敏锐的声音意识,需要认识到以下两点:

1. 声音可以用来表达内容

在电视节目中采访是一个重要环节,所有可以用语言表达的部分都能成为节目表达的内容，相对来说，这一部分是电视创作中比较容易获得的部分。通过声音表现的部分有采访、纪实的话语声等，以话语的获得为主。从采访的意义来说，由于电视采访需要根据拍摄者的意图而展开，所以采访其实是一种摆拍。除了目前极少数突袭式的采访或暗访外，大多数节目采访何时发生、在什么地方发生、被访者是谁，甚至大体要谈什么内容等，很多都是提前预知的，不带有突然性。此时创作者要获得两个内容：一是被访者的状态，二是被访者所表达的内容。电视采访所获得的内容是比较独特的，除了被访者的口语表达外，还包括与之有关的环境状况，以及其表达时的话语、神态等。观众从一个采访里获得的除了话语内容之外，还有许多负载在话语上的信息，这些内容的重要性可能不亚于话语本身，但它们不能通过镜头单独获得。与采访类似的纪实段落中的话语也具备这种特点。对于非常正式的采访，创作者一般比较在意拾音，比如环境是否适合、周围是否有干扰声等，但对于纪实声音的拾取则未必如采访那样重视，甚至拍摄者自己的闲聊、不适宜的环境声等偶尔也会被记录下来。

2.声音可以用来塑造人物、环境、形象等

由于被访者的语言一般直接参与意义的表达，因此创作者会注意语言表达的录制技术，但对于那些表面看起来不直接参与意义表达的环境声、效果声等却容易忽视。常见的一种情形是：摄影师在拍摄空镜头，附近有人在大声聊天，甚至摄制组的人也参与到这种破坏环境声的闲聊之中。结果在后期编辑时发现了某个很好的镜头，却因为环境声的混入而不能用，于是不得不对声音做处理。科学表明，人类大部分靠视觉获得信息，而听觉是仅次于视觉的渠道，所以声音传递信息的功能不应在前期拍摄中被忽略。

基于以上两个方面的原因，编导在前期拍摄中应有强烈的声音意识，在思考每个场景镜头的同时，要全面思考每个镜头的声音构成。电视既然是一个声画共同表达的媒体，而且声音和画面的创作在很多时候是同步进行的，所以拍摄、编辑中的每一个镜头都要进行全方位的考虑，而不是以画面为主，偶尔才照顾到声音的录制。前期创作过程中的声音意识会直接影响最终的结果。

前期拍摄中有这样几个问题需要注意：

(1)采访时是否带了采访话筒及话筒线，设备是否处于良好的工作状态。话筒的拾音特性决定了其拾音有一定的技术要求，简单地说，话筒拾音要在一定的距离范围之内。拍摄时，不同的对象、环境、内容可能导致摄像机与被拍摄者的距离不一样，如果是很贴近的拍摄，摄像机的随机话筒即可记录下被拍摄者的声音；但如果摄像机与其达到了一定的距离,声音是否清楚就另当别论了。这还不包括被访者可能有时会改变说话的姿势和方向。由于声音具有直线传播的特点,如果说话者改变了与话筒之间的角度,就会使声音的大小、清晰度发生变化;如果角度改变过大,甚至会出现声音丢失的现象。

(2)拍摄镜头时,周围的人是否在大声喧哗。尤其在拍摄空镜头时,这一点尤为重要。要记住,凡是摄像机拾音范围内的杂音都应该尽可能地去掉,编导要维护拍摄场景声音的"干净",尽可能地录制良好的环境声。

(3)对周围的环境声是否有准确的判断,哪些会干扰拍摄、哪些可以容忍、哪些要调整之后才可以成为拍摄内容的一部分。比如在一个村子里拍摄纪实段落,村民们养了狗,这些狗在见到陌生人时会狂吠,很可能会干扰拍摄,摄制组如何处理这种情况?此时如果要记录声音,要么避开这些狗,要么让狗吠变为一种合理的声源。

(4)有明确的声音创作意识。在一些比较特殊的环境中,编导和摄影师要有强烈的声音创作意识,在考虑镜头画面的同时,也要考虑声音。人们往往会刻意为镜头画面留下拍摄的时间和空间,但是否为声音留下了拍摄空间,是否有意识地记录下了那些能够反映环境的声音,或者进入一个空间后能否及时、敏锐地观察到哪些声音是代表这个空间的典型声音,也是值得注意的。这是一个判断加识别的过程,当然这种判断是建立在对影视语言的认知基础之上的,同时创作者的经验也会对判断起到相应的作用。对于那些不用对口型但又特别能够表现当地地理环境的声音,编导和摄像师应该在尚未打开镜头盖的时候就抢录下来。比如在拍摄一个城市的空镜头时,城市里的钟楼恰好遇到整点报时,摄制组能否及时录下声音?一些海滨城市有轮船的汽笛声,能否将这些声音录制下来?这就要求编导和摄像必须要有声音创作的意识,缺乏这种意识将会导致许多创作先天不足。

建立起良好的"声音意识"是比较重要的,而要建立这种意识,除了创作本身以外,创作者对自己手中"武器"性能的了解也是一个必不可少的环节。

第三节　记录话语的三种形态

电视节目中的声音有很多种,话语的表达是电视声音表达里比较常用的一种方式,处理好话语表达也就掌握了电视声音处理中很重要的一部分。语言往往直接参与意义的表达,所以电视节目如何对话语进行选择,并不是一件十分容易的事情。对于电视编导来说,话语表达是节目创作中必须思考的问题。电视节目中那些来自生活原生态的非剧情类节目,由于随时可能发生变化,由于拍摄过程中存在各种技术难题,从而给话语声音的拾取造成了较大的难题。由于被拍摄对象可能处于任何时间、任何空间,所以这些时间和空间有的符合电视声音拾取的要求,有的则可能根本不适合电视声音的拾取。但电视编导并不能因为声音拾取条件不佳就放弃对内容的表现。同时,由于非剧情类节目来自生活原生态,拍摄过程中又不可能使用剧情片的拍摄方式,所以技术条件可能与剧情片有一定的差距,但观众却并不会因为这种差距而降低对声音质量的要求。那么电视节目中话语部分都会以哪些形态出现呢?弄清楚这个问题,对话语的拾取和编辑都有好处。

  第一类是标准采访镜头的方式。在这种形式里,话语内容是表现的主体。画面是标准的胸部以上构图的采访镜头模式,辅以一些辅助镜头,只是采访环境可能会随着内容的变换而变换,拍摄角度也会因为内容、编导或摄像的喜好而发生改变。这类采访的格式比较固定,形式也相对单一。稍加分析我们就会发现,这部分镜头里观众要获得的主体内容来自被拍摄者的话语表达,辅之以一些动作、表情、情绪等。拍摄的组织方式以拍摄者为主体,即拍摄活动、地点等由拍摄者决定,拍摄对象、时间、方式、内容等都由拍摄者进行清晰的组织。此时拍摄部分与前后衔接部分的时空关系也要在拍摄前思考清楚,并能够将其组织进拍摄过程中。整个拍摄活动对于非剧情类节目来说是典型的"摆拍"方式,构图完整规范、声音清晰、环境适中,全部接近摆拍。影像和声音采制要获得令人满意的效果,观赏的过程才能给人以视觉和听觉的愉悦,甚至可以说观众不容许拍摄者有技术失误。整个拍摄过程中采访者与被采访者"交流"、"较量"的过程恰恰是表达的主体部分,交流的目的是获得第一手的独家内容,但在获得这些内容的过程中也要适当地考虑被拍摄者表达时的语气、神态等辅助内容。

  总体来说,这类采访的环境分为两种:一种是比较随意的采访环境,根据被采访者、采访内容临时确定采访地点;另一种是无论采访地点如何变化、被采访者所说的内容是什么,采访背景基本上是一种风格。这种方式大多数是摄制组根据节目风格或节目内容特制的,采访背景本身就是一种标志。这类镜头中对声音的处理只考虑内容连贯与否即可,镜头本身的处理方式并不多。当然,内容的连贯也要考虑叙述者的语气、语调等,以及与画面相关的声音接点镜头的处理,比如反打和相关的小镜头等。

第二类是行走采访的方式。这种形式是指记录那些发生在过去的事件时,为了还原某些现场或现场气氛,需要当事人到事发现场去回述当时的某些细节的一种惯常采用的拍摄方式。这种方式的最大优势在于能够让观众在某种程度上"目击"当时的情景,但这种目击的内容十分有限,要利用画面来展现空间,部分需要通过目击者的讲述来弥补当时当地发生的一切。所以被采访对象一般是直接目击者,而不能是听说该事件的人。只有目击者才能够带来真实的细节,讲述时才能弥补视觉上的不足。另外,这些事件本身不大可能距离拍摄时间十分遥远,因为历史事实的讲述一般以物而不是事件为切入主体。此类采访方式大量用于现代题材,时间相隔一代人以上的一般就不适宜采用这种采访方式。对这类镜头的处理,除了要考虑语言的连贯外,还要考虑画面的连贯。由于拍摄者与被拍摄者都处于移动中,这个移动的过程在镜头里就会体现出来,所以在镜头衔接上需要考虑被拍摄对象行为的连贯,因此无论是拍摄难度还是编辑难度都会加大。

在这种方式中,拍摄过程本身也是以拍摄者为主体的组织拍摄行为,拍摄过程是一种"摆拍",镜头表现仍然以谈话内容为主体。它与前一种形式最大的区别在于拍摄过程中要适当考虑谈话内容与拍摄所处空间的关系。在这种拍摄状态里,讲述者所处的环境与其话语表述是有一定关系的,之所以选择回到这个空间,就是试图以这个空间还原话语无法传递的现场感。在此类话语的呈现过程中,需要对当时的现场气氛进行"复原",无论对象在镜头里是否移动,镜头里呈现的那个空间都十分重要。与前一种方式比较起来,这种方式可以适当降低对影像和声音的技术要求,因为这类拍摄一般是在运动中完成的,所以正常情况下拍摄难度会大于前一种采访形式,但这种技术要求的降低要以不影响表达为基本原则。

第三类是客观记录中的话语表达。这种形式以被拍摄者的行为、活动为主,拍摄过程中会少量伴有采访者的提问。在这类采访中,记录的色彩明显重于采访本身,采访只是把观众关心但通过画面无法呈现的内容用采访者提问的方式组织到镜头中,融入被拍摄者的活动中,自然地呈现给观众。这类采访的内容应该尽量融入被拍摄者的行为和活动中去,尽可能不让观众感受到采访者和拍摄者的存在。这类拍摄在纪实类节目里用得较多,被拍摄者的话语只是一个方面。编辑话语的过程中首先要考虑时空关系的建立而不是话语内容的呈现。也就是说,叙事的时间和空间在这里要建立起来,被拍摄者的话语要限定在特定的时间和空间里。如果说过去的专题片不考虑或很少考虑时空关系,那么现在,时空关系比较明确地展示了出来,话语必须为时空关系服务而不能喧宾夺主。

与前两类不同的是,这类话语表达能够清晰地呈现出被拍摄者所处的时空。记录过程中,拍摄者有两点要考虑清楚:第一是这个话语发生时的时空关系,第二是拍摄活动的主体。与前两类带有"摆拍"性质的形式相比,此时的拍摄行为已经完全变成了伴随行为——客观记录,或者说此时的组织行为是不能被观众感知到的。虽然客观记录的拍摄活动本身也是拍摄者组织的,但至少这种组织是通过被拍摄者的行为反映出来的,不能让观众直接从镜头、话语等形式中感觉到拍摄者的组织行为。在这种方式里,话语的呈现有两种形态:一种是完全客观的记录,即摄像机是一个标准的"旁观者",不参与被拍摄对象的现实生活,话语的交流完全来自镜头里被拍摄者自身的表达;另外一种是总体形态为客观记录,但在记录过程中拍摄者的话语会在恰当的时机"参与"到被拍摄对象的活动中,这种参与是一种非常有限的参与,是以不干预被拍摄者的活动为原则的,或者说是以不影响被拍摄者自身的活动趋势为前提的。行走采访是拍摄者主导被拍摄者的行为,而在这里,被拍摄者完全不能因为与拍摄者的语言交流而影响对自身行为的判断,影响未来拍摄活动的走向,这类交流大多数是为了完成电视节目的表达而采取的一种不得已的行为,甚至某些时候采访者的提问仅仅是出于观众的关注,交流只是从观众的角度去做的一种语言上的刺激。采访者此时如何把握好这个度至关重要。

第四节　声音编辑要点

语言一般是用来交流的,但在电视节目里,语言却作为一种手段,向观众传递信息,其"交流"的作用被弱化,更加偏重"表达"的成分。虽然最近几年互动类的电视节目增多,但电视里语言的作用更多的依然是传达信息。那么在后期编辑中处理这些声音部分时,对语言部分应该注意什么呢?

一、内容要成段落

编导在尽可能精练的同时要将编辑点的数量降到最低。与语言同期声相比,电视解说词做到这点相对比较容易,因为它具有旁白的性质,不需要出现在画面里,编辑时不用考虑口型问题,只需考虑表述的内容与画面之间的关系,而且语言的逻辑性较强。但同期声部分处理起来相对要难一些:在同期声中,大多数人是一边思考一边表达的,这必然导致同期声的语言没有解说词精练、准确,甚至很多地方可能会有一些不必要的语气词或重复等。为了使屏幕上的语言变得精练,编导需要对表述者的语言进行"再加工",即剪接。每个编辑点都意味着一个断点,在采访镜头里,这些断点应如何从画面上进行处理呢?语言的流畅并不意味着画面的流畅,这种情况下用来掩盖编辑点的手段比较少,经常会用到的是反打镜头以及与谈话内容相关的镜头,但如果这两种方式出现的频率太高,也会影响画面的流畅感。因此,在一个完整的语言段落里,应该没有或尽可能减少编辑点,以降低画面处理的难度。编导在选择材料时应该尽可能地选用那些能够独立成"意群"的语言段落,或者将一个完整的意思分解为几个段落,中间用解说或画面来调节,从而既让节目有节奏的变化,又减少语言编辑点的数量。

二、根据表现内容决定用语言同期声还是解说词

编导在结构片子时必须对表达方式进行判断,尤其是那些两种方式都可能实现的部分。原则上,能够用画面表达的应该尽可能选择用画面去表达,而人物的心理活动、速度、颜色、形状等个人感受比较强的内容,以及涉及表达者立场的内容,一般首选语言同期声的方式。但是编导还必须考虑另一个因素:一部片子的时间是有限的,单位时间内解说词的信息量一般情况下大于同期声。解说词一般都比较精练准确,而语言同期声因为是口语,表达过程中表达者的语速、语言组织能力、表达习惯等都会影响意义的表达。基于此,对同期声的使用有一个判断标准,即话语同期声应该选用那些表达最精彩、内容最重要、最有趣的部分。

三、语气的衔接

语气的衔接有两种情况:一种是同期声与同期声的衔接,另一种是同期声与解说词的衔接。

1. 同期声与同期声的衔接

采访过程中谈话相对比较宽泛,为了获得更多的内容和信息,采访者甚至会从不同的角度、用不同的方式对同一个问题多次提问,但在编辑时,节目却没有空间去展示采访者与被采访者交流的完整过程,因此需要将这些内容重新整合,形成一个完整的"意群"。这里就存在说话者的语气是否能衔接上的问题。如果语气无法使内容一次性地完整组接起来,就可能要借助其他手段,比如解说、画面等,甚至不惜从结构上进行调整:原本准备用一段完整的话语同期声,但现在由于说话者的语

气、神态等问题,可能需要分成两段甚至三段,因此需要解说词的过渡,并在一个段落里调整结构。

2. 同期声与解说词的衔接

这类衔接相比同期声与同期声的衔接要容易,大多数时候只需考虑内容衔接与否。但在每个节目中总有那么几处关键性的地方要求解说词的语气与同期声的语气相吻合。被拍摄者的话语表达是无法被创作者控制的,但解说词的表达却掌控在节目创作者手中,所以编导要让解说员在配音之前充分理解内容,从而让解说词的语气适应节目的需要。

四、注意搭配

在电视语言表达里,人物的话语同期声与解说词都是重要的听觉元素,它们与视觉元素共同承担着传播内容的功能,所以选择的过程应该是一个搭配的过程。选择人物同期声时要考虑以下几点:

第一,在需要负载过去的形象时,采用人物同期声有助于"还原当时"。电视不同于报纸和广播等其他媒体,其画面表达的特点使其长于表现正在发生的事件,而难于表现过去的情景。人物同期声类似于报纸、广播中对过往事件的书面或口头的描述(广播有时也用同期声),其作用在于弥补人物和事件中难以用画面再现的缺陷。人物同期声未经任何转述或加工,有更强的真实性和说服力。同样的内容如果改为解说,虽然意思也能传达出去,但效果却未必理想。

第二,在展示人物的个性特点时,采用人物同期声有助于表现人物的思想感情;没有人物同期声,单靠画面和解说词则很难表现人物的性格特点。

第三,在向受众介绍有关情况时,采用人物同期声有助于将拍摄者的主观倾向客观化。人物同期声既有助于烘托真实氛围,又有助于增强权威性。

第四,表现人物心理活动时,尽可能让当事人自己来描述,而不要采用解说词,否则拍摄内容会给人被干预了的感觉。要尽可能客观地表达所要表现的部分。

五、如何在有限的时间内减少编辑点

如何在有限的时间里让被拍摄对象尽量集中、精彩、生动地表达内容,减少编辑过程中语言的编辑点,这是后期编辑中的处理手段问题,这种处理与拍摄者前期拍摄中的后期编辑意识有关。如果前期拍摄中被拍摄者的话语不够完整,后期编辑时是无法减少编辑点的。除了一些演播室节目或纯粹的访谈节目,大多数电视

节目一般不会大段、完整地使用被拍摄者的话语同期声。同期声在一个节目中每次出现的长度是有限的,相对来说,人物采访或纪实段落应该控制在一定的长度内。由于采访镜头画面相对单一,对观众的吸引力有限,所以一般情况下每个段落不宜太长,尤其不宜使用一两分钟以上的长采访镜头;即使内容很重要,也要将其切碎,用节目的编辑节奏打破表达单一的局面。编导可以从结构上改变表达的方式和逻辑,也可以使用不同的处理手段,比如将部分内容改为解说词(如果其内容足够重要的话),插入与同期声相关的图像、资料镜头,丰富讲话内容,以使节奏上产生变化。这些都是可行的后期编辑手段。

除了对内容的思考,话语编辑在处理技巧上还需要注意如下几点:

(1)采用话语同期声时,人物的表述要通俗、简洁。虽然一些电视节目通过各种方式增加互动感,但这种互动和人际交流的互动还是有差异的,观众一般无法接受媒体语言的冗长。

(2)表达的内容要与人物的年龄、职业和身份等相吻合。每一个群体都有自己的语言表达方式,如何让被拍摄对象用自己的语言表达出观众感兴趣的内容,是拍摄者需要考虑的问题。

(3)话语之间的编辑点要处理恰当。除了最常采用的采访者反打镜头之外,还有什么其他办法? 通常,除了访谈节目以外,观众对采访者的出镜次数是有接受限度的。一个人物的语言在节目中可能用到多少次? 可能出现多个编辑点? 这些编辑点的处理方式是什么? 这些都需要在前期拍摄中考虑到。编导可以使用的其他办法还包括:被拍摄者在讲述过程中某些局部的小镜头,比如神态的特写、手部的特写、采访环境里的某些局部特写等,这些镜头能为后期的语言编辑带来便利,但这种便利也是建立在前期拍摄基础之上的。

(4)话语的衔接在技术上要干净利落,多切掉半个字或重复半个字的情形虽然对表意不会产生直接影响,但对节目的流畅性尤其是听觉上的流畅性是有影响的,会使人感觉节目不够精致。

案例分析

片例一:《敦煌》第一集开头段落

(http://jishi.cntv.cn/dunhuang/classpage/video/20110413/100694.shtml)

敦煌

解说与画面的位置关系

解说词是电视节目的一部分,在节目合成时,解说词应该放在节目中的什么位置是编导经常遇到的问题。有时候我们可能会想当然地以为画面出来了就应该加入解说，有时候又觉得有多长的画面就应该放多长的解说词。在实际操作中真的是这样吗？到底如何搭配解说词和画面才会得到较好的效果？

　　这里所说的解说词与画面的位置关系，是指节目合成时两者的相对位置关系。由于电视节目是一个由多种表意元素共同构成的表达方式，所以更重要的是这些表达元素间的相互配合，即画面、语言、文字等元素的相互搭配。因此在节目开始、段落与段落之间要考虑解说与画面的位置关系。过去，一些编导习惯于在节目中将解说词填充得满满的，只要有空当的地方，都用解说或音乐填满，似乎这样才做到了信息量的最大化，其实不然。这样做必然会破坏节目应有的节奏，一个被塞得没有丝毫空当的节目是没有节奏可言的。一般情况下要注意两个问题：第一个问题是节目开始时解说词是否应该给观众留下适当的空

当，比如更多地利用现场的声音塑造当时的环境，这样解说就不至于在画面开始的地方马上出现，以使观众有"入戏"的时间。《敦煌》第一集《探险者来了》比较典型地反映了这种情形。第一个镜头风沙漫天，观众只听到了这个环境里才会出现的驼铃声，第二个镜头是摊在地上被翻开的地图，声音是驼铃加地图翻动时发出的声音，镜头即将结束时才出现第一句解说词："你为什么一定要把它们拿到欧洲去呢？"无论是从形态上还是从解说词与画面的位置关系上，都很好地印证了前文所说的画面、语言、文字等元素的相互搭配。一般情况下，节目的第一段解说应该在

画面出现几秒钟之后再进入,对这个时间的把握需要编导根据不同的节目做出不同的选择。第二个问题是一个段落的解说词或同期声结束之后,是否要马上跟上另一个段落的同期声或解说词。道理与前述类似,从编辑节奏考虑,至少要给观众一定的回味时间,给观众留下一个喘息的"气口"。这个"气口"的长度,是编导根据不同的表现内容而定的,需要在实际创作中不断体会。

片例二:《美丽中国》第一集龙现村老杨稻田养鱼段落

(http://cn163.net/archives/6714/)

美丽中国

电视解说词的口语化

电视解说词的口语化是指解说词既要像口语那样朗朗上口,同时又不是简单地把口语照搬上屏幕。如果将生活中的口语用配音的方式组织起来放到节目中,给人的感觉就会很奇怪,因为生活中的口语表达不一定简洁,反而具有重复、随意、啰嗦等特点,而这是电视解说词所不能接受的。所以准确地说,电视解说词除了要有口语朗朗上口的特点外,还要有书面语言的精练和准确,两者较好地结合起来,才能构成合格的电视解说词。因为电视解说词是用来听而不是用来读的,信息传递主要是通过听觉完成的,所以写作电视解说词时口语化比文采更重要。

在《美丽中国》老杨去稻田收鱼的段落里,作者这样写道:"继续往南,在梯田层叠的浙江山区,人们还延续着古朴简单的生活方式。早上7点,龙现村最能赚钱的男人开工了,今天老杨不光惦记的是稻子,他心里还有更重要的事。热火朝天的收割已经开始,老杨的稻子也成熟了,但是他并不急于收割,对他来说,水稻并不是唯一的经济来源,他的篮子里藏着一些秘密,开工之前,他得放一些水……"

从这段解说词里我们可以看到,作者使用的句子都比较短,语言也并不是十分华丽,相反更接近口语表达。这里既有对过程、细节的描述,比如"早上7点,龙现村最能赚钱的男人开工了"、"老杨的稻子也成熟了,但是他并不急于收割"、"他的篮子里藏着一些秘密,开工之前,他得放一些水",但

又不是简单地以描述过程、细节为终极目标。它既有对所拍摄事件、人物的细节描述,也有跳出了具体事件的观察、叙述,比如"继续往南,在梯田层叠的浙江山区,人们还延续着古朴简单的生活方式"、"热火朝天的收割已经开始"、"水稻并不是唯一的经济来源"。

一个节目要将故事做得厚、有纵深感,观众才可能觉得有内容。这里所说的"厚"和"纵深感",具体来说是指不能简单地对某个具体事情做无限制的描述,而要将其因果、来龙去脉等内容补充进来。这些内容往往是纪实手段解决不了的,电视摄像机只擅长拍摄现在时而非过去时。退一步讲,即使能够将过去时表现出来,叙事时也不可能全部表现出来,而要根据叙述的需要来取舍。电视解说词由于不能独立表意,所以其表达需要和其他元素搭配起来使用,这种搭配体现为解说词什么时候开始、什么时候结束。无论是一个段落还是一个镜头组,如果解说词塞得太满,都不可能收到好的效果。

片例三:《复活的军团》第一集发现兵马俑段落

(http://jishi.cntv.cn/C19419/videopage/index.shtml)

复活的军团

语言编辑点

所谓语言编辑点,是指在编辑过程中,根据上下文的内容、语气、语速等因素使语言衔接顺畅自然的编辑点。在《复活的军团》第一集发现兵马俑的段落里,解说词写道:"秦军,这支曾经最强大的军队,包藏了太多令人费解的谜团,千百年来,它只是在人们的想象中存在,直到有一天,几个陕西农民的意外发现震惊了整个世界。(接同期声羊的叫声)1974年,干旱袭击了陕西临潼县的西杨村,焦虑的村民希望地下水能够拯救他们枯萎的庄稼,几个村民将打井的地点选在一片石榴树林里,3月份的一个黄昏,井水并没有看到,从地下五六米深的地方却挖出了一个真人一样的陶土人头。发现陶俑的消息很快就传开了,考古工作者取代了当地的农民,就在这个打井的地方,专业的发掘开始了。"后

面紧跟着出现的是当时参加挖掘的考古专家袁仲一的同期采访,他说道:"我们来的时候领导曾经给我们说,你们到那挖去,大约挖一个礼拜到十天左右就把它挖完了。小小的井口被挖成了巨大的土坑,但是真人一般的陶俑仍旧不断地在土层中出现。"

虽然这只是其中的两个段落,但在解说词与同期声的连接处,我们可以明显地体会到语言编辑点的存在。这里,第一段解说词的结束部分"专业的发掘开始了"很明确地引出了后文,同时从语言表达上也有结束的味道。专业考古人员袁仲一出现时说的第一句话"我们来的时候……"既与上文的解说词很好地衔接,同时也是很好的语言入点。不仅如此,这里的解说词在表达的过程中很注重语言使用的准确性,让人感到语言贴切,解说词的表达与叙述人的年龄、身份特征相吻合。针对不同的对象,在语言、语气等表达上要把握好合适的度。反过来讲,同样的词语用在不同的人身上会产生不同的含义。比如曾经有节目在解说词中用"对他生命的判决"来描述病人等待体检结果的情形,显然"判决"这样的词过于沉重,"判决"是有其特定含义的,用在一个病人身上与其身份和现实状况不相吻合,这就属于用词不当了。电视解说词除了内容表达的准确之外,词语的选择也同样重要,贴切的解说词需要字斟句酌才能形成。

思考题

1. 电视节目中声音的呈现形式有哪几种?
2. 前期拍摄中要注意声音方面的哪些问题?
3. 话语记录有哪几种形态?
4. 语言镜头组接时要注意哪些问题?
5. 如何培养良好的声音意识?

第八章 常用的编辑手段

知识要点

本章主要讨论编辑中的几种常用手段。相似性不仅是镜头组接的一种技巧,同时也是一种场景转换的重要手段,相似性的使用重点在于创作者能够发现不同场景、不同时空里的镜头之间的关系。资料镜头和空镜头是电视编辑在每个节目中都要使用的,本章将讨论一些使用基本原则。真实再现是生活原生态类节目在处理过去时内容时经常使用的一种手段,如何将此时拍摄的镜头变为彼时内容的表达?既是一种技巧也是一种思考。

电视编辑是一种体力加脑力的工作。体力劳动是由电视行业本身的特点所决定的,无论是前期拍摄还是后期制作,都需要相当的体力来支撑。在一个节目的拍摄制作周期里,编导和摄像基本上都处于满负荷的体力劳动和脑力劳动状态中。镜头需要一个一个地去拍摄,而为了获得这些镜头,可能费了半天工夫,最终能够用上的却只有一两个镜头。这需要编导花费相当的时间来完成,没有一定的身体条件,未必能够支撑起这个工作。在目前媒体竞争的态势下,电视行业体力劳动和脑力劳动的强度也在相应地加大。除了体力付出,脑力劳动也是由电视的特点所决定的。由于拍摄制作的复杂性,电视节目的创作者除了要考虑内容表达外,方式和手段也同样要加以考虑,否则即使有了很好的想法,如果最终的表现方式不合适,也会使内容的表现打折扣。这一章里要讨论的是一些与编辑手法、编辑技巧有关的内容。

第一节　相似性的重要作用

相似性是电视编辑中经常用到的一种手法。所谓相似,是指被拍摄对象甲与被拍摄对象乙在形象、动态、方向、大小和距离方面存在着相似性构成,这种相像、相近或相关恰恰是编辑中可以很好地加以利用的。相似性的手法之所以能够成立,实际上是利用了视觉错觉使镜头与镜头之间的衔接显得流畅。

错觉是指人们对外界事物不正确的感觉或知觉,其中最常见的就是视觉错觉,电视编辑中相似性的使用集中体现为编导对人们视觉错觉和听觉错觉的利用。常用的相似性有如下几种:

1. 形状的相似性

形状的相似性是指相接的镜头 A 与镜头 B 的内容或被拍摄主体之间在形状上具有相似性,这种相似使镜头虽然有转换,但却难以被观众察觉。而当观众发现场景发生变化的时候,编辑点已经过去了。这种手法在视觉上很好地分散了观众的注意力,把编辑点比较好地隐藏在观众的错觉中。

2. 声音的相似性

声音的相似性是指在镜头 A 与镜头 B 中的声音具有某种相似的成分,而且相似度还比较高,能够在两个镜头的声音之间让观众对声音产生错觉判断,让观众以为在镜头 B 出现之前听到了镜头 B 的声音。观众的错觉此时恰好分散了其视觉上对镜头转换的注意力,因为声音元素的运用,镜头在不知不觉中完成了转换,达到了镜头组接自然流畅的目的。

3. 动作的相似性

动作的相似性是指前一个镜头或场景中的人物动作与后一个镜头或场景中的人物动作之间具有相似性,可以将其有机地组接在一起,使镜头平顺流畅。这里需要注意的是,虽然两个镜头或两个场景中被拍摄对象的动作相似,但这绝不意味着这两个场景的内容完全相同。由于观众比较容易受到动作本身的吸引,对动作编辑点也很敏感,因此即使是一个很小的纰漏,也容易让观众感觉到镜头不连贯;如果前后两个镜头是重复的,那就一定会带来更大的视觉跳动问题。所以在动作的相似性中,有两点需要注意:首先要注意动作的连贯性。在相似性镜头的组接中,一般涉及两个场景的内容,即使是同一个场景,也是两个镜头表现局部空间的内容,除了要考虑动作的相似性之外,还要考虑动作的连贯性,让观众觉得下一个动作是上一个动作的延续。其次,要注意细节部分的连贯。由于是两个场景的连接,色调、动作等往往很难组接到一起,所以动作相似性镜头要挑选那些动作连贯、场景相似的。

4. 内容的相似性

内容的相似性是指相连接的两个镜头之间在表现内容上具有相似性,以使观众不易分辨前后两个镜头场景的区别并形成认知上的延续,从而造成一种视觉错觉,达到镜头转换的目的。

5. 场景的相似性

场景的相似性是指两个镜头或两个场景之间的某些相似部分,编导应寻找有相似性的场景,尽可能按照逻辑关系将其连接起来。两个镜头之间的这种相似性会给观众造成视觉错觉,从而在不知不觉中完成镜头的转换。

6. 镜头的相似性

镜头的相似性是指镜头本身具有某些接近的地方,比如拍摄角度的相似、被拍摄主体的相似,甚至被拍摄主体运动的相似等,总之是从镜头的技术角度分析两个镜头的接近性。如果能够找到相近或相关的地方,则可以组接在一起。

以上几种可能性,在风光片《丹麦交响曲》里被集中在一个段落里表现了出来。在其中从游船到伐木场,再到排练厅和剧场,最后回到街道的段落里,创作者把相似性发挥得淋漓尽致,每一个场景的转换都使用了相似性的手法,甚至主观镜头也成为表现相似性的一种手法。例如从剧场到大街的场景,创作者利用了演员向外看的镜头,与之后蓝天白云的镜头相衔接。除此之外,创作者在这里还运用了声音先入的方式,在剧场的场景里,剧情中表现的内容已经有了雷声的铺垫,其后又加入了音乐,使两个生活中原本毫不相关的场景在这里浑然一体,而这正是编辑过程中对流畅感的体现。从这一组镜头的组接中我们不难发现,创作者对镜头特点的分析可谓发挥到了极致,注意到了每一个镜头的每一个细微变化,并在编辑中体现了出来。所以对于镜头特点的分析,是每一个编导在创作过程中必须时时关注的,甚至在熟悉素材的过程中也要更多地分析镜头和材料的特征。

相似性之所以重要,是由于其在编辑中经常会起到意想不到的作用,解决镜头与镜头之间组接的问题。要识别这些相似特征,是需要有意识地去观察、分析、判断和归纳整理的。只有对自己的素材达到足够熟悉的地步,才能找到镜头里的这些特征。

相似性能够造成视觉或听觉的错觉，模糊观众对时空关系的判断，打破时空的限制，起到转场的作用。电视表达的困难在于要将不同镜头里不同的时空连接起来形成一个连续时空，而相似性恰好可以在不同时空之间建立起联系，甚至模糊两个时空之间的差异。除此之外，相似性还可以帮助观众在两个没有关联的事物之间建立联系，将不同时空的动作连贯起来，甚至还可以在不同动作之间找到某种相似的感受，比如在《丹麦交响曲》一片里，骑自行车爬坡和拉麻糖的连接就是很好的例子。由于相似性模糊了观众的分辨，这种模糊使原本不连贯的镜头不再给人强烈的视觉跳跃感，从而完成镜头的连接。

电视节目在技术上是由画面、声音两大元素构成的，其他诸如字幕、动效等都可以看作是这两者的变体，只要找到相似性，就可以找到很多处理方法。

第二节 资料镜头的编辑

什么是资料镜头？资料镜头包括历史资料镜头和现实资料镜头，是通过各种方法将历史上、现实中的事件真实地记录下来的镜头，资料镜头通常指被拍摄下来的影像镜头，人们很少把照片一类的内容称为资料镜头。资料镜头为影视片的创作提供了历史资料素材和现实资料素材。从镜头记录的角度来说，资料镜头是在过去拍摄并被保存至今的影像镜头。

首先，资料镜头经历了一定的时间，是过去时的。其次，它是有一定价值的，这里的价值是指拍摄的场面、内容、人物和事件等有历史价值和意义，能够保存下来起到某种作用。随着影视的发展，影视资料越来越丰富，事件被记录下来的可能性也越来越大，资料镜头使用的可能性越来越高。再次，资料镜头能够与现实之间建立起关系，虽然被记录的影像镜头很多，但如果没有契机，这些资料也仅仅是一些保存下来的镜头而已，只有被再次使用的时候，这些镜头才能被称之为资料镜头。

资料镜头一般是比较罕见、珍贵的，往往是现拍摄的镜头所无法替代的。摄像机的"目击"特性，使资料起到了对历史或对过去的"目击"作用。资料镜头解决了摄像机"在现场"的问题，也给了创作者叙述的可能，使得他们不必因为无法呈现影像而放弃对内容的表达。

资料镜头的真实性是它的另一个特点。由于资料镜头是被保存下来的对过去的记录,所以能够称得上资料镜头的往往是那些拍摄真人真事并具有一定史料价值的镜头。对资料镜头的使用需要编导的准确判断,用得好,就会使节目锦上添花;用得不好,就可能适得其反。

资料镜头的特点决定了其作用各不相同:

(1)交代背景。影像资料的重要性就在于这些资料是对过去的记录,使"过去"得以被保存下来。语言对背景的交代是相对容易的,如果能找到背景的影像资料就能够让观众对"过去"产生完整的形象感,同时也可以给语言叙述提供支撑。

(2)营造真实感。资料镜头对过去形象的真实记录是其他任何表达形式所不能替代的。特别是非剧情类节目的非虚构特点,恰好与资料镜头的这种真实性相吻合。运用资料镜头对真实感进行营造,尤其是对过去真实的营造,是十分有效的手段。因此在非剧情类节目中,如纪录片、纪实类节目等,对资料镜头的使用是比较常见的,而在电视剧、文艺晚会等虚构类节目中则较少使用。

(3)帮助叙事,弥补影像的不足。电视的形象思维远远强于其理性思维,没有影像,就难以谈论形象,至少较难建立形象。因为影像的拍摄必须是此时此刻的,因此资料镜头就为创作者提供了表达过去时的可能性。

(4)再现过去,还原历史。资料镜头自身的史料价值使得其在表现过程中具备了一般镜头所不具有的历史感,资料镜头本身的真实感、历史感使其具有强烈的还原作用。这些镜头可能拍摄得一般,但由于其所表达内容的重要性,使得它具有一般镜头所不具有的还原历史的作用。

第三节 空镜头的处理

空镜头又称为"景物镜头",是指影片中描写自然景物或场面而不出现人物(主要指与情节有关的人物)的镜头。空镜头有写景与写物之分,前者通称为"风景镜头",往往用全景或远景表现;后者通称为"细节描写",一般采用近景或特写。在非剧情类节目中,除了采访镜头和被拍摄对象的行为镜头之外,还有大量的空镜头。

空镜头常常用来介绍环境背景、交代时间空间、抒发人物情绪、推进故事情节、表达作者态度等,具有说明、暗示、象征、隐喻等功能,在影片中能够产生借物喻情、见景生情、情景交融、渲染意境、烘托气氛、引发联想等艺术效果,在荧屏的时空转换和影片节奏的调节方面也有独特作用。

电视节目中的结构方式是多种多样的,但无论哪一种结构方式,在结构过程中都离不开空镜头。那么空镜头到底该如何拍摄和编辑呢?

由于空镜头主要是自然景物镜头或没有主体人物的镜头,编辑时创作者能够比较随意地按照自己的构思来组接镜头。一般来说,现实题材的内容由于其表现内容与被拍摄对象是同时代的,所以镜头表现时间与镜头拍摄时间也是同步的,创作者无需处理镜头的时空关系;但对于表现历史题材,或距事件发生已经有一段时间的内容,空镜头有一个很重要的特点,就是所拍摄镜头的时间指向性。镜头的时间指向性之所以会成为一个问题,是由于拍摄时间和节目表现时间不一致。拍摄时间并不是观众所关心的,也是不需要观众意识到的,编导应该在节目创作尤其是后期编辑中尽量将这个时间痕迹打磨掉。镜头拍摄的"此时"与表现的"过去"之间的矛盾,要求创作者必须意识到拍摄内容的时间指向。比如拍摄一个抗战题材的节目,如果拍摄的空镜头里到处都是水泥电线杆,那么镜头里的时间指向就会出现问题,因为在抗战时期,电线杆一般是木质的,而且当时电线杆并不多。因此在选择拍摄空镜头的地点时,就得考虑这些问题。

相对于一般叙事或纪实性采访镜头,由于空镜头中被拍摄对象不明确,而且大多数时候都以非人物对象为主,拍摄者的主动性又比较强,因此创作者往往会认为空镜头的拍摄相对简单,花点时间就可以了。真是如此吗?我们先来看看空镜头在编辑过程中到底能够起到哪些作用:

第一,交代叙事的时间、地点和故事环境是空镜头的最基本作用。处理此类空镜头时,需要拍摄者对所表达的主题、被拍摄对象的人物性格、被拍摄主体所处的生活环境,以及所讲述故事的典型情节等有比较充分的理解,并从中分析出镜头载体的特点,在此基础上找到可以负载信息的对象,以此来结构节目的空镜头。由于所拍摄内容与所表现对象之间建立起了关系,所以这些镜头不会因为拍摄时间的推移而成为真正的"空"镜头。

第二,打隔断或转场。由于所表现的对象不明确,空镜头的指向性并不是十分明确,往往能够起到打隔断或转场的作用,犹如写文章用标点符号一般。由于其内容与前后镜头之间的关系不如有主体对象的镜头那样紧密,所以在镜头编辑中可以巧妙地利用这一点,发挥空镜头的作用,类似于写文章时另起一行,或另起一段。

第三,给解说词留出时间和空间。电视节目或电视片画面出现时,最重要的配合就是解说词,而解说词的出现需要一定的时间空间,以便让听觉信息与视觉信息能够发挥最大的作用。由于空镜头画面本身的信息含量有限,把重要的解说词放在空镜头上,能够让观众充分注意到解说词的内容。

第四,营造气氛,起到隐喻、抒情等作用。电视修辞是通过镜头之间的关系来完成的,空镜头的编辑可以产生镜头间的隐喻效果。比如在表现某种矛盾之后,镜头接上了河流里奔腾的河水或冰冻的河流,显然有所寓意。此时空镜头可以将一种无法言传的情绪或气氛传递给观众。由于可拍摄对象和镜头表现形式比较多,所以编导在表现方式上也能灵活地对空镜头进行选择,再加上镜头本身解释的多义性,使空镜头在营造气氛方面能够发挥重要的作用。

第五,省略时间和转场。可以用较短的镜头来表现生活中某个较长的时间段,在镜头编辑中起到省略时间的作用。比如一个空镜头在节目中使用的长度只有几秒钟,但它可能表现了生活中较长时间的流逝,几十秒、几十分甚至几十天等。空镜头的出现给了观众时间流逝的心理感受,省却了许多叙事中不需要的时间。

第六,调节影片的节奏。在一些栏目里,比如在中央电视台《新闻调查》中,人们经常会看到在一个人物访谈之间加入了两三个与其谈话内容有关的空镜头。这样便对谈话内容做了较好的图示,更重要的是对谈话者节奏单一的语言做了很好的调节,缓解了观众的视觉疲劳和听觉疲劳。电视节目中可以采用多种手段来控制节奏,空镜头便是重要手段之一。有时一些节目会给人喘不上气的感觉,其原因就在于只顾内容而很少考虑节奏,尤其是对空镜头的使用不娴熟,忽视了空镜头对节奏的调节作用,导致该快的时候不快,该慢的时候却又慢不下来。

由此看来,空镜头的使用不是简单的填空,而要尽量发挥其对视听效果的作用。那么如何才能较好地使用空镜头呢?其中重要的一点就是让空镜头不"空",即让空镜头负载观众能理解的意义。

归纳起来,空镜头的作用有两个方面:一是"实写",二是"虚写"。"实写"的部分相对容易把握,而"虚写"的部分则相对较难。"实写"部分,指镜头的作用是交代节目所表现的时间、地点、环境等,或者是省略时间、间隔镜头等。在这里,镜头使用的目的很明确,就是用镜头本身的含义、所展示出来的时空关系,以及所表现的地域等来呈现作者的表达意图,镜头表现更多的是在展示。观众获得的大多数信息是通过镜头来实现的,此时更多的是镜头本身信息的叠加,观赏的过程不需要加入更多的想象、理解等。而"虚写"部分更多地需要观众通过镜头所表现的内容产生联想,在头脑中形成新的含义,而不是镜头展示内容的简单相加。在展示镜头内容的同时,更重要的是如何让观众对这些内容产生联想。此时镜头的处理和"实写"部分不一样:镜头的想象空间充足。而这种想象空间有两个方面需要注意:一是对所拍摄内容对象的选择,宜选择那些容易产生联想的对象来拍摄,二是镜头拍摄时要处理得更有艺术表现力,比如使用前后景、变焦等手段,能够产生意想不到的效果。更为重要的是,编导此时不是简单地将想象的主动权交给观众,让观众随意按照自己的逻辑和生活积累去想象,而是要在空镜头里营造自己的思想或意识。表面上是观众将自己的想象加进来,实际上是编导加入了自己的引导,无形中引导着观众去思考问题、感知对象、体会情绪、感受氛围等。因此"虚写"要比"实写"更难驾驭,因为这些没有被表现对象的空镜头,一方面给了观众想象的空间,但另外一方面又很难让拍摄者找到思考的点或线索。

在这里,空镜头的运用显然已不只是单纯地描写景物或交代环境;相反,它已经成为节目创作者的一种比较重要的手段,甚至要将抒情手法与叙事手法相结合,以加强作品的艺术表现力。

第四节 镜头的隐喻效果

语言学上把由于两个事物在特征上存在类似之处而用形容其中一个事物的词来指代另一个事物的演变方式叫做隐喻(metaphor)。"隐喻"一词来自希腊语 metapherein,其字源 meta 的意思是"超越"、"在……之后",而 pherein 的意思则是"传送"或"转换",合起来就是"转换之后的含义"。隐喻是以"相似"(likeness)和"联想"(association)为基础的,即两个事物的特征存在类似之处,这时,一个事物可以用来形容另一个事物。理查德(A. I. Richards)在其 1936 年的著作《修辞的哲学》一书中指出,隐喻的组成有两个部分:一是主体,指作者欲描述之主题;二是喻体,指作者用来描述的部分。

隐喻作为语言修辞的一种手法,在视听语言里是如何体现出来的呢?主体和喻体之间又是如何达到这种效果的呢?目前,比较常用的带有隐喻效果的镜头处理方式有三种:

一是隐喻的主体和喻体出现在同一个画面里。由于主体和喻体同时出现,所以这种隐喻的效果最为自然和隐蔽,缺点是指向性往往不是十分明确,如果没有其他手段的辅助和点化,有时很难达到隐喻想要的效果。

二是运用镜头的编辑手段,通过镜头组接在一个段落里形成镜头的隐喻。这种手法是影视作品中比较常用的,比如《摩登时代》里拥挤的人群与拥挤的羊群。这种手法的好处是隐喻的主体、喻体明确,所表达的指向性也因此变得特别明显,缺点是过于直白、生硬,观众在接受时容易产生不适感。

三是使用摇镜头来实现隐喻。摇镜头在运动中由于有过程的提示,所以主体和喻体之间容易建立起隐喻的关系。与第一种方式比较起来,其指向性更为明确,而与第二种方式比较起来则显得较为隐蔽,而且由于主体和喻体出现在一个镜头里,无需其他方式的铺垫,镜头在使用上比较简洁,所以摇镜头的隐喻功能恰恰可以得到很好的运用。比如在拍摄人物时,被拍摄对象在一间平房里,镜头从房顶的房梁上摇到被拍摄对象,而被拍摄对象又是当地村民的顶梁柱,这个含义就比较容易被观众体会到。对这种手法的运用,关键是要对镜头特征进行分析,要能发现其所包含的内容。

第五节 真实再现的表现

无论是现实题材还是历史题材,人们常常被"如何讲述已经发生过的故事"这一问题所困扰,以致陷入"历史是什么"、"现实又是什么"诸如此类的自我拷问里而不能自拔。剧情类的节目可以直接再造时空,让演员来表演,但以生活真实为表现对象的非剧情类节目的拍摄应该如何处理呢?摄像机的记录特性决定了其擅长展现"现在时",对"过去时"和"未来时"的表现则较为困难,所以非剧情类节目创作都力求"拓展现在时、压缩过去时、限制未来时"。但这只能作为一种权宜之计,因为电视叙事并不会因为电视拍摄的这种短处而放弃对"过去时"的表现。电视摄像机操作的专业性使其在大多数情况下无法做到"在现场",大量的内容在成为电视表达内容时就已经成为"过去时"。那么,这些内容是否就完全无法表达了呢?答案显然是否定的。随着叙事方式的花样不断翻新,观察事件的视角层出不穷,当下即使是非剧情类节目在对"过去时"的表达上也越来越得心应手。

一、历史与现实的矛盾

矛盾一:摄像机的记录特性使其最大优势在于捕捉正在发生的内容,这也是纪实类节目的一大卖点。在非表演性的方式下，用摄像机来表达现在和未来相对比较得心应手。但电视表达总要涉及历史，包括国家历史、人文历史或某个集体的历史，对历史的叙述往往是无法回避的。

矛盾二：对于创作人员来讲，历史虽然不容易表现，但容易把握，因为创作者可以先将历史理解透彻；未来虽然容易表现，但却不容易把握，因为这里的变化随时都会发生。所以纪实也是一把双刃剑，制作成功的纪实片非常好看，而失败的就成了一种流程的纪录，信息量太少。如何"重述"过去、"重塑"历史？如何用更接近真实的方法去观察一位已故人物、一件往事，并用观众可以接受的画面语言来讲述这些事物？这些都是经常困扰电视创作者的问题。

《复活的军团》除了采用常规采访和拍摄以及惯用的叙事方式之外，还重述了那些非常精彩、可以刻画人物内心世界的"历史的盲点"。在其第二集《血色青铜》开头部分，为了避免仅仅用遗址、照片和当事人的回忆这些声画元素简单地重述历史，编导设计了这样几段画面：

段落一：考古人员工作的小全景/考古人员在兵马俑边工作/考古时的手部特写……这一组镜头全部是当年发现兵马俑时的资料镜头，解说词说到1974年的发现，司马迁未曾记录的那一面，并辅以音乐。这是一个试图再现过去的场景。

段落二：冶铁炉遗址镜头/手拉风箱/炉膛里的炉火/燕国出土的铁剑/打造铁剑/正在被打造的铁剑放在水里淬火……并配以解说，在河南省的西平县，考古学家发现了大量的古人炼铁的遗迹。两千多年前，这一带是韩国的冶铁中心，铁器的生产在当时已经有一定规模。画外辅以风箱的拉动声和铁剑入水的声音。同样，这也是一个试图再现过去的场景。

段落三：《史记》镜头/车轮滚动/车上的人/荆轲带着地图准备献图/秦始皇/展开的地图露出匕首……这是紧跟着前面讲炼铁技术的段落，用镜头的方式还原了《史记》中记载的"荆轲刺秦王"的故事。"图穷匕首见"的过程完全通过镜头来表现。

在这里，我们不难感受到，当年的时空仿佛得到了重新的构建，但在这三个段落里，每一个段落在重构历史时所使用的手段又略有区别：第一部分使用的基本是资料镜头，第二部分利用了遗址与一些局部动作的编辑镜头，试图还原当年的情景，第三部分则是目前电视节目中常用的真实再现，其手法借鉴了影视表演的方式。

二、表现真实的几种方式

1. 还原真实

在这种方式中,镜头表现更多地使用了与历史或过去一致的元素,比如用亲历者的口述、老照片、旧影像资料以及遗址、遗物等来结构节目,让观众从这些曾经"目击"过去的材料里感受到真实信息的存在。由于空间与过去相近甚至完全相同,而时间的流逝更容易给观众以历史感,所以这种方式试图在观众心目中"还原真实",让这些物证和人证来重构历史。

2. 接近真实

采用这种方式通常是为了使那些再现历史的镜头和场景更为接近真实,把观众带入事件的发生地,让他们听到那些事件亲历者的讲述,让镜头和场景尽可能地去接近历史、还原历史,让观众从这里感受到当时当地所发生的一切。所以这里仍然用亲历者的口述、老照片、旧影像资料以及遗址、遗物等来结构影片,以便再现或重述历史,努力使影片显得真实。电视观众对历史文献片以及目前广泛存在于栏目中的这类"真实再现"的欢迎,已经证明这种方法的确具有真实感人的魅力。随着"真实再现"这种办法在业内的频繁使用,"真实再现"在创作上走到了一个与电视剧创作"结缘"的新平台上。

3. 创造真实

所谓创造真实,是指创作者用镜头语言重新勾画"当时"的一切。

采用这种方式,拍摄基本上按照拍电视剧的办法进行,美、服、化、道各工种一应俱全。但是,如何实现富有想象力的"对现实的虚构",并在"实"与"虚"之间控制拍摄质量,以达到预期目的呢?这里涉及"度"的问题,如果将其单纯地理解为电视剧的虚构,则会给观众带来"假"的感觉,因为它与观众心目中的过去有距离,成了现代版的历史;或者产生"戏说"的感觉,让人发笑。如果完全按照电视剧拍摄的要求,让观众感到太"实",那么就成了一部电视剧的片段,失去了历史感。所以要把握好这个"度",既不能太近,也不能太远。

国家地理频道寻访古埃及文明遗址的真实再现,和为历史疑案中的疑点所设计的真实再现有一个共同点,就是"间离效果"。"间离效果"是戏剧中的一种手法,是布莱希特戏剧理论的中心内容。其中很重要的一点是,演员必须和自己所扮演的角色保持一定的距离,避免化入角色,这样观众才能和角色保持距离,演员既是角色的表演者,也是角色的裁判者,而观众始终保持旁观者的清醒,用探讨、批判的态度对待舞台上表演的内容。间离效果的作用在于迫使观众去思考那些创作者希望观众思考的问题。那么如何让观众在镜头中感受到这种间离效果呢？主要就是要有意识地把真实再现段落从现实纪实段落中分离出来,目的是告诉观众:那是虚构的;但同时又要让观众知道,那是真实的虚构,这种虚构与过去的此时此刻是一致的,从而让镜头在虚构之中产生真实感。这种方法的关键在于对观众的记忆产生间离作用,让其在历史与现实之间做出明确的区分,同时又产生真实的幻觉。

那么在镜头里如何体现出这种间离效果呢？目前有两种经常采用的表现形式：

第一种是用镜头的拍摄方式达到一种间离效果。虽然在效果上人们知道需要什么,然而拍摄时却并不简单。关键的问题在于如何通过摄影来控制画面再现的意境。从技术上来讲,拍摄时应该注意以下几点：

一是尽量设计出虚焦距的前景,使每一个镜头都充分具备"设计感",并注意对场景、前后关联、脸部特写等镜头的拍摄,将其处理得更夸张或更写意。总之,要使镜头的内在张力更强烈,这样才能使真实再现段落拍得既不像"伪劣"电视剧,又是对历史真实的虚构。

二是写意的镜头居多,写实的部分为写意部分服务,重要的是事件发生时的氛围。从观众观赏的要求来说,重要的不在于真实再现段落能够完全模拟过去的过程,而在于过去的氛围,所以并不需要细究过程的细节。如果一个真实再现的过程不注重写意与写实的把握,便极有可能在拍摄时出现偏差。

三是更注重画面的描述,对声音的使用要慎重,往往只涉及环境声的使用,几乎不用语言声。因为几乎没有人会相信再现人物的语言,尤其是当事情发生在有影像之前,比如古代的事情,那么显然很难得知当时的人说了什么、怎么说的。这类写实的内容往往容易破坏镜头所营造的氛围,属于典型的画蛇添足。

针对这几点,创作者必须明白一个道理:真实再现需要的是"神似"而不是"形似"。这个"神"来自镜头而不是语言,因而要充分展示镜头的直观、真实,并调动观众参与其中。

在组织每一个画面的内在元素时,要时刻注意"是否真实"的问题。这种真实既不同于电视剧的"虚构的真实",也不同于纪实影片的"生活的真实",它始终在"叙事"和"写意"两者之间选择。在真实再现的段落里,"叙事"的部分更类似于电视剧的叙事,而"写意"的部分则与电视散文或音乐电视比较接近。

第二种是通过编辑的手段达到一种间离效果。从技术上不外乎以下两种：

一是镜头编辑处理。真实再现段落与其前后镜头在影调、色彩等方面有明显的不同，以告知观众这是一个还原当时的段落。有两种情况：一种是前期镜头的间离效果很好，能够比较充分地将神似的意境描绘出来，此时重要的是如何将镜头的间离感充分地利用起来；另一种是对镜头做再次处理，从影调、色彩等方面去做文章，利用黑白、做旧的色彩等从视觉上强行将观众的注意力拉入节目所描述的时空中，从而让观众明显地感受到此时的镜头只是神似而不是"就是"。

二是字幕处理。除了镜头编辑和拍摄等方式，还可以用最简单的字幕给观众明显的提示，告诉观众拍摄时间与事件发生时间不同，此时镜头里的内容是再现的"当时"，而不是真正过去的"当时"。

案例分析

片例一：《丹麦交响曲》

相似性的使用

《丹麦交响曲》是一部拍摄于上世纪 80 年代末期的宣传片，因其流畅的剪辑而著称，虽然将近 30 年过去了，但《丹麦交响曲》的剪辑意识直到今天也依然为人所津津乐道。其中以相似性著称的一个段落是从游船到食品加工的段落。在这个段落里，涉及的场景有七个，但其中主要的编辑手法是相似性转场。从游人在游船上到木材加工的部分里，创作者利用了声音的相似性，前一个镜头是游船运动过程中位于船头的摄像机与伸过来的树枝相撞，下一个镜头是树木被伐倒下的瞬间，由于树枝与摄像机相撞和树木倒下瞬间的声音有极高的相似度，所以编导选择了声音先入的方式，将树

木倒下时发出的吱吱嘎嘎的声音前置到树枝与摄像机相撞的镜头里,用声音的相似性完成了这两个不同空间的转场;而在从木材加工场地到舞蹈演员的排练厅这两个场景的转场中,则使用了镜头的相似性,利用木材加工流水线上生产的木板与排练厅里木地板在形状上的相似完成了转场;而从排练厅到剧场的转换里,则利用了演员舞蹈动作的相似性完成了转场;虽然从剧场到雨中的街道在画面转场上主要使用了主观镜头的方式,但声音的相似性在这里依然被保留,剧中的雷声一直延续到现实生活中雨中的街道;而从街道上骑车的人们转场到食品加工的部分,将骑车的吃力与食品加工的吃力联系在一起,完成了两个场景的转场。总体来说,这个段落里对相似性的使用达到了一种极致。正是对相似性的充分运用,使得这几个在生活中原本没有关联的场景被编导有机地联系了起来,并形成了相当强的视觉流畅感。

片例二:《寻找滇金丝猴》片名以后的段落

(http://tv.cntv.cn/video/C14862/f89598145eb342f2905330872f4c1e77)

寻找滇金丝猴

资料镜头的使用

资料镜头的使用是节目编辑中经常面临的问题,如何使用好资料镜头是值得思考的。在《寻找滇金丝猴》里,片名以后出现了一段资料镜头,无论是出现的手法还是使用方式,应该说都给了我们一种启发。这里的解说是:"这是1912年美国出版的《灵长类回顾》,书中对滇金丝猴的形态特征以及地理分布做了简单的描述,所有这些均来自对1890年采到的那7只标本的解剖学研究……"画面则是

一双手翻动英文版的《灵长类回顾》的镜头。书的纸质已经发黄,显露出一定的历史感,镜头拍摄时经过了特殊的打光处理。从资料镜头的使用来说,如何从叙事中的时空进入资料镜头所描述的时空,往往是需要考虑的

问题,大多数时候是采用硬切的方式,但这里虽然只有一个翻动书本的镜头,却将这两个时空很好地结合在了一起。这种契机不是每个节目都能找到的,但类似的用法却也并不少见,比如用放映机放映资料内容,然后接到资料镜头所描述的内容里去。在《寻找滇金丝猴》一片中,书中的图片出完以后是上世纪初的黑白影像,以此来反映中国在那个年代的战乱动荡和饥荒等,说明此时滇金丝猴的研究只能是个"不切实际的梦"。锣鼓声和火车的镜头代表一个新的时代的来临。1949年以后,动物学家彭鸿寿等人参加了对横断山脉的动物学考察,并在白马雪山发现了8张滇金丝猴的猴皮。此时的镜头是彭鸿寿等考察时的

资料照片。在这一个段落里,既有书本资料镜头,也有影像资料镜头,还有科学家考察时的资料镜头,中间还穿插了一个被做成黑白影像的科考人员的运动镜头,几乎在一个段落里将常用的手段都使用了,相对来说还是比较有代表性的。

片例三:《记忆·阿炳》

(http://tv.cntv.cn/video/C14408/59b90de97a5844e088fd428cb76c8108)

记忆·阿炳

真实再现手法的运用

《记忆·阿炳》是中央电视台拍摄的30集系列人物片里的一集,由于这个系列里的人物都已经过世,用什么手段表现就成了该片首先要解决的问题。阿炳,原名华彦钧,出生于1893年8月17日,逝世于1950年12月4日,民间音乐家,正一派道士,因患眼疾而双目

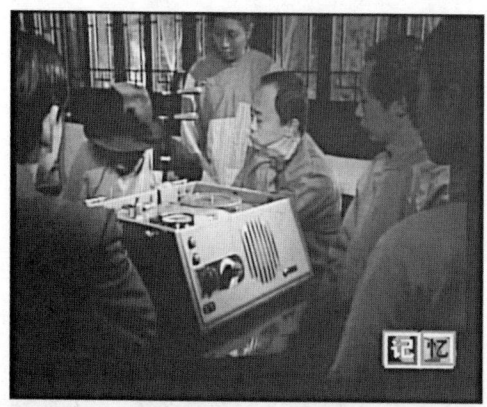

失明。他刻苦钻研道教音乐，精益求精，并广泛吸取民间音乐的曲调，一生共创作和演出了270多首民间乐曲，留存有二胡曲《二泉映月》《听松》《寒春风曲》和琵琶曲《大浪淘沙》《龙船》《昭君出塞》六首。《记忆·阿炳》要表现的内容都是40多年前的事件，所以节目载体便成了编导必须要解决的一个问题。由于阿炳存留下来的影像只有一张证件上的小照片，显然不足以解决一个30分钟节目的资料镜头问题。该节目最终采用了真实再现的手法，以再现的方式还原了阿炳的生活及阿炳的音乐。真实再现仅仅只是一种电视表意的手法。在拍摄方式上，真实再现所出现的镜头一定是根据所拍摄内容进行重新设计的，而不是被拍摄对象真实的生活镜头，而且观众在观看时一定知道这些镜头是重新再拍的。其次，观众会认为这些重新拍摄的镜头内容与节目中所表现人物的真实生活是一致的，从而通过想象可以重新勾画出"真实"的场景。《记忆·阿炳》涉及阿炳的部分基本都是通过演员的表演及镜头勾画完成的，作为一种对真实再现手法的尝试，还是有其值得称道的地方的。

思考题

1. 相似性在编辑中有哪些种类？
2. 如何编辑资料镜头？
3. 空镜头有什么作用？
4. 镜头编辑中常用的隐喻效果有哪些？
5. 如何实现真实再现表现手法中的"间离效果"？

第九章　电视的时间和空间

知识要点

　　时间和空间是构成电视节目的基本要素，如果说镜头组接完成了电视节目表意的基本构成，那么对时空元素的考虑则是对电视节目结构的思考。生活原生态类电视节目首先是以生活中真实的人或者事为表现对象，因此必然涉及如何处理生活时间与电视节目中表达时间的关系的问题，而这种处理作为一种电视表达技巧其实就是对生活时间在影像中进行重构。电视空间的建立需要镜头表现真实进而产生真实感，因为镜头切分的是生活中的真实时空，而电视节目则需要提炼加工后的故事时空。

　　曾经发生过这样一个真实的故事，湖北襄樊市的一名出租车司机在晚上被打劫了，令人意想不到的是，出租车司机在前后不到 30 秒的时间内做出了一个惊人的举动，驾驶着汽车向路边的一棵大树撞了上去。突然奇迹出现了，撞上大树的出租车司机只受了轻伤，而三名劫匪最终却两死一伤，正应了"善有善报、恶有恶报"的古训。事情虽有些巧合，但却是实实在在的真人真事。事后得知，出租车司机之所以选择这种自杀式的举动，是因为刚开上出租车没多久的他，购车款全部来自亲戚朋友，那一瞬间，他脑子里只有一个念头：无论如何不能让他们把车抢走，否则不仅失去了谋生的手段，还可能因此欠下将近十万元的债，于是才做出了非理性的举动。根据这个真实事件，《东方时空》制作了一期特别节目，名叫《生死 30 秒》。

　　由于事情发生得很突然，前后的过程十分短暂，如果要将此事件在节目中表现出来，时间是十分重要的因素。对生活段落的选择涉及编导的叙事能力，尤其是编导对时间的处理能力。对于来自生活原生态的题材，叙事构成的重要手段即是重构时间和空间。

第一节　生活时间与电视时间的差异

电视所表现的时间和空间与现实生活既有联系又有区别,这种关系使电视创作者对时空的理解会直接影响节目的创作。虽说来自生活原生态的电视节目内容取材于生活,但无论是作为一种艺术表现形式还是作为一种媒体表现形式,电视的时间和空间都无法照搬生活中的时间和空间,那生活中的时间与电视中的时间是什么样的关系呢? 在此有必要首先比较一下生活时间与电视时间的差异。

一、电视时间与生活时间的区别

第一,生活中的时间是线性的,呈现明显的流程感或流动感,它不允许有断点,而且这种线性展现的方式是一种无限的呈现,人们无法知道何时起源,也无法预知何时终止,时间以线性流动的方式呈现;而电视时间总体来说是非线性的,这些时间片段通过镜头组接产生了一种连续的时间感,但这种时间感不等同于生活中的真实时间,它只是观众心理感觉上的一种时间连贯感。在这个时间呈现过程中,只需让观众心理上形成连续感就可以了,电视无需也不可能完整地表达生活中的连续时间。虽然有些直播节目是一个连续的时间段落,但它相对于生活时间也只是一个片段,长的直播也不过几十个小时,而且中间还可能穿插其他时间段的内容,比如事先制作好的小片。所以,电视在一般意义上是无法用镜头去表现一个人24小时的生活的,即使技术上可行,在叙事和收视上也不可行。

第二,生活中的时间是不以人的意志为转移的,在一种不可控制的流失中永远向前流动着,人类无法让时间按照自己的意愿流动;而电视节目里的时间则完全是由人为控制的,是人们利用电视摄像机的记录特性建立在生活时间基础上的"再造时间"。按照叙事的需要,人们重构电视时间,所以即使是同样的内容、同样的镜头,由不同的人来编辑,最终结果便可能完全不同。创作者既可以让电视节目里的时间与生活中的时间相吻合,也可以让它们不同。电视节目的创作者往往根据需要去重构时间。在这里,时间是为了表达的需要而存在的,不是一个客观事实的存在。

第三,生活中的时间只有一个运动方向,永远是一个向未来流动的进程;而电视节目中的时间却不是这样。从叙事来说,电视里的时间既可以顺序,也可以倒叙,甚至还可以在几个时间中间来回穿插,节目中的时间安排几乎到了随心所欲的地步。

二、电视时间与生活时间的相关性

虽然电视时间和生活时间有比较大的差异,但毕竟电视时间来自于生活时间,所以两者也不是毫无关联的。观众的时间感来自于生活原生态的时间体验,电视时间能否建立起来,在很大程度上取决于电视时间与生活时间的吻合度有多大以及其能够被观众接受多少。

第一,电视中的时间表现要与生活中人们对时间的体验感相似,才能建立电视屏幕时间的真实感。电视时间要适应人们对生活时间的感受,不能让生活时间去适应人们对电视时间的感受。电视时间来源于生活时间,但又不完全等同于生活时间,它需要人们通过对生活时间的连贯性理解来形成电视时间的连贯感。

第二,电视中的时间可以随意重构,但也需要一些基本保证,如果太随心所欲,观众可能就无法理解创作者设置时间的目的,这样的电视时间是没有任何表现意义的。让观众看明白内容是对电视节目的最基本要求,之后才能考虑抒发感情、表达意境等目的。

第三,电视中的时间更多地追求一种心理上的时间真实感。电视节目中观众能够感知的时间有三种:现在、过去、未来。电视的镜头可以将某个时间相对放大或缩小,然后形成连续感。因为电视时间只是一个"时间感",电视镜头的景别切换不仅解决了人们视觉疲劳的问题,同时也为时间和空间的切分带来了可能。电视叙事对时间的处理既可以顺叙,也可以倒叙,甚至还可以不断跳跃,但无论是顺叙还是倒叙,都是以时间为参照系的;而生活中人们能感知的时间只有一种,即线性时间。

三、电视呈现时间的方式

电视观众感受到的时间必须与电视创作者呈现出来的时间相吻合,创作者要让观众通过联想等建立起电视屏幕时间,也即编导所要表现的那个特定时间,因为时间如果不被观众所感知,那它就失去了其所要表达的意义。那么电视如何建立自己的时间表达方式?如何让时间在电视上呈现出来,并让观众感受到?

从电视时间和生活时间的关系来说,时间基本上以三种不同的方式呈现:生活时间、表达时间、感知时间。电视节目所反映的时间也可以分为三个部分:一是客观事实发生的生活时间,二是电视节目所表现的表达时间,三是观众观赏节目时所感知到的时间。无论哪一类电视节目,电视摄像机要想完成记录,就必须与被拍摄者在同一时间出现。此时此刻的电视摄像机必须发挥"目击者"的作用,只有完成了对"目击"过程的记录,才有可能实现表意的功能。

无论节目的表达时间是现在、过去还是未来,镜头能够记录下的都只有"此时此刻"。如何在镜头里找到与这个时间相吻合的载体,是编导必须解决的问题,这涉及电视表意过程中的转换功能。除了极少量的现场直播节目播出时长与表达时长等同外,大多数电视节目都会有一个特定的事件发生时间,当这个事件或故事发生时,摄像机有可能不在场。如果是剧情类节目则可以用表演的方式来再现当时的现场,而对于非剧情类节目来说,由于这类"搬演"、"摆拍"无法产生与现场相吻合的真实感,所以这种手法就很难加以运用。但如果这个时间段的内容非常重要,编导和摄像就必须解决如何在摄像机"在场"的时候让曾经发生过的事情"再发生"的问题,而这个"再发生"的事情在镜头里表现出来后还必须让观众感觉是"正在发生"。在非剧情类节目中,这种"正在发生"只是编导采用的技巧和手段,"真实再现"、"模拟"等只是解决电视时空问题的方式方法。

电视节目所表现的时间主要有现在时和过去时。

"现在时"是电视表现中最常用的一种时间表现方式。现在时所要拍摄的内容是正在发生的,因而重要的是编导要找到拍摄过程中的有效拍摄时间段,并明确这个时间段内哪些时间和空间的内容是适合用来表达的。如果选择得当,节目的表达和叙事就可能获得一个良好的基础。在这个现在时中,现实生活的时间是电视时间的载体,而对拍摄时间段的选择则是编导判断能力、组织能力等的集中反映。

"过去时"是指电视所要表现的内容在摄像机到达现场之前就已经发生了,所以电视摄像机的拍摄只能通过其他方式"还原当时"。这一类内容在电视节目中如何表现呢?目前经常使用的方式有两种。

一是"回述",包括语言和镜头两方面的回述,力求通过一种电视化的手法"再现当时"。语言的回述主要是让当事人"复述当时",通过生动的语言、逼真的动作和气氛的营造在观众心中重新建立起事发时的情景。镜头的回述主要是通过对事件发生当地的人或物品等的拍摄,尽可能地"还原当时"。但这种还原还需要借助观众的想象来实现,因而在视听上要给予观众更多的"当时"的信息,以帮助他们完成对过去的重建。回述对电视创作来说是相对容易的方式,因为拍摄者只要找到了当时的"目击者",就能够完成回述,关键是要让他的回忆表述精彩。因为"回述者"本身就是一个符号,他是那时的经历者或目击者,所以容易在观众心中建立起真实感,这是其他任何人都无法替代的。此时要在讲述的基础上拍摄一些镜头来弥补其讲述的不足。

二是"真实再现"（或称"模拟"）。真实再现的手法是"摆拍"手法在非剧情类节目中的一种更高级的体现，"摆拍"是将剧情类节目的拍摄手法直接借用到非剧情类节目中。但由于题材以及被拍摄对象都发生了变化，而拍摄手法却没有做相应的调整，结果导致这种拍摄方式水土不服，出现"虚假"的感觉，最终使这种手法在非剧情类节目中应用失败。真实再现则是调整之后出现的拍摄手法。本质上，真实再现也是一种"摆拍"。真实再现的过程并不是最重要的，重要的是当时的氛围。这种氛围通过调动观众的参与而完成，而不是通过镜头展示给观众，让观众处于简单的被动接受中。真实再现的手段既可以用镜头重新建立一个时空，也可以让时空尽可能从意境、情绪上靠近"过去"——事发的那个"当时当地"，从而达到"间离效果"；让观众感觉到虽然时空完全不同，但表现却是清晰的、相同的。

如果再对电视镜头稍加分析，我们就会更加清晰地看到电视呈现时间的方式。每个镜头都有自己的物理时间和表现时间，电视的表现时间其实是通过一个个镜头的物理时间呈现出来的。所谓屏幕时间，是创作者根据电视创作规律，利用电视手段重构的一个来自于生活但又与现实生活有所区别的电视展示时间。之所以说它来自于生活，是因为电视叙事中的内容都取材于现实生活；之所以说它区别于生活，是因为电视中的时间大多是被高度浓缩了的再现时间，不是等同于现实生活的线性时间。

第二节　重构生活时间

从镜头本身具有的含义和延伸含义可以类推出电视镜头表现时间的双重含义：一方面是镜头本身的时间长度，另一方面是镜头所表现的时间长度。编导必须将两个时间重合到一起，才能在电视节目中表现时间。电视节目是用若干时间片段和若干局部空间来完成屏幕时间和屏幕空间塑造的。由此不难看出，电视节目里所表现的时间已经不是生活中线性的时间了，电视节目里的空间也不是生活中立体的空间了。不仅如此，电视节目里表现的内容也由生活的"真实"变成了心理上的"真实感"。因此，在时间和空间的使用上，编导就要对生活中的时间和空间进行重构，要根据叙事要求重新组织和表达时间，并在重构的过程中根据需要对生活中的时间进行"放大"或"缩小"。

"放大"是指在选取生活中的一些精彩片段时,由于前期拍摄过程中发生的事件或者编导所要讲述的故事有一定的长度,为了叙事的需要,编导将现实中的一个较短的时间在节目中适当地延长,即根据镜头的需要对某些局部的时间点做适当的切分。虽然切分之后的时间在节目中仍然有一种流畅感,但这些时间却可能比现实生活中的时间要长。比如在影视节目中我们经常看到一个人出门的动作被切分成了若干个镜头,这若干个镜头在前期拍摄中是需要时间的,为了表达的需要,拍摄者对生活中的时间进行了延长。这个"延长"包含两个含义:一是在节目中的表达延长了,这是叙事的需要;二是由于这个过程是由若干个镜头构成的,因而在拍摄时需要将过程分解成若干个镜头,因此时间也被人为地延长了。

"缩小"是指将生活中一个比较长的过程用较少的镜头表现出来。由于生活中的事件大多不具备叙事的戏剧冲突,因此需要将不具有叙事意义的过程省略,仅以少量的镜头表现出来,从而使生活中实际发生的时间远远长于镜头拍摄的时间和表达的时间。从叙事的意义来讲,镜头要将生活冲突上升为戏剧冲突,这个上升的过程就包含了对时间的浓缩和提炼,以使生活中的矛盾冲突相对"集中"和"激烈",它的外在表现就是对时间的缩减或放大,比如用三四个镜头表现一个人从北京到上海这样一个空间转移的过程,这里大量的时间就被省略掉了。之所以被省略,是因为这个生活流程没有矛盾,无法上升为戏剧冲突,因而这个省略是必要的。

一个电视节目是由若干个镜头构成的,每一个镜头都存在着物理意义上的时间和空间以及表达意义上的时间和空间。物理意义上的时间和空间是不以人的意志为转移的客观存在,而表达意义上的时间和空间则可以以人的意志为转移。同样一个镜头,不同的观众在观看时可能会获得完全不同的感受。因为不同的人在不同的心境、环境下对时间的感受是不一样的。比如生活中某个人在赶路或急着去做某件事时就会感觉时间流逝得很快,但如果这个人是在等待某个人或等着做某事,恐怕就会觉得那个时间段相当漫长。剧院里看戏的观众对于演出之间的空当是完全能够接受的,但对电视机前的观众来说,哪怕是5秒、8秒这样短暂的等待时间,他们也会觉得十分漫长。电视作品的复杂性恐怕不仅在于人们的感受,更难办的是创作者要用物理意义上有限的时间去表达心理意义上的连续时间。无论一个节目需要多少个镜头,它的叙事一定是建立在一定的时间表达上的,创作者不可能完全照搬生活中的时间,每个镜头的物理时间都要在节目中转换成一个连续的时间。同样的道理,每个镜头的空间也要经历同样的过程。因此,如果创作者能有"电视的时空是由若干个时间片段和若干个局部空间构成的"这种思考方式，则对于其在前期拍摄和后期制作中建立时间和空间很有帮助。也就是说，在前期拍摄中，创作者如果意识到了叙事中时间和空间的意义，那么这就为后期创作做了较好的铺垫，打下了较好的基础。

理解了生活时间与电视时间的差异，对于如何省略时间还要思考一个问题：省略的部分如何让观众感觉不到，即节目的内容在用这些物理时间表达时如何做到时间的无缝连接，让生活中的线性时间在屏幕中能够成为流畅的"线性"时间，让生活中整体的空间在屏幕中也能够形成一个完整的空间。

电视节目中的镜头是通过不同的景别和不同的拍摄技巧呈现出来的，那么镜头分解与镜头的时间和空间之间有没有关系呢？答案是显而易见的。以镜头的表现来说，镜头的景别和拍摄技巧只能说是镜头分解的表象特征。不难发现，镜头分解过程中除了这些表象特征之外，每个镜头还包含着一定的时间和空间，不同景别和拍摄技巧镜头的组接实际上也是对时间和空间的组接，所以时间是否连贯、空间是否连续直接影响着叙事的流畅与否。从叙事和表达的角度来看，这种时间和空间能够更直接地体现叙事的矛盾关系，如果从时间和空间的角度来考虑镜头分解过程，则要比只从景别和拍摄技巧的角度考虑更复杂，至少此时节目的镜头构成是考虑了时空关系的。如果只考虑景别的构成和拍摄技巧，只从单个镜头的表达出发去思考镜头的表现，镜头与镜头之间的关系就被忽略了，也就无所谓时空关系了。这种思考方式少了编导应该具备的前期拍摄中的后期编辑意识。如果从时间和空间的角度去考虑，则不仅要考虑镜头的构成，还要考虑镜头与镜头之间的衔接。这种思考方式是以组为单元的，这也和编辑基本规律中的"镜头成组"原则相吻合。

基于以上分析，可以这样来理解镜头分解：镜头分解是镜头拍摄过程中对时间和空间的切分，这使其对时空的省略、放大和重构成为可能。

表现时间的方式有如下几种。

1. 压缩时间

压缩时间可能是电影或电视中表现时间时最常用的方法。由于电视节目大多只能选择生活中的某个片段，这个片段又不是与生活时间完全相等的时间片段，所以需要把大量与叙事无关的时间压缩掉。在影视作品中，用几分钟或几十分钟来表现几个小时、几天、几年甚至几十年是常有的事情，这中间大量的时间被创作者压缩、省略掉了。编辑的时候选择那些与表达主题相关的时间段，舍弃那些与主题无关的时间段,将这些生活中的时间片段连起来,便可以形成连贯的感觉。从完整的节目看,专题片、故事片、纪录片甚至广告都有压缩时间的现象。

编导将与叙事无关的时间压缩,从生活时间里截取两个点,让这两个点之间的时间反映表达时间。此时编导面前有两个时间:

(1)镜头本身的时间。这个时间长度与生活中的时间长度是相等的。也就是说,镜头记录下来的单个镜头的时间与生活中的时间是相等的。编导要确定这个镜头的长度,确定这个镜头在节目里的时间长短。一个镜头的长度确定以后,也就意味着这个镜头所表现内容的时间流程确定了。这是每个镜头的物理时间,也是编导得以完成叙事或表达的载体,同时这个时间在物理意义上也是编导不可改变的。

(2)节目表现的时间。编导用与生活时间相等的镜头进行组接,从而形成另外一个表达时间。镜头与镜头之间的时间被省略了,所以需要再造一个连续时间,从而使观众感受不到被省略了的时间,形成一个连续的时间感,这种时间是一种被设计出来的感受时间。对于被省略的时间,一方面是编导利用镜头之间的衔接弥补了这个时间空白,另外一方面则是观众的想象和联想填补了时间空白。这个时间的建立要通过编导和观众共同来完成。

2. 延伸时间

电视节目中延伸时间的表现通常是运用编辑手段将生活中发生在一个较短时间内的事件,通过镜头切分和叙事的方式使其在屏幕上得以延长,从而获得意义表达的效果。这既可能是出于叙事的要求,也可能是出于情绪的要求。在电影《变脸》的开始部分,无论是孩子玩耍的慢动作部分,还是子弹迎面而来的那个瞬间,都是导演对生活中的时间进行了有效的技术延伸。

这种延伸是一种编辑手段,是为了某个目的而刻意使用的,在情节中大多数情况下需要铺垫,否则就意义不大,观众也不一定能够明白。

3. 与生活时间相等

镜头编辑中,与生活时间相等包含两种意思:一是指单个镜头对应于生活中的某个时间片段;二是指在编辑处理时,镜头表现时间与生活时间基本相等。后者一般出现在一些比较特殊的情形下,尤其是被称为点状时间的情形,这时电视时间与生活时间是相等的。比如发令枪响和运动员起跑,虽然在进行镜头编辑时可能有镜头切换,但由于生活中的这个时间极其短暂,被省略的可能性不大;其他的还有诸如猎人打猎、火箭发射等情形。

第三节　电视空间的构成

如果说电视的时间是因观众视觉的延时反应——视觉滞留而形成的,那么电视的空间则是因观众的想象参与而形成的。在观赏过程中,由于观众对节目的理解以及对不完整的空间进行了想象中的完善,从而在头脑中形成了完整的空间感觉。

叙事中,由于空间相对更多地被镜头所展示,而时间则被观众所感受,所以从接受的角度来说,电视的空间对编辑效果的影响没有时间那么明显。所谓电视空间,是指创作者根据叙事需要选取的特定表现区域,这个区域与内容有一定的关系,所以空间在叙事时要连贯,以便观众能够清楚地感觉到所叙述内容的空间关系。

首先,电视中由一个场景到另外一个场景或由一个动作到另外一个动作涉及空间的转换。这种转换通过镜头的连贯形成一种"虚幻"的空间,或者说一种再造的屏幕空间,有时一两个空间镜头往往是场景转换的重要部分。

其次,与电视时间不同,除了屏幕里表现的那部分空间,很少会有与现实生活完全对等的空间。也就是说,屏幕空间与现实空间是有一定距离的,但这种距离要保持在一个合理的限度之内。

再次,电视的空间可以随着时间或内容的需要转换,或者直接转换,而不一定要像时间的表现那样遵循严格的逻辑关系,重要的是向观众清楚地交代这种空间的转移,只是需要选择一个合适的时机。

那么空间组合有什么特点呢?

(1)可以让观众由局部的空间组合感受到全部的空间概貌。观众可以通过由不同景别的镜头所构成的局部到全部的空间组合,在头脑中形成一个完整的空间概念。编辑时镜头的构成,要么是从局部到全部,要么是从全部到局部,应尽量避免镜头级差太大。要做到这一点,就要求编导对镜头分解中空间的切分有深刻的认识,这样才能建立起良好的空间关系。

(2)通过几个跳跃性的空间高潮点形成连续镜头,可以简化叙事。抓住叙事过程中的典型环境、典型事件发生的空间,将其余的空间和过程省略。

(3)将不同的空间进行组合,可以丰富电视表现手法,完成意义表达。比如电视片《沙与海》中两条空间线索所产生的平行剪辑效果。通过大海与沙漠两个空间里的人,将"人与自然"的关系传递得非常清楚。更为重要的是,这种空间关系在现实生活中是没有的,只能通过电影或电视这种视听媒介表现出来,由它们去构建一种有别于生活但又能被人们所接受的全新的空间关系。

空间的表现方式主要有三种：

(1)省略。编辑过程中,大多数情况下要省略没有表达意义的空间,将几个镜头连贯起来,形成一个连贯的空间,甚至可以用几个镜头形成一个全新的空间。例如,电影《真实的谎言》中马上追逐一段便体现出清晰的空间线;《丹麦交响曲》中不同空间的转移;以及电视片《危急时刻》中演播室的空间和观众看到的机场空间。

(2)移植。利用观众的心理错觉和对环境的不熟悉,构成一个观众想象中的屏幕空间。电视空间的形成过程中,面对同样的屏幕空间所反映的内容,不同的观众有不同的理解。所以在空间的构成中,观众想象的参与是一个重要因素。

(3)组合。例如《沙与海》中的平行蒙太奇将两个完全不同的时空组合到了一个节目中。

第四节　从真实到真实感

前面已经分析过,电视摄像机的记录特性决定了记录时摄像机必须"在现场",这就给了观众一个错觉,认为电视摄像机记录下的内容就是事件发生的真实全过程,摄像机和拍摄者无形中起到了"证明"的作用,恰恰是这种无意的"证明"给了观众一个极其强烈的感受,即从屏幕中看到的就是事实的全部。因为电视镜头本身给了观众最直观、真实的信息渠道,观众最终便得出一个简单的结论:电视是最直观、真实的。得出这样的结论实属情理之中,因为电视观众只看到了结果,而没有看到创作的过程,镜头和创作者无意中的证明又更加强化了电视观众的这种感觉。

然而对于创作者来说,电视并不完全具备这几个特点。此时创作者必须面对一个问题:直观、真实的画面在拍摄时并非完全掌控在拍摄者手中,电视的画面、声音只是创作者的一个手段,他必须借助于这样一个载体才能表达自己的观点,他的观点必须负载到被拍摄对象的行为、动作、语言上。

电视的时间和空间比较典型地反映了这种从真实到真实感的过程。

所谓真实,是指与客观情况相符的一种存在或一种事实,是一种客观状态。而获得真实感则是一种主观的行为,是让得出的直观印象尽量与现实的存在和事实相吻合,尽量消除想象与现实的距离,是一个主观的过程。

电视的真实是如何得来的呢？应该说获得电视真实是人们对现实真实的一种永恒的心理追求。电视创作的流程也将从真实到真实感的这个过程充分地展示出来，所以电视真实的获得其实是一个完整的过滤过程：

第一，社会生活是丰富而有个性的，然而丰富多彩的生活中发生的事情并不都会或都能够成为电视表现的内容，电视中对这些事情的取舍本身就包含着"选择"的过程。但此时也是最接近真实的阶段。

第二，从电视节目的制作过程来说，面对纷繁复杂的社会生活，当电视人需要创作节目时，他们的取舍是不完全一样的，甚至在表现同一个对象时，不同的创作者也会采取不同的方式和方法，因此电视创作者对生活的取舍与真实有着一定的距离。

第三，电视工作者的创作工具是电视摄像机，拍摄者在使用摄像机拍摄时也需要进行选择，他选取的内容就是将来观众可以看到的内容。从这个意义上说，拍摄者拍摄时已经为观众进行了选择，对要表现的内容再一次进行了筛选。此时可以说是创作者对现实真实的一种挑选。

第四，电视节目要经过对拍摄素材的一系列取舍，经过编辑之后再传输到电视机里让观众收看到，才是一个完整的节目。电视编导在对拍摄的素材进行再加工时，会将个人的好恶、审美观等带入节目中。此时编导则是在重新构建电视的真实，但这个真实与现实生活的真实已经产生了相当的距离。

第五，电视观众的接受是再一次筛选和过滤的过程。当然这种接受实际上包含两个方面的内容：一是技术上的接收——传输效果。传输效果的好坏会直接决定受众是否选择这个电视节目。在电视频道越来越多的情况下，观众选择的余地也越来越大。图像、声音质量好的节目自然是观众的首选，而那些接收效果较差的频道自然就难以进入选择的范围。二是接受者的爱好、兴趣、需要等会对接受内容产生影响，甚至某些时候情绪也会影响观众对节目的收看。此时观众所获得的是与现实有距离的真实感，而不再是生活原生态的实实在在的"真实"了，但这种真实感是通过时间和空间的方式体现出来的。

第五节 建立时空结构

目前，收视率对每个栏目来说都犹如一柄高悬在头顶的达摩克利斯之剑，逼迫着每个编导、制片人去考虑收视率，专家们也在对影响收视率的因素进行各种分析,但从电视编导的角度来说,在考虑收视率时到底应该想些什么呢?

从编导的角度理解收视率,可以将其简单化:一是节目的叙事,二是节目的制作技术。现实中一个奇怪的现象常常使节目制作者们费解:有些节目专家看好但收视率却上不去,有些节目专家不看好但收视率却很高。为何会出现这种现象?难道专家与普通受众之间在收视上存在很大的差异吗?问题究竟出在哪里?

仔细研究我们便会发现,大多数情况下专家与普通受众之间的确存在着视点不一的问题:专家更多的是从专业角度去分析节目,看重的是节目叙事、节目制作、镜头编辑、声音处理等专业问题;而普通观众更关注节目的内容,一个不懂电视制作或创作的普通观众对于节目中出现的某些技术问题甚至会无动于衷,比如夹帧、声音没有剪干净等,只要节目内容足以吸引他们,观众便可以对这些瑕疵忽略不计。因为这些问题对他们来说显得过于专业,不是他们所关心的问题,但专家们显然是无法容忍这些瑕疵的。这是收视表现出现差异的原因之一。这是否意味着可以降低节目的制作精度呢?当然不能。分析这个问题只是想说明:观众更关注的是叙事,是编导建立的叙事结构、时空结构,是编导用那些来自于生活的时间片段和局部空间重建的对观众有吸引力的屏幕叙事时间和空间。或者说在叙事和制作精度之间,叙事的好坏对于观众来说比制作精度更重要,在达到基本制作精度要求的前提下首先要考虑的是叙事。提高镜头制作精度对一个好的叙事来说是锦上添花。

非剧情类节目的创作首先应该确定关注点,然后再提炼主题,尽力避免主题先行。这个关注点的确立,直接关系到非剧情类节目创作手法的运用。例如,是罗列素材,用空镜头配解说词去填充创作者要表达的思想,还是把要表达的思想渗透到主人公的生活中去,这不仅是思维的一个基本要求,也是表达的难点所在。因此,关注点的确定直接关系到整个创作的走向和主题捕捉。个人命运和经历,作为一个时代的缩影,无疑是需要特别关注的主体,包括人物的生存体验、矛盾冲突、生活历程、生存趋势等,可以在此基础上去结构一个好的故事。一部好的电视作品不能没有故事,而故事的发生发展需要一系列情节和细节来构建。因此,就非剧情类节目的故事内容来说,情节和细节是重要的构成要素。而情节的营造、细节的捕捉也最能体现节目创作者的功力。面对纷杂的琐事,如何准确地捕捉和取舍,以保证主题走向不偏题、不离题,要看故事情节能否塑造人物的个性特点,能否表达和深化主题,能否为事件的发展提供承上启下的铺垫,能否让观众感受到强烈的冲击。现实生活中,电视是一种快餐文化的标志和象征,制作时也是以快见长,缺少文学作品那种体验生活的过程,观察、拍摄、制作都采用短平快的方式,所以对关注点的确立也就容易流于表面,缺少对生活的思考,加上现如今许多进入电视圈的年轻人生活条件优越,对现实生活缺乏了解,因此观察生活更成了电视创作中必不可少的一个环节,否则就容易陷入主题先行的模式。即使节目使用现在流行的拍摄手法,但如果是新瓶装旧酒,那也很难有新意。解决了这个基本问题,创作者的心态就会发生变化,就会先去观察生活,而不是急于记录生活。如果没有"发现",对生活的记录便会流于平淡。

其次是能否在关注的过程中与最终要表现的主题联系起来,理清拍摄思路和重点,逐渐明确要表现的主题。要想表现来自生活的真实故事,就必须善于捕捉正在发生的事。拍摄主体的一切活动,都属于正在发生的事,但这并不是说要毫无遗漏地"跟拍、跟拍、再跟拍"。创作者要在关注的基础上有基本的判断和预测能力,判断"正在发生的事"的价值所在,并预测其重要走向。更重要的是,创作者要善于敏锐地记录下这件事的发生缘由、发展过程、高潮及结果,把这件事作为一个完整的情节融入节目中,同时力争做到用事实本身去说明问题。不少人至今仍然习惯用解说词加空镜头,借助于音乐或其他间接的手法来说明问题。这些方法固然可行,但它们不是万能的,尤其是在现实的媒体环境下,即使是最动人的解说词、最煽情的音乐、最精良的制作也等同不了、替代不了能够打动观众的事实本身。

最后是能否将这些叙事要素转换成电视画面语言,并将其组合到一起。所谓电视画面语言,指的是一定时间内的视频画面信息及其负载的同期声。非剧情类节目的画面语言应该真实、自然、流畅,这些来自于生活原生态的画面大体可以分为三类:记叙性画面语言、描述性画面语言及表现性画面语言。其中,记叙性画面语言是非剧情类节目的主体画面语言,要负载许多功能,例如告诉观众谁在何时何地干了些什么,记录主人公的喜怒哀乐,展示主人公的性格,比较完整清晰地展现故事情节和矛盾冲突,交代围绕主人公的人和事之间的相互关系等,从而达到深化节目中心主题的目的。这些功能要靠记叙性电视画面来实现。在拍摄和运用记叙性电视画面时,要注意选择好叙述的角度,处理好叙述的层面。叙述角度的选择过程就是寻找和理清事件发展主线和脉络的过程。这是一个编导在编辑台前需要想明白的,毕竟"磨刀不误砍柴工"。

案例分析

片例一：《哥伦比亚号航天飞机坠毁》

(http://www.acfun.tv/v/ac1574160)

节目表达时间与生活时间

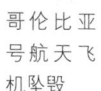

哥伦比亚号航天飞机坠毁

2003年2月1日美国东部时间上午9时，美国哥伦比亚号航天飞机在得克萨斯州北部上空解体坠毁，七名宇航员全部遇难。国家地理频道制作的《重返灾难现场2》系列里的《哥伦比亚号航天飞机坠毁》（Columbia's Last Flight）以这个真实事件为蓝本，解析了该航天飞机发生事故的原因。节目首先涉及真实事件发生的时间，其次是节目表达时间，再次对重点时间部分进行了重点使用。以生

活原生态为内容的节目虽然可以以真实事件发生的时间为依据，但毕竟节目的表达时间与事件发生的时间之间有较大的出入，所以正常情况下不可能完全以真实时间为叙事时间。节目编辑中对整个节目总体时间的进程应该如何把握？一个节目的总体时长应该是多少？与其对应的现实生活的时间又是多长？用哪些元素来表现？哪些地方在情节上需要重点表现？哪些地方可以一带而过？对以上问题编导要做到心中有数。只有明确了这些问题，编导才能对节目的时间安排有一个总体构思，总体构思清楚了，才不会导致节目比例安排失当。《哥伦比亚号航天飞机坠毁》以时间为主体的叙事结构十分清晰。节目以哥伦比亚号航天飞机发射时间2003年1月16日早晨7点作为开始，穿插了多次时间显示，一直到发射前的10:38:02现场倒计时为止。从"07:00:00"字幕出现到"07:05:02"字幕出现这两个时间点之间的段落里，节目介绍了参与此次航天飞行的宇航员及部分家人，节目实际时长约为2分30秒；而从07:05:02这个时间点开始到07:30:00，节目时长只有1分钟左右，在这个1分钟左右的时间里，节目主要围绕发射前一些鲜为人知的细节展

开;接下来 1 分 30 秒的节目时间里主要讲述了航天员们前往发射场的过程及他们所面临的问题。再次出现在屏幕上的时间是"10:38:01",现实生活中的真实时间在节目的 1 分 30 秒里飞快地流逝,航天飞机度过发射最危险的阶段顺利进入了太空。在节目接下来的 5 分 40 秒里未出现时间字幕,表现宇航员们在太空要完成的工作及对太空的感受等,下一次出现时间字幕直接就到了 2003 年 2 月 1 日早晨,生活中真实经历的 16 天就这样在节目中被省略了,因为在这期间所发生的内容与节目主题无关。当屏幕上"08:10:01"时间字幕再次出现时,哥伦比亚号航天飞机已经准备返回地球了,从此时开始,节目用了将近 10 分钟的时间叙述哥伦比亚号航天飞机失事前的整个过程。在这个过程中,屏幕上的时间字幕出现了将近 10 次,虽然这里的时间字幕仅仅是模拟当初事发过程中的时间,但由于它与这个事件有着直接的关系,因此时间字幕的每一次出现都会给人以紧张感,而且随着时间的推移,这种紧张感不断增强,节目叙事的张力也在无形中被强化了。之所以在这里这么详细地描述屏幕上的时间及其相应的真实时长,一方面是想说明节目表达时间与真实的时间是有区别的,另一方面是想说明时间在这里作为叙述的一种方式,很好地增强了节目的冲击力。

片例二:《鳄鱼最后的晚餐》

(http://v.pps.tv/play_39TLNF.html)

《鳄鱼最后的晚餐》(*Last Feast of the Crocodiles*)是国家地理频道制

鳄鱼最后的晚餐

作的 100 集珍藏中的 1 集。本集以非洲的河马河在旱季时逐渐干涸,动物们为水而战的故事为内容,讲述了旱季来临时生活在这里的动物所面临的生存问题。河马与鳄鱼是旱季来临后占据水池的动物,但随着旱季的持续,各种来这里喝水的动物都要为水而战,鳄鱼此时占据着绝对的优势,每一只想到水池里喝水的动物都有可能成为它们的盘中餐,一些不知危险前来喝水的动物确实也成了鳄鱼的牺牲品。然而随着时间的推移,旱季的时间不断加长,水池也最终干涸。以河水为生的动物都纷

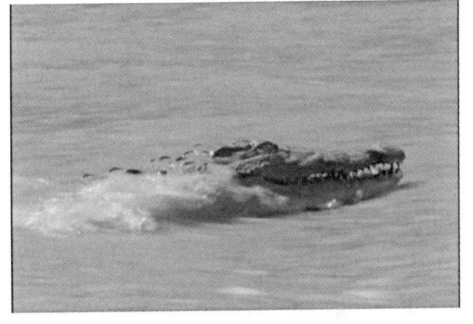

纷离开了,唯一与鳄鱼做伴的河马也不知在何时悄悄地离开了,而坐以待毙的鳄鱼最终死在了这个它们赖以生存的水池里。该集故事以一个完整的旱季为时间单元,从旱季来临时唯一的水池开始,到旱季末尾水池干涸结束。作为整个故事的叙述时间,作者以53分钟的时间长度完成了这个故事。如果说现实生活的时间长度是河马河几个月的旱季,那么编导应该选择哪些冲突情节来完成叙事呢? 这种时间处理的方式是节目编辑中经常使用的一种方式。

片例三:《空中巴士 A380》(国家地理 Engineering Connections 系列之一)

该节目以空客 A380 客机的机翼、蒙皮、紧急滑梯、起落架等四个方面的制造为

内容,是一档科技感较强的节目。该节目以现场纪实为主,这里的纪实不是一般意义上那种对所拍摄内容的客观纪实,而是在现场主持人引导下对模拟实验的纪实。由于涉及空客 A380 飞机不同的制造部门,所以现场主持人要分别参与四次不同的实验。飞机蒙皮的制造原理为什么与古代蒙古弓有关?紧急滑梯如何在6秒之内充气?什么样的起落架能承受如此庞大的空客 A380 的机身重量?这些都是一些技术性很强的科学问题,主持人分别选取了不同的实验场所,让摄像机记录下了他参与实验的过程,以此来解答空客 A380 所面临的这些问题。节目纪实感很强,但这种纪实感是在主持人的引导下完成的,从时间和空间上来说,四个不同的时空在这

里被节目的编导有机地组合在了一起,完成了一个节目的完整叙述。与其他节目不同的是,虽然这里的四次实验所呈现的时间、空间与节目整体关系不大,但是其中的每个时间和空间内部都有一定的关联性。节目的时间和空间是由节目编导人为组织起来的。节目以段落为结构,每一个部分构成一个独立的时空。

思考题

1. 生活时间与电视时间有什么差异?
2. 电视时间在镜头中是如何表现出来的?
3. 电视空间组合有什么特点?
4. 如何从生活真实中获得电视真实?
5. 如何理解电视节目中的时空?

第十章　学会讲故事

知识要点

　　说到故事，人们往往更多地将其与虚构题材联系起来，但是对于以生活原生态为内容的电视节目来说，故事同样是一种重要的手段。听故事是人与生俱来的一种本能，并不会因为题材的改变而有所改变，这里重点讨论了如何将生活冲突上升为戏剧冲突，使生活中的平淡内容能够被结构为带有矛盾、冲突的戏剧故事，从而提高电视节目的可视性。

　　电视创作的最终目标是创作出优秀的电视节目，因此找到一种好的表达方式是每一个电视节目创作者努力的方面。好的思想、创意和愿望都需要通过好的手段才能表现出来，否则这些想法就只能停留在个人思想的状态，无法通过电视这种大众传播媒介传递出去。因此，电视创作者不仅要确定"讲什么"，还得明白"怎么讲"。

　　美国国家地理频道在表现非虚构类节目方面是比较有特色的，其很多节目都展现了看似静态但却难以用镜头表现的内容。从表面上看，国家地理频道所表达的内容似乎不是很有意思，但国家地理频道却能够把这些看起来不好讲，甚至不可讲的事情讲得生动、有趣，激起观众的兴趣。比如科技、文化、地理等方面的内容，它们在表现对象上缺少强烈冲突，但节目却能够让人感受到强烈的悬念感、故事性，作者究竟是如何找到那些吸引观众的内容的呢？这些内容在电视化的过程中又做了哪些转化呢？创作者在对这些内容进行加工、处理的时候，做了什么样的工作使得原本相对平淡的内容变得跌宕起伏、颇具故事性的呢？这种故事性原本又隐藏在哪些地方呢？

　　如果对国家地理频道的节目进行分析，我们就会发现它的几条重要原则：一是有一个好故事，作者在固定时长的时间内传递给观众一个完整而精彩的故事。二是有一种好的叙述方法，即用精湛的编辑手段把生活冲突上升为带有一定戏剧冲突的故事,然后讲述给观众。如果只有一个好的模型,但没有好的传递手段,节目也未必能成为可供欣赏的故事。故事的内容是"说什么"的问题,讲故事的方法是"怎么说"的问题,这个"怎么说"表现在节目中就是作品的结构方式。三是有好的细节,这里的细节是指电视节目中那些故事的矛盾冲突、动人点和动情点,这些内容有的是创作者从生活中捕捉到的,有的则是根据电视的叙事特点后期编辑而成的,还有一部分是出于某种需要而刻意设计出来的。

首先要有一个好故事。"听故事是人的本能需求",凡是有情节、首尾完整的皆可被称为故事。那么,什么是好故事？好故事应该能够抓住观众的眼球。那么这些好故事里有什么特点和规律呢？

国家地理频道有这样一条不成文的规定:要把最精彩、最重要的内容放在节目的开始,或把次重要的内容放在节目的开始,把最重要的内容放在节目的结束部分。从节目的吸引力考虑,这是为了在最初的瞬间抓住观众;而从叙事上说,节目有好的开头也能为之后的故事做好铺垫。

电视的叙事首先要确定叙述内容,之后依照一定的规则建造各影像组之间具有内在统一性的叙述方法,并依照一定的次序和节奏达到叙事的目的。电视作品在结构中形成的节奏和次序应该说是创作者为表达内容而精心创造的影像的集合。

一般来说,电视节目中叙事内容和叙述方法之间有三类关系:一是次序关系。叙事的内容通常以思维或事件的直线性次序为特点,而叙述的展开次序往往与内容的展开次序不一致,如回忆、插入、跳接、闪回等等。二是同一行为在两者中的时长不一致。一般来说,同一事件叙述中的时长短于内容中的时长,如一个人从家里到街上这个过程,在屏幕上只用了几十秒钟,但在叙事内容中却用了几分钟乃至更长的时间。三是两个层面的视点不一致。在叙事内容中,一般只以叙事者的视点来建构故事,而叙述时则可以用不同的视点,如旁观者、叙述者等来引出叙事内容,以此来引导观众观察一个实在的世界。

在非剧情类电视作品中,叙事是创作者根据生活的本来面貌对生活原生态所进行的艺术表述。它既可以突出情节因素,强调冲突和矛盾,表述为情节化的叙事;也可以突出逻辑因素,强调生活本身的过程,表述为一种散文化的叙事;还可以突出情感因素或理念因素,强调心理体验或理性思考,表述为一种诗化的叙事或哲理化的叙事。不同的叙事形态往往表现出不同的作品结构形态。

至于剧情类的故事片创作,由于其在创作初期已有严谨的文学剧本,所以在影片拍摄过程中已经解决了叙事结构、镜头结构等涉及影视叙事手段的问题,而纪录片、纪实节目或专题节目等非剧情类节目在进入编辑过程后还需要重新构思故事结构，因为这些节目的拍摄与镜头分解是同步完成的，而且拍摄之前未见得有清晰的故事线索。虽然很多时候创作者也是按照一个尽可能清晰的结构在拍摄，甚至在拍摄过程中这个结构会变得越来越清晰，但与剧情类节目相比，其叙事还是比较朦胧的，与现实生活还是有一定距离的，而这种距离也决定了非剧情类节目后期结构故事的可能性和可行性。当然，因为前期拍摄无法精确地掌握故事的发展情况，所以创作者可能会有意无意地忽略故事结构，而一味地依赖纪实过程本身，结果使得原本很精彩的故事消失在"流水账"一样的记录中。如今，纪实类栏目中甚至出现了完全没有故事结构的"纪录片"，创作者错误地认为生活流程就是电视节目表达的对象，没有将生活冲突上升到创作层面。

第一节　讲故事是电视节目的基本要求

在艺术作品中，最能体现故事特征的恐怕除了小说之外就是电影和电视剧了。从过去文学创作领域的寓言、传奇、戏剧、小说，到今天的电影、电视剧、纪实报道等，人类总在创作、讲述、享受着故事。所有这些样式都有一个共同的元素，那就是故事。这似乎是人类洪荒时代就遗留下来的集体无意识。故事是什么？哪一类内容才称得上是故事呢？

故事并不是一种文体，它是通过叙述的方式讲述的一个带有寓意的事件。《辞海》里将故事解释为：叙事性文学作品中一系列为表现人物性格和展示主题服务的有因果联系的生活事件，由于它循序渐进、环环相扣，从而成为有吸引力的情节，故又称故事情节。

电视由于其作为媒体的复杂性，所以很难像电影那样比较纯粹地以虚构为主去讲故事。电视节目除了新闻、纪录片等以生活真实为表现主体的非剧情类节目之外，还有电视剧、广告、文艺节目等虚构类节目。无论是观看剧情类节目还是非剧情类节目，电视观众的目的都是一致的。研究发现，无论是在剧情类节目还是非剧情类节目中，观众对故事性的要求其实并没有太大的区别。作为人类的基本心理欲求，从过去的文学作品到现代的电子作品，观众对故事的诉求并没有因为传播载体的改变而改变。美国纪录片制作者和理论家迈克·拉毕格（Michael Rabiger）

使用了"编剧"这一概念:"戏剧感是从哪里来的呢?我自己的感受是来自于集体潜意识,而这是恒久不变的人性之一。大家都知道,它是从古至今都一直存在的人性动力,我们对于一遍又一遍地说故事与听故事都很渴望,你可以想一下现存亚瑟王传奇故事的改编版本有多少种:故事本身是中世纪的产物,但是千年之后,它仍一直被改编与更新,也不断给予人们乐趣。"[1] 既然故事符合观众的心理要求,为何一定要把它摒弃在电视节目之外呢?电视节目虽然种类繁多,但对故事的需求并没有改变。电视节目内容的多样性带来了节目中故事的多样性,除了表现在完整的叙事性作品中,还表现在许多说理或抒情的作品中。有些大型系列片,其形态样式可以是历史文献、政论、电视文学,甚至调查、科学研究等,但都十分珍惜那些细小、具体的真实情节和故事。

可以想象,许多野生动物、植物题材的自然纪录片,如果没有巧妙运用拟人手法讲述其生存斗争故事,使知识、教育的内容情节化、故事化,而只是课堂教学式地讲述其生理、生态知识,那其如何参与电视传播竞争呢?正是把丰富的科学知识编织成了符合科学道理又充满人情味,且通俗易懂、妙趣横生的故事,才使得这一种非剧情类节目获得了强劲的竞争力。

在叙事学里,故事的构成元素有许多,诸如人物、地点、情节、矛盾、高潮、结果等,无论这些元素有多么复杂,经过分析之后,构成故事的元素似乎都可以归纳为简单的几种:人物(或动物)+情节+环境。归纳虽然简单,但这三种元素的组合却能变幻出人世间无穷尽的恩怨情仇、悲欢离合。

看故事是人类与生俱来的天性,故事同样也是电视中非剧情类节目实现意义表达的最佳选择之一。电视创作者如何去寻找故事,如何去结构故事、表现故事是电视创作过程中一个永恒的探索课题。

第二节 从生活冲突里寻找戏剧冲突

对于电视节目来说,尤其是对于非剧情类节目,很重要的一点是:故事来源于生活,所以生活流程是叙事载体,但它又不等于叙事结构。电视创作既可以按照生活流程来结构故事,也可以打破生活流程,按照节目的需要来结构故事。与剧情类

---

[1] 转引自张同道:《真实性和真实人物——论纪录片的故事性》,jishi.cntv.cn/program/zhangtongdaozf/20110928/100491.shtml。

节目相比,非剧情类节目的一个困惑就是如何去处理生活与表现的关系。在这里,生活流程是创作者表现对象的载体,但节目创作又不是简单地复制生活,重要的是创作者如何在载体的基础上将其升华,使生活冲突具有一定的戏剧冲突,从而满足观众对故事的需求。所以在非剧情类节目中,生活流程并不等于叙事结构。

冲突、情境、结构是戏剧和戏剧文学的三个特征。非剧情类电视节目的创作者要清楚如何从生活原生态里提取戏剧冲突。现实中的冲突时时刻刻存在于生活中,但这些冲突本身大多数并不具有戏剧性。在生活冲突里寻找或发掘戏剧冲突对于每一个电视节目编导来说都十分重要。如何将生活冲突上升为戏剧冲突,是每一个电视创作者必须面对的,至少戏剧冲突因素是一个无法回避的问题。

什么是戏剧冲突?戏剧冲突就是表现在戏剧中因双方的意志对抗而造成的、能够推动剧情发展的矛盾冲突。戏剧冲突是戏剧性最高、最尖锐和最集中的表现形式。没有冲突就没有戏,剧本的本质特点就是戏剧冲突。对于戏剧冲突的特点,美国戏剧理论家布罗凯特尔曾经这样表述:"一个剧本要激起并保持观众的兴趣,造成悬疑的氛围就是要依赖冲突。"事实上,一般对戏剧的认识是:它总包含着冲突——角色与角色间的冲突、同一角色内心诸欲望的冲突、角色与其环境的冲突、不同意念间的冲突。

在戏剧界有一句尽人皆知的话:"没有冲突就没有戏剧。"这句话几乎成了戏剧创作的神圣"法律",没有人可以违背它。在戏剧舞台上上演的人生故事通常都是命运跌宕、明争暗斗、剑拔弩张的。

戏剧冲突在作品中的表现方式是多种多样的。首先,可能表现为某一人物和其他人物之间的冲突,或称外部冲突。其次,可能表现为人物自身的内心冲突,或称内部冲突。再次,可能表现为人同自然环境或社会环境之间的冲突。有些剧本在表现主人公同社会环境的冲突时,往往把环境"人化",即把它戏剧化为主人公与其他人物之间的冲突。如《哈姆雷特》中主人公面对的社会环境是一座"牢狱",而克罗迪斯及其周围的朝臣恰恰是社会环境的人化。在另外一些剧作中,社会环境往往成为对人物发生影响的背景,给主人公造成一种外在的压迫感。

戏剧冲突是戏剧的内在本质,所以戏剧欣赏的切入点是戏剧的冲突。电视节目的载体虽然发生了变化,其表现对象也不完全是虚构的,但观众欣赏过程中的这种心理需求并没有因为这些外在形式的变化而发生变化。对于生活中散点式的内容,应该说创作者更需要将其戏剧化,或者说去寻找它的戏剧冲突。

由于表现对象、表现内容来自于生活原生态,非剧情类节目记录下来并直接表现出来的部分是生活冲突,而电视的直接复制很难达到戏剧冲突中的那种矛盾集中度和激烈度。对于电视创作来说,这不能不说是一个难题。

生活冲突的特点是什么?一般以什么方式呈现出来?生活是指人或物为了生存和发展而进行的各种活动,而冲突是指矛盾表面化、发生激烈争斗的部分。戏剧冲突不同于一般的矛盾冲突,其主要特点是矛盾的集中性和激烈性,而生活冲突与戏剧冲突的差异也在于此,生活冲突的持续时间要长于戏剧冲突,因为戏剧冲突必须在有限的时间内完成,而生活中因为情况不同,矛盾持续的时间便会长短不等。在电视节目里,生活矛盾与戏剧冲突之间有着密切的联系,但又有所区别。生活冲突是戏剧冲突的基础,戏剧冲突必须从生活冲突中提炼出来。

生活冲突来自于生活原生态的生活流程,这里所说的生活流程,是指被拍摄对象按照其在生活中的逻辑或行为方式在镜头前的表现。正因为它来自生活原生态,所以在它的发展过程中既可能存在矛盾也可能不存在。无论矛盾是否存在,表现矛盾或冲突都是电视叙事所必需的。

镜头里的生活流程是对生活中的自然流程所进行的"选择性记录"。由于生活中的冲突或冲突的激烈度是有限的,所以很多时候电视节目中的生活冲突是通过创作者的叙事结构来完成的,创作者正是通过"集中"矛盾才使原本比较平淡的矛盾具有了"激烈"的特点。纯粹的生活流程记录是一种对生活中发生的事情不加分析的全盘记录,没有电视创作本身的选择和加工,而一味将希望寄托在生活冲突上,这种纯生活流程的记录方式很难获得好的戏剧冲突,更何况一般情况下,人们未必愿意将个人的矛盾暴露在公众视野下,即使有矛盾,大多数情况下人们也愿意将矛盾隐蔽起来,除非被拍摄者希望借助媒体的力量达到个人的某种目的。这种对生活流程的记录,由于拍摄者将镜头对准了生活流程本身,在拍摄中花费了大量的时间去关注这个过程,一旦这个生活流程无法承载叙事的结构,它就只能停留在对过程的叙述上,而这个流程未必是观众所关心的。在电视节目创作中,生活流程不等于电视情节,不能简单地认为将生活流程搬上电视屏幕就能打动电视观众。了解了生活流程的特点,还应该明确如何面对镜头前的生活冲突。

那么如何捕捉生活冲突?有两种方式:一种是用镜头捕捉,这是最理想的电视表现方式。但对于纪实类节目来说,这往往也是最不可能的,因为没有人愿意面对镜头暴露自己的矛盾。另外一种是利用编辑结构矛盾的方式,这是非剧情类节目中表现冲突更为常用的一种方式。编辑结构矛盾是建立在对生活重新结构的基础上的,这个过程就是将生活冲突戏剧化的过程,因为在进行故事结构的时候必须考虑到矛盾因素以及解决这些矛盾的过程。这种过程的展示会使观众产生期待。这里需要注意以下四点：

1. "提炼过程"比"寻找结果"更重要

我国的电视节目中，专题形式一直被很多节目或栏目所采用，这与我国电视创作初期人们对电视摄像机的记录特性过于关注而忽视其表现特性有关。从叙事的意义来说，导致这种差异的原因是关注点的差异，即创作者更注重结果。如果创作者将更多的精力集中在结果上，那么其在创作中对过程就会缺少"发现"，从而失去在生活原生态里发现矛盾的可能。失去了这些矛盾，自然也就失去了将生活冲突上升到戏剧冲突的可能。过程对于当时的创作者来说只是一个形式，这种形式会被创作者置于一个可有可无的位置。因为创作者关注的只是结果，过程只是创作者实现结果的一种手段，于是剧情类节目里使用的"摆拍"手法便大量进入了以生活原生态为题材的节目中，一些在生活中原本不擅长表演的人，被电视节目编导或摄像师要求在镜头前进行"表演"。这是否也是一种错位呢？因为此时的电视创作者只是站在镜头拾取的角度思考问题：试图在最短的时间内获得最好、最多的镜头，以期在短时间内完成前期拍摄。恰恰是这种判断失误导致创作者在拍摄过程中失去了发现的眼睛和发现的机会，自然就无法提炼生活冲突中的矛盾了，因为节目中的结果往往是创作者根据需要"预设"好的，拍摄过程只不过是一个"证明"或"表现"的过程而已，所以也就难有戏剧冲突被提炼出来了。

2. 时间和空间的切分构成叙事载体

由于电视的时间和空间是由生活中的若干个时间片段和若干个局部空间构成的，所以在拍摄和编辑过程中能否建立起时间和空间的关系是决定生活冲突能否上升为戏剧冲突的一个重要因素。那么，时空关系的建立是由编导根据自己的意愿把握的还是在观察生活之后寻找合理的切分点去重新结构的？如果生活冲突的结构是由编导把握的，那么编导就不会对生活冲突进行提炼，也就无所谓戏剧冲突了。过去的专题片基本上不讲究时空关系，或者说时空关系是掌握在节目编导手中的，编导基本上是根据表述的逻辑需要来完成镜头拍摄。在拍摄过程中，镜头时空关系的重要性被放到了镜头拍摄之后。人们在这类节目中会看到：前面是甲地的空镜头，后面马上就可以接乙地某人的采访，采访对象可能根本就不在镜头所表达的空间内。而对于纪实节目来说，完整的时空关系是叙事中的基本构成，叙事失去了基本的时空对应关系，就失去了真实感。观众主要关注专题片的表现结果，享受纪实过程中戏剧冲突的展示，至于纪实的最终结果对于观众来说未必是最重要的。因此，叙事中对生活冲突的过程进行提炼远远重于对结果的关注。

如果说对过程的关注更多地集中在时间上，另外需要关注的就是空间的切分，以及特定空间里被拍摄者的关系。蒙太奇最基本的含义是对各个镜头的关系进行观照，比如将一个大的空间切分为若干个局部的小空间。镜头重新组接之后，不仅要让观众建立起空间关系，更要在这些空间关系里构成叙事矛盾。有了矛盾，就有了叙事的载体。而叙事载体体现了从生活冲突到戏剧冲突的变化过程。

3. 组织现场段落

拍摄者为了表达自己的观点，无论是使用长镜头还是使用蒙太奇分切镜头，都需要通过组织才能完成镜头的拍摄。区别在于这种组织能否被拍摄者感知到，因此编导在拍摄现场必须做出十分准确的判断。一般情况下，长镜头需要在一个镜头里组织更多的内容，而分切镜头则可能把现场切分成若干个部分。从镜头拍摄的角度来看，无论是长镜头还是分切镜头，其拍摄难度都是一样的，只是根据需要决定拍摄方式而已。

编导在现场的"组织"可分作两种情况：第一种，不仅组织拍摄活动，也组织拍摄内容，这种拍摄是拍摄者根据自己的意图组织类似于剧情类节目的拍摄，带有明显的"摆拍"痕迹。由于生活本身平淡、被拍摄者在表演上不专业、拍摄设备不完备等，使这种组织在一种被扭曲的过程中完成。因此，这种组织对于非剧情类节目无疑是致命的。第二种，只组织拍摄行为，不组织拍摄内容的"发展状况"。这种拍摄对局部拍摄内容进行组织，比如某个活动是被拍摄者一种经常的行为，拍摄者可能因为拍摄的需要而对其发生的时间进行某种组织，从而改变其在生活中发生的时间，但只要拍摄者没有干预这种行为的细节，则是可以接受的，因为在栏目化生存背景下，有时需要这种组织行为。如果是对局部细节的组织，或者说是对镜头内容的组织，则是不可以接受的，因为这种组织本身就是编导在导演生活，而不是让生活按照其自身的逻辑在发展。

节目的现场组织更多地体现了编导对节目的时空关系的组织。表达的内容由哪几个部分构成，对此编导必须十分清楚，还要在捕捉内容的同时完成对这些镜头的拍摄。因为时空关系将直接对镜头的构成产生影响，只有找到了叙事的时空关系，才可能找到拍摄中的叙事镜头。多数情况下，人们考虑问题时往往是先找镜头再结构时空，但这会带来很多弊病：拍摄者往往会根据自己的拍摄经验套用一些拍摄方式，但这种套用会使拍摄者失去观察生活的动力，对生活渐渐麻木，因而也就难以发现眼前新的镜头。如果编导能站在时空关系的角度去考虑、寻找镜头，就能找到编辑中的叙事脉络，同时也能找到镜头的依据，镜头与镜头之间的关系也有了生活中的对照。

自长镜头出现以后，在纪实类节目里，人们往往以长镜头和同期声作为纪实拍摄的手法。虽然这种手法大量地用在纪实栏目或纪录片的拍摄中，但我们显然不能简单地把长镜头拍摄、同期录音等同于纪实本身。这种对纪实手法的肤浅认识会导致创作者在拍摄过程中迷失自我。"玩技巧"的结果是对事物意义的机械图解，为了纪实而纪实的长镜头堆砌会使纪实拍摄走进对现实生活做客观主义、自然主义反映的窄胡同。试想，一个毫无意义的 2 分钟景物长镜头与一个 3 秒钟的空镜头到底在表达上有多大的区别？实际上，纪实创作并不比用其他方法或手段更容易，反而由于其拍摄的不可预见性，可能还会使拍摄变得更困难。意大利新现实主义理论家柴伐梯尼在谈到"遵循分析的纪实方法"时强调，艺术家应当通过对事件现场及人物内心活动相对应的环境、气氛的分析，"发掘出深藏在里面的有价值的东西"，进而利用这类纪录性的事实，反映出故事所蕴含的社会意义来。因此，纪实性创作并未放弃对生活素材的采集、加工和提炼，相反，它是一种层次和要求更高的创作，它提炼的方式方法与一般性的创作有所差异，需要在真实自然的事件过程中沉淀更多、更详细的哲理思考和情感内蕴。

4. 前期拍摄中要有后期编辑意识

前期拍摄中的后期编辑意识是决定生活冲突能否上升为戏剧冲突的又一个重要因素。电视的表意最终都要体现到镜头里，前期拍摄中的后期编辑意识直接决定着编导对时空关系的处理、对镜头的取舍。比如拍摄中是采用长镜头还是分切镜头，这是拍摄者在拍摄每个段落甚至每个镜头时都不得不考虑的问题。如果采用长镜头，那么拍摄时就要一次性完成一个段落的主镜头；如果编辑时采用分切镜头，那么就要补充一些插入镜头。因此，拍摄者能否意识到后期编辑需要这些插入镜头就显得很重要了。决定了用何种方式进行处理后，编导和拍摄者还必须注意拍摄中所记录的段落必须连贯且有一定的张力。这里所说的张力，是指画面或语言所表现的内容有一定的信息量，能够抓住观众。对矛盾冲突的表现靠一个镜头未必就能完成，当然在一些特定的带有强烈生活冲突的场面里，一个镜头也可能拍摄到一些很刺激很惊险的场面，但毕竟在拍摄中这是少之又少的"特殊"部分，大多数还是生活常态的内容。为什么要组织一个段落？因为摄像机的记录特性决定了摄像机只能记录此时此地发生的内容。编导在现场如果与被拍摄者有交流，那么就要既考虑内容还考虑镜头的表现，要知道是否拍摄到了镜头、拍摄的效果如何。如果没有拍摄到合适的镜头，这个交流对于电视表意就是无效的。编导如何组织被拍摄者和摄像人员在一个恰当的时机里完成有效的记录尤为重要。比如，一个突发事件往往有两种情形：一是拍摄者及时做出反应，记录下了当时发生的事情，并且能够让高潮段落出现在镜头里，之前的铺垫部分则可以采用解说的方式进行补充；另一种是突发段落比较短暂，可能仅有几秒钟的镜头，即使拍摄者从高潮出现时开始记录，由于时间短暂，关键部分也可能已经过去，所以无法在最终的节目中结构出有冲突的段落，此刻就需要编导在现场。即使听明白了也要在摄像机开机之后再让被拍摄者将刚才所说的重新叙述一次，以完成摄像机的记录。生活中的普通人不是演员，如果他知道你已经得知了结果，如果要他重述你已知的事情，对他来说就带有表演性质了，这是生活中的普通人比较难做到的，而且这样做也失去了纪实类节目的真实感。编导此时如果传递给被拍摄者一个信息，即你说的内容我没有听见，他就会按照生活原生态的方式重新表达，这就避免了"摆拍"而导致的"假"的感觉。编导的后期编辑意识在这里直接决定着他在拍摄现场的处理措施，创作者要善于在拍摄现场捕捉信息，不放过任何一个可能与拍摄内容有关的细节，善于用自己的眼睛去发现有效的信息，并用镜头展示出来。

第三节 生活原生态里的故事

电视节目所表达的内容比电影更宽泛，从创作来说，不同节目有不同的要求，虽然都带有叙事成分，但电视里的叙事（电视剧除外）与电影里的叙事却存在很多差异，这些差异主要体现在以下几个方面：

第一，从故事的真实性来说，故事片可能有生活中的事实依据，但也可能由创作者根据主题和故事的发展进行虚构。非剧情类节目的故事必须是生活中真实发生的，不能虚构，也不能根据编导的主观意图调整故事发生的时间与空间。伊文思拍片前习惯于写出剧本——在今天从事纪录片创作的人看来这不可思议，但他在西班牙拍片时却不得不修改剧本直至把剧本丢开，因为剧本写于纽约，而伊文思拍摄的却是西班牙战场，他在编剧时无论如何也不会想到子弹会从海明威的耳朵旁边穿过，打在后面的墙上。

第二，从故事的表现方式来说，故事片依靠演员、非职业演员的表演，故事一般不是发生在表演者身上的;而非剧情类节目是不能表演的,必须是对生活中真实的人和事的影像记录。《一个都不能少》的主人公虽然连名字都与扮演者一样,魏敏芝扮演魏敏芝,村长扮演村长,而且故事也可能是真实的,但这并不能改变它的故事片属性。如果是纪录片或纪实类节目,那么魏敏芝做什么就得拍什么,张艺谋就不能让魏敏芝去扮演乡村教师。

第三,从故事的设计来看,故事片的剧情是预设的,在拍摄之前就已经知道故事的脉络和走向,结尾是封闭的;而非剧情类节目里的情节是未知的,究竟会发生什么事连当事人也不一定清楚,创作者只能在时间流程中记录情节的发展,故事充满变化和意外,结尾是开放的。还是以电影《一个都不能少》为例,影片结尾是一个典型的中国式大团圆:电视台带着捐款和教学用具来到水泉小学,解决了乡村小学的贫困问题,但这是故事片的处理方式。而在纪录片《山梁》中,桃木疙瘩小学在影片结束时并没有一个人为的结局,因为编导没有能力改变现实生活——生活永远在发展变化,会出现什么事情,谁也无法预料。

第四,从结构形态来看,故事片的故事是连续、完整的,而非剧情类节目的故事大多是片段式、不完整的。不仅如此,电视叙事往往会随着生活或者拍摄的变化来截取段落。

第五,从拍摄方式来看,故事片是按分镜头剧本进行的,有预定的顺序,一遍不成功可以再重新拍摄,直到导演满意为止;而非剧情类节目或者说纪录片需要的是观察、等待、抓拍,拍摄必须一次完成,不能重拍。

所以,来自生活的非剧情类节目和故事片是相互补充的。电视叙事如果放弃了非剧情类节目的故事性,无疑是将自身的创作范围缩小了。美国南加州大学电影系教授米歇尔·若曼认为,纪录片和故事片是互相包含的,"纪录片和故事片在题材和图像表现等形式方面享有同样的地位,并且纪录片可以运用很多故事片的方法和手段。'非故事片'的称号虽然是一个有意义的范畴,可实际上却可能导致我们轻视它假想的创作性因素。所以认为只有故事片需要借助于观众的想象、理想化形式的心灵空间、幻想、辨别、时间的倒转及多种逻辑选择的观点是不明智的。如果谈论非故事片时夸大纪录片平实的非虚构的特点,就往往不能理解故事片根深蒂固的感召力的来源"。[①] 既然如此,与纪录片属性相同的其他非剧情类节目为

---

① 转引自张同道:《真实性和真实人物——论纪录片的故事性》,jishi. cntv. cn/program/zhangtongdaozf/20110928/100491. shtml。

什么不能使用这种表现手法呢?

在理解了讲故事的必要性之后,创作者除了要建立将生活冲突上升为戏剧冲突的意识外,就具体的创作而言,对生活中时间和空间的分解也是其必须面对的一个问题。

为了提炼生活中的矛盾,使其具备戏剧冲突的那种矛盾集中度和激烈度,电视创作者要抓住两个方面的内容:一是被拍摄对象活动过程中的"关键点"。所谓关键点,是指事件或活动中的那些转折性阶段或时间段。由于这些带有关键点的时间往往是事件的重要部分,因此其发展过程中的前后差异是比较突出的,特别是其变化往往能够从镜头里直接体现出来,这种体现不仅可以解决叙事的难题,而且还可以解决镜头的载体问题。创作者如果注意到了这种变化,就意味着他逐渐接近了表象背后的矛盾变化,而这种矛盾往往是创作者在拍摄过程中需要捕捉的部分。所以说关键点的捕捉体现了编导对时间和空间的理解程度。在拍摄过程中,编导对时间和空间的切分直接决定着叙事是否准确、精彩。

二是对细节的捕捉。如果仅仅抓住了关键点而不注重细节的表现,那就只是有了叙事的可能性,却未必有可行性。或者说,有了关键点的支撑,叙事的框架就有可能建立起来,但叙事内容却未必完全具备。细节之所以能够打动人,除了它具有信息含量之外,还在于它能够感动观众、让人回味。比如在电视系列片《中华之剑》中,缉毒警察牺牲之后,其80多岁的老母亲对着棺材里的儿子的那一巴掌,曾经打动了无数在场和电视机前的人。其实,每一部能够打动人心的片子一定都有比较独特的细节。然而细节又不是独立存在于生活中的,它需要创作者在创作的前、后期过程中不断去发掘这种"发现",需要创作者的观察能力、分析能力、判断能力以及对电视表现手段的运用能力,甚至还含有一点运气的成分。需要强调的是,这种运气不是平常所说的撞大运似的运气,而更多的是创作者在进行了分析、判断之后选择结果的运气。电视表现要善于发现事实、捕捉细节,用事实表达观点,用细节传达理念。现实生活是生动而丰富的,我们到底该将镜头对准哪些表现时间和表现空间呢?筛选事实的基本依据和标准又是什么呢?主要有以下五点。

(1)对于电视所需表现的对象,应尽可能选择那些看得见的事实,即使看不见的也要努力将其"转换"为可视部分。

电视以视觉形象和声音形象见长,所以选材一定要注重形象性。可视的形象因素有助于画面的直接表现,让节目通过屏幕直接向观众展示人物的音容笑貌、环境的格局特征、物体的颜色质感、对象的运动和变化。简而言之,就是选择那些看得见、听得清的内容。而要对被拍摄对象进行挑选，就要在拍摄过程中"踩点"，即开机之前进入拍摄现场，熟悉现场和被拍摄对象。这种准备在非专业人员看来可能是一个多余的过程，但对于电视专业人员来说，这都是一个必不可少的环节，因为只有了解了对象，才能抓住镜头的方向。不论节目要表现的主题是什么，都应以充实且适合电视画面表现的素材为基础。与报纸、广播等媒体相比，电视最突出的特征就是可视性。电视画面擅长表现"现在进行时"，如果能让观众亲眼看到事件的现场和现场中的人物，亲眼看到事态的发展和结果，其真实性和可信性不言而喻。因此，选择被拍摄对象其实就是在选择适合于电视表现的部分，包括外形、语言、动作、行为等。

(2) 选择那些具有代表性、具有"关键点"要素的事实。

电视创作最基本的要求是结构和脉络清晰，事实和细节准确到位，或者说所选择的事实本身要具有典型意义。生活是千变万化、丰富多彩的，我们用镜头记录的"入点"与"出点"分别在什么地方，所拍摄事实中哪些部分是关键点等，这些都需要编导在分析事实的过程中清晰地分辨出来的，不能模糊。编导职责中最重要的一点就是确定拍摄内容，他的分析直接决定着镜头的指向。而所谓关键点，是指那些在事实发展过程中起决定性作用的部分，这些"关键点"能够在较短的过程中比较准确地将事实的全貌展示出来，起到用较少的镜头传递更多信息的作用。节目表达的信息量增加了，而这部分叙事往往具有矛盾冲突，有利于故事的建构。

(3) 选择带有"转折点"的事实。

所谓转折点，是指在某个点的前后事实本身会发生比较大的变换。既然出现了变换，那么就一定会有推动其产生变换的力量，而这种推动恰恰是镜头所要表现的那些看得见的内容。简单地说，这部分内容有利于将矛盾"外化"。在电视片《平衡》中，表现扎巴多杰死亡的前后，创作者就抓住了扎巴多杰去北京和采访中情绪表现强烈这两个时间点或者说事实转折的过程。扎巴多杰鲜明的个人爱憎与死亡本身之间具有强烈的矛盾，他对环保事业的热爱与其死亡这个事实本身反差巨大，因此在观众心目中造成的反差也极其强烈。这个矛盾虽然没有强烈的视觉冲击，但节目所提供的事实本身与观众心目中的想象和理解形成了强烈的反差，所以矛盾同样在观众那里得到了放大。

(4) 选择与表现主题密切相关的事实。

主题确定之后，所有素材的选择都要围绕主题展开，主题的表达和深化往往作用于一系列有说服力和表现力的事实。所以，每一个事实的选择都要从一个侧面表现或说明主题,使观众不仅能从屏幕上看到生动的情节和有趣的故事,而且还能从中领悟到事实背后发人深思的主题。更为重要的是,由于非剧情类节目的主题往往在前期拍摄时一直处于微调过程中,选择与表现主题密切相关的事实,一方面可以使主题越来越清晰,另一方面还可以使事实贴近主题,从而最终让节目的主题清晰地展现出来。如果选择的材料与主题的关系本身不十分紧密,那么主题表现的准确性肯定会打折扣。

(5)选择的事实应该具体、生动,能够以小见大。

电视节目最终是以镜头体现出来的,而镜头是需要具体对象的,有些事情表面看起来不起眼,背后却有大文章。如果材料能从一个小点、一个侧面反映出时代风貌和人的精神境界,甚至敢于触及社会的矛盾和焦点问题,能够揭示生活的本质,那么其对人的吸引力显然要强过那些平淡的生活。所以选用的事实应该是具体的、生动的,而不是抽象的、概念化的。那么怎样的事实才算得上具体生动呢?在国家地理频道的百集经典《鳄鱼最后的晚餐》这一集中,有这样一个段落,一头正在哺乳的羚羊来到鳄鱼池边。这原本是一个简单的过程:羚羊试图找到一个喝水的地方,挑来挑去,最终却挑到了鳄鱼嘴边。此时的解说词是"羚羊挑到了一个最糟糕的地方",这不仅没有对画面本身做重复性的描述,反而将这样一个不为观众注意的事实展现了出来,并带来了一个新的关注点:羚羊的命运将会如何?从中我们可以看出,精彩的事实是经过创作者精心筛选的饱满充实的细节,只有有血有肉的事实才能打动观众、感染观众,空洞的说教和枯燥的事实只会让观众反感和厌恶。

这里值得强调的是,过程的意义不在于简单地去再现生活流程,这里所说的过程更侧重于叙事意义上的情节,或者说是一种宏观意义上的概念;而前文所说的生活流程则更多的是指前期拍摄过程中的一种拍摄技巧或拍摄方式,是一种微观上的所指,偏重于具体的处理技巧。这两种表达包含的是两个不一样的概念。如果能够清楚两者的区别,就能够将编辑过程中所侧重的内容梳理清晰,也就清楚了电视节目里的矛盾是一种什么样的矛盾——必须是一种戏剧冲突。

案例分析

片例一:《蛇类奇观》

(http://xidong.net/File001/File_43266.html)

蛇类奇观

节目开头的设计

每个电视节目都涉及如何设计一个好的开头的问题,因为一个好的节目开头可以引起观众对后续节目的关注。如果节目一上来就平平淡淡,即使后续节目中有比较精彩的内容,也有可能被观众放弃。

国家地理频道在制作节目时要么将最重要的事情放在节目的开头,要么将次重要的内容放在开头,最重要的放在结尾。节目《蛇类奇观》在讲述皮尔斯蛇捕食老鼠的过程时设置了一个极其吸引人的开头。

节目的开头为何重要?在竞争日益激烈的今天,面对铺天盖地的各种信息,观众在选择信息时往往是看头几秒是否吸引自己,因而能否立刻抓住观众便成为节目成败的一大关键。如何在最短的时间内吸引观众是节目创作中一件十分重要的事情。要做到这一点,设计一个好的节目开头是一个不错的办法。

开头比较忌讳介绍大环境和背景知识或抽象地铺垫,应该从一个具体的叙事点展开。因为好的节目开头需要一个"看点",非剧情类节目则需要一个"切入点"。"切入点"的设置,一般从两个方面来考虑:一是内容上的切入点;二是镜头上的设计。

内容上的切入点是指在内容上找到小的切口,以小见大。一般来说,内容切入点的设置可以从以下几个方面来考虑:一是时间,二是地点,三是细节。

找到一个好的内容上的切入点后,镜头自身的表现还需要有一定的设计感。比如《深湖魅影》的开头设计,虽然其内容只是讲述喀纳斯湖的传说,但镜头上的表现并不是简单地在现场拍摄几组镜头了事。该片的编导选择了情景再现的方式表现这个传说,既完成了镜头的表达,同时又使该片有了一个可视性很强的开头。

基于以上分析,我们可以知道,编导在编辑节目甚至在节目开始拍摄前就应该有比较充分、清晰的考虑。如何以最少的镜头表达最复杂的内容是编导应该思考的问题,因为观众不愿意浪费时间看不知所云的镜头,即使你的镜头很漂亮、很有美感,对观众的吸引力也是有限的。对摄影感兴趣的观众可能会对颇具美感的镜头给予一定的关注,但这种关注也是在一个可忍受的时间范围之内的。

片例二:《狙击英雄》

讲述者的叙述与情景再现构成故事主体

《狙击英雄》是中央电视台《发现之旅》栏目创作的一部纪录片,曾获得2003年度最佳长纪录片奖。《狙击英雄》的时长为3集、90分钟,全部笔墨都放在了抗美援朝战场,故事充实完整地再现了朝鲜战场上神枪手的传奇经历。这其中最为出色的当数新兵张桃芳,他单兵作战32天,击发442次,毙敌214名,创下了朝鲜战场冷枪狙击射杀的最高纪录。而极具传奇色彩的是,虽然身经百战,屡次遇险,但张桃芳却毫发无伤,这不能不说是一个战争中的神话。纪录片《狙击英雄》通过亲历者的讲述及真实再现的手法,比较真实地还原了那场远去的战争。2003年冬,《狙击英雄》摄制组远赴内蒙古拍摄外景,在零下30度的严寒冰雪中真实再现了60多年前朝鲜冰天雪地的战场气氛和惊心动魄的战争场面。在90分钟的短暂回忆中,人们重新发现了那一段历史。该片将亲历者、朝鲜战争研究人员的讲述与真实再现手法相结合,很好地讲述了一个狙击英雄的故事。

片例三:《全球最大的民航客机 A380》

(http://xidong.net/File001/File_46929.html)

情感的表达需要铺垫

全球最大的民航客机 A380

欧洲空中客车 A380 是世界上最大的客机,于 2005 年 4 月 27 日进行了首航,2007 年 10 月 25 日进行了第一次商业飞行。空中客车 A380 的机身长度、双层客舱与四台发动机是其最易辨认的独特外形,在单机旅客

运力上具有无可匹敌的优势。BBC 制作的纪录片《全球最大的民航客机 A380》的表现对象正是这架巨型客机。节目的开头部分用比较完整的镜头展现了空客 A380 客机从停机坪推出到起飞,开始其划时代第一次试飞的过程。镜头从各个角度展示了飞机从停机坪到机场跑道到离地的过程,在这个过程中穿插了对来访观众和飞机设计人员的采访,在一分半钟的时间里一气呵成。之后节目使用了 3 个镜头:飞机从摄像机头顶掠过、飞机前部特写、飞机后部到全景的拉镜头并出片名。3 个镜头使用了一段情绪很强的音乐。虽然此时距离节目开始还不到两分钟,但正是由于有了前面这个试飞的叙事段落,观众才能够在这 3 个累积的镜头里强烈地感受到人类发明创造的成就感,感受到让这个 500 多吨的庞然大物上天翱翔的不易,感受到科技的力量……虽然每个观众的体会未必一样,但作者所传递的情绪还是能被观众清晰地感受到的。之所以观众能有这种情感上的共鸣,很重要的一点就是节目之前用试飞过程做了铺垫,正是这种铺垫给了观众心理上很好的酝酿过程。

片例四:《美丽中国》第一集中洞小学段落

(http://cn163.net/archives/6714/)

美丽中国

材料分析与编辑结构

以生活原生态为内容的节目,由于被拍摄对象是生活中真实的人和事,所以在节目结构中始终要考虑两个问题:一是整体的叙事结构,二是段落的叙事结构。

从节目的编辑结构来说,创作者在思考一个片子的时候,除了要考虑其整体结构外,还要考虑段落结构。从整体结构来说,《美丽中国》作为一个系列片,第一集主要是以华南的人文地理为内容,整个节目以散点式的故事段落来承载整体内容,整集节目不是由一个完整的故事贯穿而成,而是由若干个小故事构成。所以在这个节目里,作者特别注重段落的编辑结构。如果一个节目由若干个段落完成,那么编导只要对其中任何一个段落的结构考虑得不清楚,整个片子的结构就很难想清楚。在《美丽中国》第一集中洞小学的段落中,生活已经很好地结构出了两个时空:一个是中洞小学,一个是洞外。显然,这两个部分的拍摄未必在同一天早晨完成,但编导很好地将其结构在了一起,采用了交叉剪辑的方式,没有单纯以生活时间或事件发生的顺序来叙述,节目从结构上很讲究,脱离了生活流程的再现。

片例五:《空山》

(http://jishi.cntv.cn/kongshan/classpage/video/20120611/101175.shtml)

空山

生活流程与电视情节的关系

由于以生活原生态为内容的节目的表现对象是生活中真实存在的,内容不是虚构的,所以不能随心所欲地按照创作者的要求去编排。艺术来源于生活但又不等同于生活,在这里,电视节目尤其是非剧情类节目在对生活的提炼加工过程中,如何做到不对生活进行简单的复制,是节目编导必须解决的问题。生活中的矛盾由于其存在的客观条件,往往很难有电视节目表达所要求的那种戏剧性,创作者在分解镜头时原则上应该遵循生活流程,因为这是叙事的基本要求,毕竟生活流程是电视叙事的载体。但编导又不能原封不动地照搬生活,生活的琐碎是电视节目所不能接受的,需要对生活流程加以提炼、加工,将其上升到戏剧冲突的层面。这种加工和提炼体现在两个方面:一是判断所拍摄内容是否具有生活冲突,这种冲突包括人与人、人与环境、人与社会等各种冲突,甚至人的内心冲突。无论是哪种冲突,至少要保证所选择的内容具有矛盾和冲突。二是拍摄者不应拘泥于生活流程,要有重点地记录细节段落，有意识地回避一些生活过程，为后期构成戏剧冲突提供条件。以《空山》为例，整个节目都是以四川空山坝的村民在缺水环境中的生活为内容的，是一部纪实色彩浓厚的纪录片。如何在这种生活流程中寻找有冲突的内容和细节，是纪实拍摄中首先要解决的问题。创作者在纪实过程的每一个段落中寻找生活冲突，比如宋云国之子绍娃子在家里偷拿了零花钱，宋云国等人要出去背水，以及何通远的妹夫与瓦匠吵架等，除了吵架这个段落里有直接的冲突外，其他更多的都是拍摄者为了节目的表达而选择的生活段落。创作者在这些段落中表现了空山坝的人们生活的不易。编辑时要将生活冲突有意识地上升为戏剧冲突，这一方面指矛盾的集中，另一方面指矛盾的激烈。所谓集中与激烈，更多的是指在后期编辑中将前期所拍摄的生活冲突在有限的时间内以更激烈的方式呈现出来。《空山》在保持生活原生态的同时，每个段落都适当地将所表达的矛盾进行了集中与激化。正是由于有了对生活流程的这种提炼与加工，观众才更能够感受到当地村民原汁原味的生活。编辑中如果有必要，甚至要打破生活流程，因为观众需要的是生活流程感而不是具体的生活流程，他们要从屏幕上获得的是与其生活体验感一致的屏幕故事，并不追求生活场景在屏幕上的"重现"。很多时候，生活是琐碎的，而电视是将生活精练之后的"再现"。生活流程不等于电视情节，创作者必须处理好这两者之间的关系。

思考题

1. 叙事的内容和叙述的方法之间有什么关系？
2. 生活冲突与戏剧冲突有什么区别？
3. 生活冲突如何上升为戏剧冲突？
4. 为什么说在以生活原生态为内容的节目叙事中，提炼过程比寻找结果更重要？
5. 筛选故事的依据和标准是什么？

参考书目

〔美〕阿恩海姆:《艺术与视知觉》,腾守尧、朱疆源译,中国社会科学出版社1984年版。
〔英〕E. H. 贡布里希:《艺术与错觉》,林文等译,湖南科学技术出版社2006年版。
傅正义:《实用影视剪辑技巧》,中国电影出版社2006年版。
傅正义:《影视剪辑编辑艺术》,北京广播学院出版社2003年版。
何苏六:《电视画面编辑》,中国广播电视出版社1997年版。
〔美〕赫伯特·泽特尔:《图像 声音 运动》(第三版),赵淼淼译,北京广播学院出版社2003年版。
胡智峰、江逐浪:《"真相"与"造像"》,中国广播电视出版社2006年版。
〔英〕卡雷尔·赖兹、盖文·米勒:《电影剪辑技巧》,方伟国、郭建中、黄海译,中国电影出版社1985年版。
〔美〕罗伯特·麦基:《故事》,周铁东译,中国电影出版社2001年版。
〔美〕罗纳德·J. 康姆潘西:《电视现场制作与编辑》,邢北冽、徐竞涵、那尔苏、孟微译,北京广播学院出版社2003年版。
钟大年、王桂华:《电视编辑艺术》,北京广播学院出版社1987年版。
朱羽君、殷乐:《生活的重构》,北京广播学院出版社1998年版。

后　记

　　回想二十多年前，完全是凭着对电视的好奇和喜爱就冲入了当时在国内还不算发达的传媒业，并从此和电视媒体结下不解之缘，一直到今天。

　　多年之后，创作的节目获得了长足的进步，也曾经获得过各类奖项，自己也曾经偷偷地沾沾自喜过，然而冷静之余，发现似乎应该做点什么。职业的本能让我觉得应该对实践经验进行总结，将创作过程中的一些感悟进行有效的归纳整理，于是便有了这些文字的积累。

　　然而直到真正坐下来将这些内容写下来，却发现并不完全是自己所想要的，尤其是要将其作为教材时，自己也觉得有些忐忑了。这种忐忑一是怕总结得不够准确、科学，生怕会误导后来者；二是可能个人长期的电视创作，已经不太擅长教材这种严谨的思维方式，文字写作时总是感觉力不从心，好在我幸运地遇到了负责这次修订版编辑的欣雯女士，正是由于她深厚的文字功底，弥补了本人写作中的很多缺点，使得最终呈现的稿子增色不少，在此表示深深的谢意！

　　最后要感谢为本书写作提供过帮助的所有的人以及资料、案例提供者，正是他们的研究成果，为我提供了坚实的理论基础。

许行明

2015 年 9 月 10 日

图书在版编目(CIP)数据

电视节目编辑/许行明著.--2版.--北京:中国传媒大学出版社,2016.1(2021.12重印)
(21世纪电视文艺编导专业系列教材)

ISBN 978-7-5657-1463-4

Ⅰ.①电… Ⅱ.①许… Ⅲ.①电视节目—编辑—高等学校—教材
Ⅳ.①G222.1

中国版本图书馆 CIP 数据核字(2015)第 194576 号

电视节目编辑(第2版)
DIANSHI JIEMU BIANJI(DI-ER BAN)

著　　者	许行明
责任编辑	程　平
策　　划	程　平
责任印制	李志鹏
封面制作	泰博瑞国际文化传媒

出版发行　中国传媒大学出版社

社　　址	北京市朝阳区定福庄东街1号	邮　编	100024
电　　话	86-10-65450528　65450532	传　真	65779405
网　　址	http://cucp.cuc.edu.cn		
经　　销	全国新华书店		
印　　刷	北京中科印刷有限公司		
开　　本	787mm×1092mm　1/16		
印　　张	13		
字　　数	233千字		
版　　次	2016年1月第2版		
印　　次	2021年12月第4次印刷		
书　　号	ISBN 978-7-5657-1463-4/G·1463	定　价	38.00元

版权所有　　翻印必究　　印装错误　　负责调换